Walter-Jörg Langbein

Das Sakrileg und die Heiligen Frauen

Walter-Jörg Langbein studierte evangelische Theologie, bevor er freier Autor wurde. Er hat zahlreiche Sachbücher geschrieben, die sich zumeist mit den Geheimnissen und Irrtümern der Bibel befaßten.

Im Verlag Rütten & Loening erschien von ihm zuletzt »Die Geheimnisse der sieben Weltreligionen«.

Dan Brown hat mit seinem Bestseller »Das Sakrileg« den richtigen Weg gewiesen – trotz einiger Irrtümer, die ihm unterlaufen sind. Maria Magdalena gehörte zum engsten Kreis um Jesus. Verbotene Bibelstellen lassen sogar vermuten, daß sie seine Geliebte und Ehefrau war und die erste »Päpstin« werden sollte. Doch nach Jesu Tod rissen die Männer um Petrus die Macht in der Urkirche an sich und trieben die Geliebte Jesu aus dem Land.

Eine spannend geschriebene Geschichte über geheime Texte, Symbole und verdeckte Spuren der Heiligen Frauen in der Kirchengeschichte bis heute.

WALTER-JÖRG LANGBEIN

DAS SAKRILEG UND DIE HEILIGEN FRAUEN

DAS GEHEIMNIS UM DIE NACHKOMMEN JESU

Aufbau Taschenbuch Verlag

ISBN-10: 3-7466-8141-3
ISBN-13: 978-3-7466-8141-2

1. Auflage 2006
Aufbau Taschenbuch Verlag GmbH, Berlin

Originalcover grimm.design, Düsseldorf
unter Verwendung eines Fotos von getty images
grafische Adaption Preuße & Hülpüsch Grafik Design
Druck und Binden C.H. Beck, Nördlingen
Printed in Germany

www.aufbau-taschenbuch.de

INHALT

1.
MONA LISA: FALSCHE FÄHRTE, RICHTIGES ZIEL

Dan Browns Roman »Sakrileg« begeistert vollkommen zu Recht weltweit Millionen von Leserinnen und Lesern. Ein wesentlicher Grund für den phänomenalen Erfolg liegt auf der Hand: Der Autor verarbeitet in seinem Roman faszinierende Rätsel. Dann läßt er seine Leserinnen und Leser daran teilhaben, wie so manche harte Nuß geknackt wird.

Eine wichtige Spur führt von Leonardo da Vinci zu einem der bekanntesten Gemälde der Welt. Birgt es eine geheime Botschaft? Führt es ein halbes Jahrtausend nach seiner Entstehung Jahrtausende zurück – bis zu den Göttern Ägyptens?

Dan Brown gab seinem Bestseller im amerikanischen Original den Titel »The Da Vinci Code«, also zu deutsch »Der Da Vinci Code«. Allerdings enthält bereits der recht einprägsame Titel einen Fehler. Der berühmte Maler der Renaissance hatte nicht den Nachnamen »Da Vinci«. Er hieß vielmehr »Leonardo da (von/aus) Vinci«. Historisch-sachlich korrekt müßte Brown sein Werk »The Leonardo Code«, also »Der Leonardo Code«, nennen. Browns Fehler läßt sich verdeutlichen: Die zentrale Gestalt des »Neuen Testaments« war Jesus, nicht etwa »aus Nazareth«. Niemand käme auch auf die Idee, eine der großen Gestalten der Weltgeschichte schlicht und falsch »der Große« zu nennen. Der legendäre Feldherr und Herrscher ist eben nicht unter seinem Beinamen »der Große«, sondern unter seinem wirklichen Namen »Alexander der Große« in die Schar der unsterblichen Gestalten der Weltgeschichte eingegangen.

Nach Dan Brown versteckte Leonardo da Vinci in einem

seiner berühmtesten Gemälde überhaupt eine geheime Botschaft – in verschlüsselter Form. Wie ging das große Multitalent der Renaissance vor? Nach Brown (Kapitel 26) wählte Leonardo ein letztlich simples System. Er benutzte einen pfiffigen Trick, um seine verborgene Botschaft zu codieren: das Anagramm. Will man die verborgene Botschaft wieder ans Tageslicht befördern, so muß man die Buchstaben des Gemäldetitels in eine andere Reihenfolge bringen – und schon hat man den »Code« geknackt. Verstellt man die Buchstaben von »MONA LISA«, so erhält man »AMON L'ISA«. Leonardo packte also, so Brown, in den eher unscheinbaren Namen »Mona Lisa« gleich zwei Götter, nämlich Amon und Isis, zwei hochrangig illustre Gestalten aus dem Jahrtausende alten Götterhimmel Ägyptens.

Im Roman läßt Dan Brown seinen Helden Robert Langdon, im Buch immerhin »Symbologe aus Harvard«, den Code entschlüsseln. Doch so überzeugend die Buchstabenmischerei auch anmuten mag, sie basiert auf einer Falschinformation Browns. Der Sachverhalt ist ein einfacher: Wenn Leonardo wirklich sein Gemälde von der Dame mit dem geheimnisvollen Lächeln als Träger eines Mysteriums gedacht hat, wenn er tatsächlich die Namen zweier ägyptischer Gottheiten als Anagramm im Titel des Bildes versteckt hat, dann muß er eben dieses Werk der großen Kunst selbst betitelt haben. Das aber ist nicht der Fall.

Leonardo gab seinem Werk vor einem halben Jahrtausend keinen Titel. Er hat überhaupt keines seiner Gemälde irgendwie benannt. Da stellt »Mona Lisa« keine Ausnahme dar. Das Bild, zu Leonardos Zeiten also namenlos, scheint seinem Schöpfer, ganz im Gegensatz zu Browns Behauptung, auch nicht sonderlich wichtig gewesen zu sein. So erwähnt es der Maler in keinem seiner Texte seiner umfangreichen Notizbücher.

Anno 1519, also kurz vor Leonardos Tod, schwärmte der Kardinal von Aragon von »einem Porträt nach dem Leben gemalt von einer Dame aus Florenz« – und meinte die

»Mona Lisa«. 1625 legte der Maler Salai, ein äußerst begabter Schüler Leonardos und sein Erbe, eine sorgsame Inventarliste der Werke des Meisters an. Noch immer findet sich nicht die Bezeichnung »Mona Lisa«. Das Kunstwerk wird lediglich als »Porträt einer Dame« geführt. In anderen Inventarlisten wird es als »Courtisane mit Gaze-Schleier« oder als »tugendhafte italienische Dame« tituliert. Offensichtlich ließ man der Phantasie freien Lauf. Zwischen einer Courtisane und einer tugendhaften Frau besteht ja ein ganz entscheidender Unterschied.

Der Terminus »Mona Lisa« taucht erst Jahrzehnte nach Leonardos Tod auf. Giorgio Vasari, ein Biograf Leonardos, erwähnt erstmals »Mona Lisa« in seinem Sammelband »Lives of the Artists«, freilich erst gut dreißig Jahre nach dem Tod des Malers. Um ganz genau zu sein: Vasari verwendet als einziger den Namen »Monna Lisa«, der zu »Mona Lisa« verkürzt wurde. Was wir, ein halbes Jahrtausend nach der Vollendung des berühmten Porträts, wie selbstverständlich als einen Vornamen hinnehmen (»Mona«), ist gar keiner. »Monna« ist lediglich die Kurzform von »Madonna«, aber nicht im religiösen Sinne von »Mutter Gottes«, sondern in der allgemeineren, weltlichen Bedeutung von »Madame«. »Mona Lisa«, eigentlich »Monna Lisa«, heißt also schlicht und ergreifend »Madame Lisa«, zu deutsch »Frau Lisa«. Leonardo da Vinci hat demnach keineswegs versucht, im Titel seines berühmten Gemäldes eine geheime Botschaft zu verstecken.

Seit nunmehr fast einem halben Jahrtausend wird darüber spekuliert, wen »Mona Lisa« wirklich darstellt. Zahlreiche Theorien wurden inzwischen aufgestellt. Niemand, weder Laie noch Kunstexperte, vermag zu sagen, welche Erklärung die richtige ist. Zeigt Leonardos Bild keine reale Person, sondern das »ideale Frauenportrat« schlechthin? Entwarf der Maler aus Vinci die künstliche Synthese dessen, was für ihn die edle schöne Frau schlechthin war? Oder hatte er doch eine konkrete Frau, nämlich seine eigene Mutter, im Sinn, die er in mehrjähriger Arbeit als die »Mona Lisa« verewigte?

Dan Brown bietet eine spektakulär anmutende »Erklärung« (Kapitel 26, S. 166) an, die allerdings so neu nicht ist: »Mona Lisa« sei in Wirklichkeit gar keine Frau. Vielmehr handele es sich um ein Selbstbildnis des, so Brown, bekennenden Homosexuellen Leonardo da Vinci. Interessanterweise wird diese Spekulation im englischsprachigen Original Browns vom Gelehrten Langdon als »quite possible« (»durchaus möglich«) bezeichnet. Die deutsche Übersetzung aus dem Amerikanischen von Piet van Poll schwächt deutlich ab: »Unmöglich ist es nicht.«

Gibt es dafür außerhalb von Dan Browns faszinierender Welt handfeste, greifbare Beweise? Brown läßt seinen Helden Langdon konstatieren: »Da Vinci hat die Leute gern für dumm verkauft. Mit Hilfe von Computeranalysen hat man einige erstaunliche Übereinstimmungen der Mona Lisa mit da Vincis Selbstporträts nachweisen können.« Sollte es tatsächlich »einige erstaunliche Übereinstimmungen mit da Vincis Selbstporträts (Plural!)« geben, so müßte man wohl wirklich über Dan Browns These nachdenken. Die Brownsche Romanwelt und die reale Welt unterscheiden sich aber manchmal deutlich. In der Realität, in der wir leben, sind keineswegs mehrere echte Selbstporträts Leonardos bekannt, die man mit oder auch ohne Computerhilfe mit »Mona Lisa« vergleichen könnte.

Tatsächlich existiert nur ein einziges allgemein als echt anerkanntes Selbstporträt Leonardos. Es entstand etwa 1512 und zeigt den Künstler als grauhaarigen sechzigjährigen Mann. Mehr Selbstporträts Leonardos sind nicht auszumachen.

Kurz und bündig stellt Serge Bramley in seiner umfangreichen Biografie »Leonardo: The Artist and the Man« (New York, 1991, S. 387) fest: »Die am weitesten hergeholte Theorie ist die, daß es sich um ein Porträt eines Mannes oder gar um ein Selbstporträt des Künstlers handelt.«

Alessandro Vezzosi, Leonardo-Biograf von Rang, hat nur ein verächtliches »Absurd!« für die These übrig, »Mona

Lisa« könne ein als Frau dargestellter Leonardo da Vinci sein.

David Alan Brown, mit Bestsellerautor Dan Brown nicht verwandt, ist ein angesehener Kurator in der Abteilung »Italienische Renaissance-Malerei« der »National Gallery of Art« in Washington D.C., USA. Der Experte konstatierte, daß wirklich alles über das berühmte Gemälde gesagt wurde. »Mona Lisa« wurde im Lauf der Jahrhunderte als Darstellung eines männlichen, aber auch einer weiblichen Geliebten Leonardos identifiziert. Wildeste Spekulationen wurden immer wieder publik gemacht: Zeigt das Bild eine Schwangere? Oder eine Frau, die eine Fehlgeburt erlitten hat? Schaut sie glücklich, weil sie verliebt ist? Blickt sie traurig drein, weil sie Brustkrebs hat?

Möchtegern-Gelehrte machen immer wieder mit abstrusen Interpretationen auf sich aufmerksam. Aber auch seriöse Wissenschaftler sind sich nicht einig, wer uns da seit nunmehr fünfhundert Jahren so hintergründig anlächelt. Ist es Lisa Gherardini del Giocondo, die Frau von Francesco del Giocondo? Andere Kandidatinnen sind Costanza d'Avalos und Isabella d'Este. Wer die Geschichte der Interpretation von »Mona Lisa« verfolgt, wird erstaunt feststellen, daß fast schon zyklisch immer wieder »endgültige Erklärungen« auftauchen und als »neu« dargestellt werden.

So erlangte Giuseppe Pallanti im Sommer 2004 mit der These Schlagzeilen, bei Mona Lisa handele es sich um Lisa del Giocondo, Gattin des reichen Seidenhändlers Francesco del Giocondo. Der wohlhabende Kaufmann war mit Leonardos Vater gut befreundet. Pallanti: »Lisa war etwa 24 Jahre alt, als das Porträt entstand. Wahrscheinlich gab Leonardos Vater das Bild in Auftrag, um seinen Sohn finanziell zu unterstützen.« Fünfundzwanzig Jahre will Lehrer Giuseppe Pallanti aus Florenz geforscht haben, um zu dieser Erkenntnis zu gelangen. Originell ist diese These allerdings nicht.

Dan Brown gab seinem Weltbestseller den Titel »The Da Vinci Code«. Da verwundert es nicht, daß der italienische

Renaissancemaler und verschiedene seiner bekanntesten Werke auch eine bedeutende Rolle spielen. Mona Lisas Augen zieren das Titelbild der US-Originalausgabe. Doch der von Dan Brown »entschlüsselte Mona-Lisa-Code« ist offensichtlich eine Fiktion des phantasiebegabten Dan Brown. Phantasie ist ein Pluspunkt eines jeden Autors, der ausschließlich Fiktionen schafft. Soll ein Roman aber die (offensichtliche oder versteckte) Wirklichkeit offenbaren, dann kann zu viel Phantasie schaden.

Ganz zu Anfang, noch vor der eigentlichen Romanhandlung, erklärt Dan Brown in der Einleitung zu seinem Werk unter der Überschrift »Fakten und Tatsachen« (Seite 9): »Sämtliche in diesem Roman erwähnten Werke der Kunst und Architektur und alle Dokumente sind wirklichkeits- beziehungsweise wahrheitsgetreu wiedergegeben.«

Nimmt man aber Browns Aussagen über Leonardo da Vinci unter die Lupe, so muß man feststellen, daß sie einer historisch-kritischen Hinterfragung nicht standhalten. Leider sind viele angebliche »Tatsachen«, die Dan Brown über Leonardo da Vinci und sein Werk referiert, schlichtweg falsch. Dieser Sachverhalt muß nicht im Gegensatz zu Browns einleitenden Worten stehen. Nur »Werke der Kunst und Architektur und alle Dokumente« sollen »wirklichkeits- beziehungsweise wahrheitsgetreu wiedergegeben« worden sein. Biografische Daten Leonardos fallen nicht unter die aufgezählten Rubriken. Sie können also getrost falsch sein, ohne wirklich im Widerspruch zu den markigen Worten in der »Einleitung« zu stehen.

Dan Brown behauptet (Kapitel 26, S. 164): »Die Mona Lisa war einfach deshalb berühmt, weil Leonardo da Vinci stets behauptet hatte, sie sei sein bestes Werk. Er hatte das Gemälde auf allen seinen Reisen mit sich geführt. Nach dem Grund befragt, pflegte er zu antworten, er brächte es nicht fertig, sich von seiner gelungensten Darstellung weiblicher Schönheit zu trennen.«

Leonardo da Vinci hat mindestens vier, vielleicht sogar

zehn Jahre an seinem berühmten Porträt gearbeitet, natürlich immer wieder mit Unterbrechungen. In seinen umfangreichen Aufzeichnungen gibt es keinerlei Hinweis darauf, daß er sein weltweit bekanntes und bewundertes Werk für seine gelungenste Darstellung weiblicher Schönheit hielt. Es findet sich auch keine Bestätigung eines Zeitgenossen für eine solche Aussage. Leonardo nahm das Gemälde auch keineswegs auf »allen seinen Reisen« mit. Nirgendwo ist belegt, daß sich Leonardo nicht von dem Gemälde trennen wollte. Nirgendwo findet sich bei Leonardo da Vinci auch nur annähernd ein Beleg dafür, daß er seinem Gemälde »Mona Lisa« eine so zentrale Rolle einräumte, wie Dan Brown unterstellt.

In einer Zeit, in der sich Prominente als homosexuell outen, darf Leonardo da Vinci bei Dan Brown auf diesem Gebiet natürlich nicht nachstehen (Kapitel 9, S. 67): »Dieses visionäre Genie war zugleich ein ausschweifender Homosexueller.« Belege für diese Behauptung lassen sich aber nicht so ohne weiteres finden.

Im Jahre 1476, Leonardo war 24 Jahre alt, wurde gegen den Maler und drei weitere Männer der Vorwurf erhoben, homosexuelle Handlungen vollzogen zu haben. Ein siebzehnjähriger Strichjunge, so glaubte die Polizei, war beteiligt. Es kam zu einer öffentlichen Anhörung. Zeugen wurden befragt. Schließlich wurden die Vorwürfe, wie Leonardo-da-Vinci-Biograf Sherwin B. Nuland nach genauer Recherche feststellt, nicht weiter erhoben. Grund: Mangel an Beweisen. Nuland verdeutlicht: »Diese Episode ist der einzige Hinweis auf sexuelle Aktivitäten Leonardos, und jene, die besonders sorgfältig sein Leben studierten, gehen davon aus, daß sie niemals geschah.«

Weiter führt Brown aus (Kapitel 9, S. 67): »Da Vinci … glaubte sich im Besitz des alchemistischen Wissens, mit dem man Blei in Gold verwandeln und sogar durch die Herstellung eines Lebenselixiers Gott um den Tod betrügen konnte.« Damit rückt Brown Leonardo in eine völlig falsche

Ecke. Er gehörte keineswegs jener großen Schar von Scharlatanen an, die mit alchemistischem Brimborium vorgaben, beispielsweise aus Blei Gold machen zu können. Jene oft mit Taschenspielertricks arbeitenden Betrüger waren Leonardo ein Greuel. Er verabscheute sie zutiefst und rügte scharf, daß sie, die Geldgier ihrer »Opfer« ausnützend, rätselhafte Methoden der Goldherstellung feilboten.

Weiter lobt Brown (Kapitel 9, S. 68) »da Vincis gewaltige Produktivität an atemberaubenden Gemälden mit religiösen Inhalten«. Bei aller Begeisterung für das Multitalent da Vinci muß man kritisch anmerken, daß Leonardo schon zu Lebzeiten bei manchen Zeitgenossen einen negativen Ruf genoß. Wer ihm einen Auftrag für ein Gemälde gab, mußte befürchten, daß das Werk niemals fertiggestellt werden würde. Leonardo war vielseitig begabt. Er konzentrierte sich nicht auf ein einzelnes seiner herausragenden Talente. Vielmehr neigte er dazu, etwas unstet sich beispielsweise von einem angefangenen Gemälde ab- und einer seiner zahlreichen Erfindungen zuzuwenden. Oder er vertiefte sich in medizinische Studien, etwa zur Anatomie des Menschen. Während sich Brown begeistert ob Leonardos vermeintlich »gewaltiger Produktivität« zeigt, kommt die wissenschaftliche Analyse seines malerischen Werkes zu einem fundamental gegenteiligen Urteil. Leonardo versetzte die Menschen eben gerade nicht mit »gewaltiger Produktivität an atemberaubenden Gemälden mit religiösen Inhalten« in Erstaunen. Im Gegenteil, er war verrufen, weil er nur eine eher spärliche Zahl von Gemälden wirklich beendete. So heißt es in der »Encyclopedia of World Art« (Band 9, New York 1964, S. 210): »Leonardos Ausstoß an Gemälden war ungewöhnlich klein. Eine Gesamtzahl von siebzehn allgemein anerkannten Werken blieb erhalten.«

Anders ausgedrückt: Leonardo schuf nicht viele, sondern eher wenige Gemälde. Da wiederum nur ein Teil seiner Gemälde religiöse Motive zeigte, ist damit der Umfang seines religiös thematisierenden malerischen Werkes noch kleiner. Leonardo war also ganz und gar nicht für seine gewaltige Anzahl von Werken bekannt. Vielmehr war er bei Kunden und bei Zeitgenossen, die gerne Kunden werden wollten, wegen seiner eher geringen malerischen Produktivität berüchtigt. Deshalb ist auch Browns Unterstellung falsch, Leonardo habe »Hunderte von lukrativen Auftragswerken für den Vatikan» geschaffen. Obwohl sich Leonardo da Vinci lange in Rom aufhielt, lassen sich eben nicht »Hunderte von Aufträgen« für den Vatikan nachweisen, auch nicht Dutzende.

In Wirklichkeit war es aller Wahrscheinlichkeit nach nur ein einziger. Selbst wenn für ein oder zwei weitere echte Gemälde Aufträge vom Vatikan vorgelegen haben sollten, von denen die heutige Forschung nichts mehr weiß, so entbehrt der von Brown vorgebrachte Vorwurf gegen Leonardo jeglicher Grundlage. So begeistert sich Brown vom Renaissance-Genie auch immer wieder zeigt, so ehrverletzend wird der Bestsellerautor bei seiner ethischen Bewertung Leonardo da Vincis.

Behauptet Dan Brown doch, Leonardo sei ein »Heuchler« gewesen. Wie begründet er diese Herabwürdigung des Schöpfers der »Mona Lisa«? Brown meint im Widerspruch zur historischen Wahrheit, daß Leonardo da Vinci unzählige Bilder religiöser Thematik für den Vatikan schuf, um seinen aufwendigen Lebensstil finanzieren zu können.

Hier muß relativiert werden: Leonardo da Vinci lebte ohne Zweifel gern gut. Sein Lebensstil war aber nicht übertrieben luxuriös, wie Dan Brown suggeriert. Es ist interessant, daß die deutsche Übersetzung die Übertreibung Browns etwas zurücknimmt. Im amerikanischen Original hält Brown Leonardo einen »verschwenderischen Lebenswandel« (Kapitel 8, S. 45) vor. Die Übersetzung ins Deutsche von Piet van Polt mildert ab. Sie macht daraus (Kapitel 8, S. 68) »aufwendig«.

Browns Leonardo lebt einerseits üppig vom Geld des Vatikans. Gleichzeitig, so unterstellt Dan Brown, huldigte er ganz anderen Glaubensformen, als die katholische Kirche lehrte. Angeblich baute er sogar, welche Verhöhnung der angeblichen vatikanischen Auftraggeber, heidnische Symbole in seine Werke ein. Dem leitenden Polizeioffizier Bezu Fache legt Dan Brown einen Vorwurf in den Mund. Demnach besaß Leonardo da Vinci »eine Neigung zu den schwarzen Künsten«. Fast durch den gesamten Roman Dan Browns zieht sich wie ein roter Faden immer wieder das gleiche Motiv: Leonardo da Vinci stand innerlich der katholischen Kirche fern. Heimlich favorisierte er heidnische Kulte.

Brown konstruiert einen Konflikt zwischen Leonardo da Vinci und der Kirche. Er zeichnet den Künstler als eine düstere Gestalt, die einem Frankenstein-Horrorfilm entsprungen sein könnte (Kapitel 8, S. 67): »Da Vinci hatte zum Studium der menschlichen Anatomie Leichen ausgegraben.« Tatsächlich hat der Maler den menschlichen Körper studiert, indem er Leichen untersuchte und sezierte. Etwa dreißig Tote hat er vermutlich in einem Zeitraum von etwa fünfzehn Jahren wissenschaftlich studiert und so anatomische Erkenntnisse gewonnen.

Wie er an die Leichname gelangte, ist unbekannt. Es gibt keinerlei Hinweise darauf, daß Leonardo die »Leichen ausgegraben« hat. Richtig ist aber: Die Kirche verbot in der Renaissance das Sezieren von Leichen. Jeder Verstorbene sollte so unversehrt wie nur möglich bestattet werden, um zum Tag des »Jüngsten Gerichts« auch wieder auferstehen zu können. Somit verstieß Leonardo gegen ein kirchliches Verbot seiner Zeit. Er verheimlichte sein Tun aber nicht. Seine anatomischen Studien führten zu Zeichnungen, die keinen Zweifel daran aufkommen ließen, daß Tote seziert worden waren. Das war auch der Kirche bekannt.

Es wurden keinerlei Schritte gegen Leonardo unternommen. Historiker Martin Lunn vermutet sogar, daß er mit Billigung der Kirche handelte. Der Experte weiter (*Da Vinci Code Decoded*, New York 2004, S. 5): »Ohne Zweifel waren viele einflußreiche Zeitgenossen von der sachkundigen Geschicklichkeit beeindruckt, die durch seine Zeichnungen offenbar wurde, die den menschlichen Körper in unterschiedlichen Schichten zeigten.« Leonardo verstieß gegen ein kirchliches Verbot, doch niemand machte sich die Mühe, dagegen etwas zu unternehmen, weder Staat noch Kirche.

Aber hat sich Leonardo da Vinci nicht kritisch über Kirche und Religion geäußert? Dan Brown läßt seinen Helden ein Zitat vorlesen (Kapitel 55, Seite 317): »Viele haben aus Täuschungen und falschen Wundern ein Geschäft gemacht und führen die törichte Menge hinters Licht.« Worauf soll sich dieses recht kritische Wort Leonardo da Vincis beziehen? Es soll, so kommt es bei Brown eindeutig zum Ausdruck, »Leonardos Sichtweise des Neuen Testaments« widerspiegeln. In der Tat könnte Leonardo mit diesen deutlichen Worten gezielt die Kirche angreifen! Er könnte die Geistlichkeit meinen, die mit falschen Jesus-Wundern Geld scheffelt und das dumme Volk hinters Licht führt. Er könnte zum Ausdruck bringen wollen, daß die Autorität der Kirche auf Lug und Trug basiert.

Da Brown als Quelle nur »Notizen zu Polemik und Mutmaßungen« nennt, aber keine nähere Angabe macht, hoffte er wohl, niemand würde bei Leonardo da Vinci selbst nachlesen! Wer sich freilich die Mühe macht, das Zitat im Textzusammenhang anzusehen, wird feststellen, daß Leonardo weder die christliche Geistlichkeit noch das Neue Testament meint, geschweige denn angreift. In Wirklichkeit geißelt Leonardo da Vinci die geheimniskrämerischen Alchemisten (Siehe Leonardo da Vincis Notiz Nr. 1208):

»Die falschen Interpreten der Natur behaupten, daß Quecksilber der allgemeine Same eines jeden Metalls ist, erinnern sich dabei nicht daran, daß die Natur den Samen variiert, entsprechend der Vielfalt der Dinge, die sie in der Welt hervorbringen möchte. Und viele haben aus Täuschungen und falschen Wundern ein Geschäft gemacht und führen die törichte Menge hinters Licht.«

Ein zweites Zitat soll ebenfalls Leonardos Kritik am

Neuen Testament zum Ausdruck bringen (Brown, Kapitel 55, S. 317): »Unkenntnis blendet und läßt uns in die Irre gehen. Oh, ihr elenden Sterblichen, öffnet die Augen!« Wiederum ist bei Brown nur eine recht vage Quellenangabe vermerkt. Auch das zweite Zitat stammt angeblich aus »Leonardos Notizen zu Polemik und Mutmaßungen«. Dort wird man es allerdings vergeblich suchen. Das Zitat stammt aus Leonardo da Vincis »Morals«, einer Sammlung von sprichwortartigen Sentenzen.

Die angebliche Kritik am Neuen Testament hat wiederum weder mit der Geistlichkeit noch mit der Bibel etwas zu tun. Vielmehr geht es in Spruchweisheit Nr. 1182 um etwas ganz anderes: »Torheit ist das Schild der Schande ...«

Dan Brown führt seine Leserschaft auf eine brisante Fährte: Fünfhundert Jahre nach dem Entstehen des Gemäldes »Mona Lisa« behauptet er, die verborgene Bedeutung des Titels offenbaren zu können. Doch die Spur führt in die Irre. Leonardo da Vinci versteckte nicht die ägyptischen Gottheiten Amon und Isis als Anagramm in »Mona Lisa«. Zudem ist vieles, was Brown über Leonardo da Vinci schreibt, schlichtweg falsch. Wenn sich auch die von Dan Brown gelegte Spur als trügerische Fehlinterpretation erweist, so lohnt es sich doch, ihr zu folgen.

Verpackt in die spannende Handlung seines Romans, bietet Dan Brown ein wahrhaft »heißes Eisen« an: Es geht um den Ursprung der monotheistischen Religionen. Judentum, Christentum und Islam sind streng patriarchalisch geprägt. Für »Heilige Frauen«, so scheint es, haben sie keinen Platz. Und doch stand am Anfang nicht der eine, männliche Gott, sondern die Heilige Frau, die Göttin. Nehmen wir die Spur im Alten Ägypten auf. Suchen wir in den Zeiten lange bevor die gewaltigen Pyramiden entstanden nach den ersten »Heiligen Frauen«. Sie wurden vor Jahrtausenden verehrt, lange vor Isis und Amon! Wir werden zu Erkenntnissen kommen, die manchem Zeitgenossen als Sakrileg erscheinen müssen!

2.
ÄGYPTEN UND DIE HEILIGEN FRAUEN

Jahr für Jahr strömen Millionen von Touristen nach Ägypten. Das Land am Nil hat phantastische Relikte aus uralten Tagen zu bieten. Wir alle, so heißt es, haben Angst vor der Zeit. Die Zeit aber fürchtet sich vor den Pyramiden. Staunend stehen die Menschen vor den drei gewaltigen Bauwerken am Rande der Millionenmetropole Kairo. Was müssen das für mächtige Herrscher gewesen sein, rätselt der Laie, die sich wie Cheops wahre Weltwunder aus Stein bauen ließen, um ihre sterblichen Überreste darin für die Ewigkeit zu verwahren?

Moderne Technologie und exakte wissenschaftliche Planung waren erforderlich, um den gigantischen Tempel von Abu Simbel zu retten. Er mußte versetzt werden, wollte man verhindern, daß er in den Fluten des Assuan-Stausees für immer verschwinden würde.

Denkt man an Ägypten, so fallen einem unwillkürlich Pyramiden und Pharaonen ein. Mächtige Männer beherrschten das Land am Nil. Sie verehrten mächtige Götter, die nach Überzeugung der Menschen die Geschicke eines jeden Sterblichen lenkten. So wie Judentum, Christentum und Islam monotheistische Religionen sind, so wurde wohl auch Ägyptens Himmel von männlichen Göttern regiert. Doch was war vor den Pharaonen? Welche Götter wurden in den Jahrtausenden verehrt, bevor Ägypten zu einem der imposantesten Imperien mit einzigartiger Kultur wurde?

Die Pyramiden von Gizeh locken Jahr für Jahr Millionen von Touristen an. Laien wie Experten diskutieren darüber, wie diese Monsterbauten errichtet wurden. Welche Techniken wurden angewandt? Wurden Sklaven eingesetzt? Mit welchen brachialen Methoden zwang man sie zu schier übermenschlichen Leistungen? Oder waren es vielmehr Freiwillige, die für das Grabmal des gottgleichen Pharaos schufteten?

Millionen bestaunen die großen Pyramiden. Millionen zieht es in das »Tal der Könige«. Das Grab Tutanchamuns fasziniert die Menschen mit Recht! Welche Kostbarkeiten wurden dem unbedeutenden Pharao in seine Gruft gelegt! Achtlos aber geht man im »Tal der Königinnen« an einem Zeugnis der frühesten Kultur Ägyptens vorbei: Eine überlebensgroße Skulptur erinnert an die Heiligen Frauen Ägyptens. Doris Wolf, Schweizer Wissenschaftlerin, hat wie kein zweiter Mensch die Urkultur Ägyptens zu ergründen versucht. Sie schreibt (*Was war vor den Pharaonen?*, Zürich 1994, S. 63): »Bei der Grotte der Großen Göttin im Tal der Königinnen ist noch eine andere Erscheinung interessant, die allerdings bisher unbeachtet blieb: eine aus dem Fels gemeißelte überlebensgroße weibliche Skulptur auf der linken Seite des Eingangs, die über dem Boden schwebt. Obwohl der Kalkfelsen hoffnungslos brüchig ist, kann man bei der verwitterten Großplastik die untere Körperhälfte mit dem betonten Schoßdreieck erkennen, das gut erhalten ist.«

Die Nutzung der mystisch-mysteriösen Grotte in Theben-West geht nach den wissenschaftlichen Studien der Ägyptologin Christiane D. Neblecour schon auf die ferne Urgeschichte zurück. Die Symbolik ist von einfacher Klarheit: Sie stellt den riesigen Uterus der Heiligen Frau dar. Sie ist heiligster Ort: der »Mutterschoß der Großen Göttin«. Im Kult des Matriarchats war die Erde weiblich – die Mutter.

Das uralte Kunstwerk erinnert sehr an Göttinnen aus Europas Steinzeit, etwa an die berühmte »Venus von Willendorf«, Österreich. Wie alt ist der steinerne Beleg für die Dominanz Heiliger Frauen in Europa? Die kunstvoll ausgearbeitete Statuette mit den ausgeprägten weiblichen Merkmalen soll vor 30000 Jahren von einem unbekannten Künstler geschaffen worden sein. Etwa gleich alt ist ihre

»Kollegin«, die »fette Lady«, Tschechien: 27000 Jahre. Jung hingegen sind die steinernen Heiligen Frauen Maltas. Die eindrucksvollen Zeugnisse der Frühgeschichte werden heute im »Archäologischen Museum« in der Landeshauptstadt Valetta aufbewahrt. Fünf Jahrtausende sind sie alt, die vor Weiblichkeit strotzenden Figuren.

Archäologie-Professor Hans Schindler-Bellamy erklärte dem Verfasser: »Diese Figuren waren einstmals die religiösen Symbole der Großsteinzeit Europas! Es sind Muttergottheiten aus den Zeiten lange vor dem Patriarchat! Ihre üppigen Leiber waren keine plumpen Sexsymbole, sondern sie belegen, wie hoch angesehen Heilige Frauen vor vielen Jahrtausenden waren.«

Warum werden sie dann in Archäologenkreisen gern »fette Weiber« genannt? Professor Schindler-Bellamy hat eine ernüchternde Erklärung parat: »Eine solch despektierliche Sprache ist ein Indiz dafür, daß man in manchen Wissenschaftskreisen etwas herabwürdigen will. Man will nichts davon wissen, daß vor der Kultur des Patriarchats ein Matriarchat das Leben Europas bestimmte – und offensichtlich auch das Leben Ägyptens, Jahrtausende vor den Pharaonen.«

Wann mag die ägyptische Skulptur der urgeschichtlichen Göttin entstanden sein? Das Kunstwerk ist schwer zu datieren. Wurde es von Menschenhand bewußt beschädigt, um die Zeit der Heiligen Frauen zu schmähen? Oder waren es Naturkräfte, die der Skulptur so arg zusetzten? Vor mehr als zehntausend Jahren sollen gewaltige Regenschauer sintflutartigen Ausmaßes das Land am Nil heimgesucht haben. Wurde in jenen Zeiten lange vor den Pyramiden das Zeugnis für die Heiligen Frauen Ägyptens teilweise bis zur Unkenntlichkeit verwaschen?

Wie viele solcher Kunstwerke mag es einst gegeben haben? Im oberägyptischen Hierakonpolis (heute Kom el-Ahmar) wurde ein weiblicher Torso in den Fels geschlagen. Das Kunstwerk mißt nur 35 Zentimeter. Doris Wolf (*Was war vor den Pharaonen?*, Zürich 1994, S. 64) beschreibt: »Der weibliche, auf den mittleren Körperbereich reduzierte Torso ist von beeindruckender künstlerischer Qualität und besteht aus einem stark gewölbten, schwangeren Bauch und stumpfartig abgerundeten Schenkeloberteilen.«

Die rituell-religiöse Nutzung der Höhle hinterließ spärliche, aber deutliche Spuren. Die Zeichnung einer Kuh hat nichts mit Landwirtschaft zu tun. Sie steht für eine als besonders heilig angesehene Frau, für die göttliche Himmelskuh. Wie dieses heilige Wesen ursprünglich hieß, weiß niemand mehr zu sagen. Sie herrschte Jahrtausende vor der Errichtung der Pyramiden. Als die Pharaonen über Ägypten regierten, war ihr Kult schon Jahrtausende alt, aber noch dem griechischen Philosophen Porphyrios (234–305 n. Chr.) war bekannt, daß die Vorgänger der Tempel heilige Grotten waren. Im Leib von Mutter Erde wurden die ältesten religiösen Riten abgehalten. Sie waren der symbolische, jedoch örtlich greifbare Ort für Geburt, Sterben und Wiedergeburt.

In der Glaubenswelt der Heiligen Frau entsteht Leben nicht einfach nur, um nach einer bestimmten Frist wieder für immer zu verschwinden. Matriarchalische Glaubenswelten waren stets vom Gedanken der Wiedergeburt geprägt.

Patriarchalische Gemeinschaften, geprägt von ihren Glaubenssystemen, fördern den bedenkenlosen Raubbau mit den Ressourcen der Erde und die Zerstörung der Umwelt. Es gilt das Motto: »Nach uns die Sintflut!« Was ficht es den Egoisten an, wenn er die Welt ausbeutet und seinen Nachkommen die Erde in einem schlechteren Zustand hinterläßt, als er sie von seinen Vorfahren erhalten hat? Der Glaube an die Wiedergeburt, an einen ewigen Kreislauf des Lebens, bedeutet zugleich auch Mahnung zur Vorsicht: Du zerstörst heute deine Umwelt? Sicher, das mag dir heute Wohlstand und Luxus bescheren, aber du wirst morgen wiedergeboren werden und die Konsequenzen deines Handelns selbst ausbaden müssen!

Auch wenn die Erforschung der Urformen der Glaubenswelt immer noch ein Schattendasein fristet, so wurde doch hinlänglich bewiesen, daß die sakralen Höhlen der Verehrung Heiliger Frauen dienten. Besonders deutlich wird dies im Sumerischen: Heilige Höhle, Grab, Unterwelt und Schoß wurden als »matu« bezeichnet. Und im Sanskrit heißt »Heiligtum« auch »Schoß«. Auf Malta wurden vor Jahrtausenden Heilige Frauen verehrt. Die ältesten Heiligtümer waren auch hier unterirdisch angelegt.

Das »Lexikon der Ägyptologie« (Wiesbaden 1975) bietet eine Vielzahl von textlichen Belegen für die Regentschaft der Heiligen Frauen in Ägypten, lange bevor die Pharaonen an die Macht kamen. Ein typisches Beispiel sei zitiert: »O Große Göttin im Inneren der Unterwelt, zweifach geheime, die niemand kennt, Große Göttin, deren Schleier niemand lüftet! O Löserin der Fesseln ...«

Unzählige unterirdische Höhlen gibt es in Ägypten. Sie wurden in urgeschichtlichen Zeiten als Heiligtümer verehrt und benutzt und waren sakrale Orte matriarchalisch geprägter Rituale. Sie waren die »Tempel« der Heiligen Frauen Ägyptens. Wie viele dieser Höhlen mag es einst gegeben haben? Wie viele wurden bewußt zerstört oder wurden Jahrtausende später zu Zeiten der Pharaonen übernommen und zu Schachtgräbern umgestaltet? Nur zögerlich wagt sich die Wissenschaft an die uralten Heiligtümer. Dabei ist es seit 1991 endlich möglich, jahrtausendealtes Blut exakt zu analysieren. Hat man Angst davor, weitere Beweise für die uralten Kulte um Göttinnen und Heilige Frauen zu finden? Es ist sehr stark zu vermuten, daß es sich bei der »Ockerfarbe« in so mancher Kulthöhle nicht um Farbe, sondern um Menstruationsblut handelt. Wie viele »Farbproben« wurden bisher gewonnen und entsprechend ausgewertet? Dr. Thomas Loy hat eindeutig nachgewiesen: Was man lange für »Farbe« hielt, mit der oberägyptische Höhlen ausgemalt wurden, war Blut. Mit diesem Blut wurden die Höhlen zum Uterus der weiblichen Urgöttin, der ersten Heiligen Frau Ägyptens. Es ist endlich an der Zeit, daß im großen Umfang Laboranalysen durchgeführt werden. Dann wird man feststellen können, wie alt die heiligen Kulte um die Ur-Göttinnen Ägyptens sind.

Aus sicherer Quelle weiß der Autor, daß es eine Vielzahl von Grabbeigaben gibt, die bei zahlreichen archäologischen Ausgrabungen ans Tageslicht gefördert wurden, die an die Heiligen Frauen Ägyptens erinnern. Vorsichtige Analysen ergaben, daß die eigentlich spektakulären Funde sechs- bis zwölftausend Jahre alt sind. Nur hinter vorgehaltener Hand geben Ägyptologen zu, daß die kleinen Figürchen mit ausgeprägten femininen Zügen Darstellungen durchweg nackter heiliger Frauen sind. Sie wurden Frauen, Männern und Kindern mit ins Grab gelegt und lassen sich als Darstellungen der Mutter-Göttin interpretieren.

Für den gläubigen Christ von heute ist ein Kruzifix Zeichen der Hoffnung. Für ihn starb Jesus, um von den Toten wiederaufzuerstehen. Für den Anhänger der weiblichen Ur-Göttin Ägyptens hatten die weiblichen Statuetten eine ganz ähnliche Bedeutung: Sie zeigen die Heilige Frau als Symbol der ewigen Wiedergeburt. Kruzifixe wie Göttinnen-Statuen waren und sind religiöse Zeugnisse.

Offenbar hat die wissenschaftliche Ägyptologie erhebliche Probleme mit den Fundstücken aus der Vorgeschichte, aus Zeiten lange vor den Pharaonen. Sonst würde sie nicht die zahllosen Relikte aus Ägyptens matriarchalischer Zeit in großer Zahl in staubigen Schubladen von Museums-Depots verschwinden lassen. Was da alles im Verborgenen schlummert, kann man nur vermuten. Es sind wahrscheinlich Schätze von gewaltigem Wert.

Im Jahre 1991 war die Ägyptologin Mona El-Moguy damit beschäftigt, sich einen Überblick über die archäologischen Objekte im »Assuan Museum« zu verschaffen. Was lag alles in den gläsernen Vitrinen? Was wurde in verschiedenen Werkstätten restauriert und war somit den Besuchern vorübergehend nicht mehr zugänglich? Und was schlummerte in den unübersichtlichen Kellerräumen? Mona El-Moguy vermutete im Keller nur Unbedeutsames.

Doch zu ihrer großen Überraschung entdeckte sie sechs verstaubte Statuetten. Sie stammten aus den Zeiten lange vor den Pharaonen. Die Archäologin wunderte sich über ihren Fund. Vor ihr lagen sechs Statuetten, die eindeutig Heilige Frauen aus der Zeit des Matriarchats darstellen. Die Wissenschaftlerin durchforstete alte Museumskataloge und mehrere »Inventur-Listen«. Die Göttinnen waren nirgendwo erwähnt.

Kein Mitarbeiter des Museums kannte die kostbaren Objekte. Keiner der früheren Mitarbeiter, die die Archäologin befragte, hatte die Statuetten jemals gesehen. Und es gab keinerlei Erwähnung, weder in der Literatur über das Museum und seine Bestände, noch in irgendeiner wissenschaftlichen Veröffentlichung. Offensichtlich waren die Göttinnen systematisch totgeschwiegen worden. Wie viele ähnliche Funde mag es noch in anderen Museumskellern geben? Wie viele Objekte der unliebsamen Art wanderten in Privatsammlungen oder wurden zerstört?

Gelegentlich findet man diese Kostbarkeiten aber auch in der einen oder der anderen Vitrine, in dem einen oder dem anderen Museums-Katalog, wenn auch selten genug. Die kunstvoll herausgearbeiteten kostbaren Preziosen stammen aus Ägyptens Vorzeit, die von Heiligen Frauen dominiert wurde. Im Gegensatz dazu sind die Wissenschaftler, die diese Figürchen katalogisieren, von einem ganz anderen Geist geprägt. Sie verunglimpfen, Jahrtausende später, das Andenken der Heiligen Frauen, indem sie sie sexistisch interpretieren. Sie werden gern zu »Tänzerinnen« und »Puppen« degradiert, als »Beischläferinnen« beschimpft.

Diese Bezeichnungen verdeutlichen ein erschreckendes Frauenbild so manches Wissenschaftlers: Er sieht die Frau nicht als Partnerin des Mannes, sondern bestenfalls als Dienstbotin, wenn sie nicht zum lebenden sexuellen Stimulus entwürdigt wird. Dabei wird übersehen, daß solche

Figürchen nicht ausschließlich Männern mit ins Grab gelegt wurden, sondern auch Frauen und Kindern. Niemand wird behaupten wollen, daß toten Frauen und Kindern Frauenfiguren auf die Reise ins Jenseits mitgegeben wurden, die eine sexuelle Bedeutung hatten. Und doch wird von Wissenschaftlern postuliert, diese Figürchen seien sozusagen postmortale Aphrodisiaka in Frauengestalt gewesen – zur Erhaltung der männlichen Zeugungskraft im Jenseits. Da wird eine frauenfeindliche Denkungsart auf religiöse Kunstwerke der Zeit der Heiligen Frauen zurückprojiziert. Vielleicht formuliert der eine oder andere Wissenschaftler so intime Wunschvorstellungen vom Wesen der Frau, die er selbst nicht auszusprechen wagt. Jedenfalls ist es nicht zulässig, vom eigenen Verständnis von der Rolle der Frau auf das Verständnis von der Bedeutung der Frau im Matriarchat zu schließen.

Ob diese Gelehrten sich überhaupt der Tatsache bewußt sind, daß ihre Herabwürdigung uralten Glaubens den Tatbestand des Sakrilegs erfüllt?

Gewiß, der uralte ägyptische Kult der Heiligen Frau hat schon seit Jahrtausenden keine Anhänger mehr. Trotzdem sollte man jeder Form religiösen Lebens, gleichgültig, ob in grauer Vorzeit oder in der Gegenwart praktiziert, mit Respekt begegnen. Keinem gläubigen Christen von heute dürfte die Vorstellung zusagen, daß Archäologen in fünftausend Jahren in christlichen Gräbern gefundene Kruzifixe mit dem Gekreuzigten als sexuelle, etwa sadomasochistische Darstellungen erklären.

Das Bild von den Heiligen Frauen, die in sakralen Höhlen uralte Rituale zelebrierten, verliert sich im jahrtausendealten Dunkel ägyptischer Vergangenheit. Wie mögen diese Ur-Göttinnen geheißen haben? Wir wissen es nicht. Man kann aber davon ausgehen, daß die weibliche Urgöttin als eine »göttliche Himmelskuh« symbolisch dargestellt wurde. Sie war das weibliche Prinzip schlechthin und stand für Geburt, Tod und Wiedergeburt. Der älteste bekannte Name dieser Heiligen Frau ist »Het-Hert«, »Haus des Himmels«.

Schon vor einhundert Jahren erforschte E. A. Wallis Budge ausgiebig die religiöse Welt des Alten Ägyptens. Er kam zu der Erkenntnis, daß »Het-Hert« das Göttliche schlechthin war: die Heilige Frau par excellence. Sie brauchte weder Vater oder Mutter, noch Mann oder Kinder. Sie war sich selbst genug, schuf sich selbst und wurde niemals geschaffen.

Aus der Urgöttin, so ist Lexikonautorin Barbara G. Walker überzeugt (*Das geheime Wissen der Frauen*, Frankfurt 1993, S. 323), entwickelten sich zahlreiche Untergöttinnen. Die Wissenschaftlerin: »Im Laufe der Jahrhunderte zerlegten die Schriftgelehrten die Gestalt der Großen Göttin in unzählige ›Göttinnen‹ und gaben diesen all die unterschiedlichen Namen und Titel, unter denen die Göttin in verschiedenen Zeiten bei den verschiedenen Völkern angerufen wurde.«

Die Heiligen Frauen waren mächtig aus sich heraus. Sie waren auf keinen Partner angewiesen. Wenn sie einen Gefährten hatten, dann waren sie ihm in jeder Hinsicht überlegen. Das führte zu Konstruktionen, die heute – gelinde gesagt – kurios anmuten. Barbara G. Walker in ihrem Lexikon »Das geheime Wissen der Frauen« (Frankfurt 1993, S. 323): »Sie ist nicht nur dessen Mutter, die Urheberin seiner Existenz, sondern auch die Gottheit, die die ganze Schöpfung mit dem kraftvollen Blut des Lebens durchdringt. Die Götter konnten nur mächtig werden, weil sie an der Weisheit und Kraft der Göttin teilhatten.«

Am Anfang, zu mythischen Zeiten, gab es die allmächtige Göttin, die Heilige Frau, die kraftvolle Weiblichkeit als dominante Vorherrschaft über das Universum verkörperte. In einer Welt, die vom Prinzip der weiblichen Göttlichkeit durchdrungen war, dürfte das alltägliche Leben ähnlich ausgesehen haben. Es war die Frau, die den Menschen das Leben schenkte. So wie die alljährlichen, regelmäßigen Nilüberschwemmungen dem Land Fruchtbarkeit schenkten, so kam alles Leben immer wieder aus der Frau. Auf Nilflut mit Fruchtbarkeit folgte wieder Trockenheit, die Wüste breitete sich aus. Auf jedes Leben folgte der Tod. Doch wie neuerliche Nilüberschwemmungen neuerliche Fruchtbarkeit brachten, so sah man auch das Leben als sich immer und immer wieder neu abspielenden Zyklus an: Auf die Geburt folgte das Leben, der Tod beendete einen Lebenszyklus, dem sich wiederum neues Leben anschloß.

Wurde die »Himmelskuh« schon im urzeitlichen Ägypten verehrt? Die Göttin war von unbekannten Urzeiten an bis in die sogenannte vordynastische Zeit präsent, also etwa bis 3000 vor Christus. Wir wissen nicht, wie sie ursprünglich hieß. Het-Hert, Haus des Himmels, wurde sie schließlich genannt. Aus Het-Hert wurde schließlich Hathor. Doch im Lauf der Jahrtausende hatte die Heilige Frau Macht eingebüßt. Aus der allmächtigen Göttin wurde die Göttin des Himmels. Aus der Allmächtigen, die sich allein genügte, wurde die Göttermutter, die Kinder in die Welt setzte. Aus der Alleinherrscherin wurde die weit weniger mächtige Mutter jedes Gottes und jeder Göttin. Sie war nach wie vor bedeutend, jedoch nicht mehr allein. Sie mußte ihre Macht mit anderen Göttern teilen.

So wie in Indien galt die Kuh lange Zeit als heiliges Tier. Das war leicht zu verstehen: Die Kuh war das Tier, das einst für die Himmelskönigin stand. Herodot überliefert, daß die Kuh von den Ägyptern wie kein zweites Tier verehrt wurde. Darin schwang die Ehrerbietung mit, die man einst der Himmelsgöttin, der Heiligen Frau entgegenbrachte. Aber die Zeiten änderten sich.

Um 2650 v.Chr. setzt die Epoche des »Alten Reiches« ein. Das »Alte Reich« unterschied sich auf religiösem Gebiet von der vordynastischen Zeit. Vorher muß die Kuh als Tier der Göttin unantastbar gewesen sein. Im dynastischen Ägypten wurde eben diese Kuh zu einem der am meisten geopferten Tiere. Aus dem kultisch verehrten Symboltier ist das in Massen rituell getötete Tier geworden. Dafür kann es nur eine Erklärung geben! Irgendwann muß die Göttin von ihrem Thron gestoßen worden sein. Als in Sakkara Kühe in großer Zahl geopfert wurden, kann es die allmächtige Göttin ohne jede Konkurrenz nicht mehr gegeben haben. Wann kam es zu diesem fundamentalen Wechsel? Niemand vermag dies zu sagen. Denn auch wenn seit Jahrhunderten Ägyptens Geschichte wissenschaftlich erforscht wird, so bleibt die Epoche der Göttin bis heute weitestgehend unerforscht. Das »Lexikon der Ägyptologie« mahnte bereits 1975 vergeblich an, daß es keine zusammenhängende Erforschung des komplexen Gebiets der ägyptischen Heiligen Frauen gebe. Daran hat sich heute, immerhin dreißig Jahre später, so gut wie nichts verändert. Auch heute muß nach wie vor konstatiert werden, daß die Urgeschichte Ägyptens weitestgehend vernachlässigt wird. Fast schon resignierend heißt es in Heide Streiter-Buschers Werk »Jahrtausende zwischen Strom und Wüste« (Hersching 1989, S. 148): »Die ägyptische Vorgeschichtsforschung war und ist nicht populär.«

Was mag der Grund für dieses erstaunliche Desinteresse sein? Will man die Geschichte der Heiligen Frauen Ägyptens gar nicht kennenlernen? Warum nicht? Weil sonst anerkannt werden müßte, daß die Ära der drei monotheistischen Weltreligionen Judentum, Christentum und Islam im Vergleich zur unzählige Jahrtausende umfassenden Periode der Muttergöttin wie ein kurzer Wimpernschlag in einer langen Nacht erscheinen mag?

Aus Het-Hert wurde Hathor. Und aus Hathor wurde Hat-Hor, das »Haus« oder der »Schoß des Horus«. Um 2650 v. Chr. setzt die Epoche des »Alten Reiches« ein. Die Regentschaft der Heiligen Frau war beendet. Das Patriarchat hatte sich durchgesetzt. In den ersten Dynastien blieb der Name der Göttin in ägyptischen Namen erhalten. Wurde so an ein damals schon in Vergessenheit geratendes Prinzip matrilinearen Königtums erinnert?

Unzählige Jahrtausende der Herrschaft der Heiligen Frau ließen sich nicht so ohne weiteres ausradieren. Am ehesten war es möglich, Namen umzudeuten, auch wenn dazu kleine Abänderungen erforderlich waren. So wurde aus dem »Haus«

oder dem »Schoß des Himmels« das »Haus« oder der »Schoß des Horus«.

Horus aber war das von den Ägyptern verehrte »göttliche Kind«. Verwirrend ist selbst für den Ägypten-Experten die Vielfältigkeit des ägyptischen Himmels. Doch in den vielfältigen Schilderungen göttlichen Wirkens und Treibens bleiben Botschaften erhalten: Göttin Isis, so heißt es, verschlang den Erlöser Osiris. Sie schenkte ihm das Leben wieder. Als Horusknabe wurde er wiedergeboren. Isis wurde alljährlich getötet und doch wieder zum Leben erweckt. Erinnert uns das nicht an eine vertraute Geschichte? Erscheint diese mythische Geschichte dem gläubigen Christen unserer Tage nicht fremd und doch seltsam vertraut? Im Zentrum des christlichen Glaubens steht Jesus, der Sohn Gottes, der Erlöser. Und werden im sich Jahr für Jahr wiederholenden Osterfest nicht gewaltsamer Tod und Wiederauferstehung des göttlichen Gottessohnes zelebriert?

Auch im Islam leben uralte Glaubensvorstellungen aus Ägypten fort. Nach alten Überlieferungen aus dem Reich der Pharaonen wird das alljährlich wiederkehrende, Leben spendende Nilhochwasser durch eine Träne der Isis ausgelöst, die die Heilige Frau aus Trauer über den Tod des Gottes vergießt. Im Islam blieb das im Juni zelebrierte Fest »Lelat al Nuqtha« erhalten: die »Nacht des Tropfens«. Die Alten Ägypter zelebrierten ein Nilfest als »Nacht der Träne«. In dieser Nacht bedankten sich die Ägypter bei der Heiligen Frau: für das Leben, das sie dem Vieh und den Herden spendet. Die Himmelsgöttin – glaubten die Ägypter – stieg dann herab, tränkte das ganze Land und brachte allen seinen Bewohnern Speise. In einem Gebet, das anläßlich dieses Festes gesprochen wurde, heißt es: »Du füllst die Lagerhäuser, du füllst die Kornspeicher. Du sorgst dich für die Armen und Bedürftigen.«

Dan Brown legte eine falsche Fährte: Er geheimniste in den Namen »Mona Lisa« zwei Götternamen hinein: Isis und Amon. Die Spur erwies sich als falsch. Das Ziel aber war richtig: Ägypten! Hier herrschten einst, bevor das Matriarchat durch das Patriarchat abgelöst wurde, Frauen. Uralt ist der Kult von der Himmlischen Frau. Wie viele Jahrtausende wurde ihm gehuldigt? Wie kam es dazu, daß die Regentschaft der Heiligen Frauen beendet wurde? Darauf gibt es bis heute noch keine glaubhafte Antwort.

Hathor, die Nachfolgerin der ersten Heiligen Frau Ägyptens, wird um so rätselhafter, je intensiver man sich mit ihr auseinandersetzt. Ihr Name birgt ein Geheimnis, das Freunde wie Gegner von Dan Brown hellhörig machen müßte. Der Name der Göttin enthält einen faszinierenden Hinweis, wenn man alle möglichen Übersetzungsvarianten berücksichtigt! Gisela von Frankenberg stellt in ihrem umfangreichen Nachschlagewerk »Kulturvergleichendes Lexikon« (Bonn 1984, S. 166) fest: »Hathor: ägyptische Göttin ... Hat = Haus + Hor = Gold, zusammen ›Goldhaus‹ oder die ›himmlische Gralsburg‹.«

Hathor, die Mutter des göttlichen Knaben und Sohn Gottes, kann als »Gralsburg« verstanden werden? Das ist ein wirklich faszinierendes Ergebnis der Suche auf der falschen Fährte »Mona Lisa«. Das seltsame Trio »Heilige Frau«, »Sohn/Tochter Gottes« und »Heiliger Gral« wird uns noch intensiv beschäftigen!

3. DAS ALTE TESTAMENT, GOTT, GÖTTER UND DIE HEILIGEN FRAUEN

Auch im Alten Testament gibt es, so Dan Brown, eine versteckte Botschaft à la Mona Lisa. Allerdings führt der US-Bestsellerautor diesmal nicht die Entschlüsselung eines Anagramms vor. Er offenbart eine angebliche Wortkombination – und bietet eine verblüffende Erklärung für den Gottesnamen YHWH (Kapitel 74, S. 422): »Das aus den vier Buchstaben YHWH bestehende jüdische Wortkürzel – der Heilige Name Gottes – setzte sich zusammen aus den Buchstaben des Wortes Jehova, einer androgynen Vereinigung des männlichen Jah und des vorhebräischen Wortes für Hava.«

Wie im Fall des Namens Mona Lisa behauptet Brown, daß sich im geheiligten Namen YHWH Männliches und Weibliches vereine, nämlich Jehova und Havah. Diese Behauptung wird durch den Terminus »hebräisches Kürzel« verstärkt.

»Hebräisches Kürzel« bedeutet doch, daß da etwas abgekürzt wurde. Allerdings liegt hier ein Übersetzungsfehler vor. Im US-Original lesen wir »Jewish tetagrammaton« (Kapitel 74, S. 309). Von einem »hebräischen Kürzel« kann nicht die Rede sein.

Tetagrammaton ist ein Fachausdruck, der in der Theologie des Alten Testaments häufig benutzt wird. Er läßt sich mit »Wort aus vier Konsonanten/Buchstaben« übersetzen und wird als Bezeichnung des Gottesnamens YHWH benutzt. Von einem »Kürzel« kann nicht die Rede sein. Und wie sieht es mit der Interpretation Dan Browns aus? Sie mag einleuchtend erscheinen, ist aber völlig falsch. Die Schöpfungsgeschichte ist bekannt. Gleich zu Beginn des Alten

Testaments kreiert Gott »Himmel und Erde«, erschafft den ersten Mann und setzt ihn ins Paradies. Dann heißt es weiter (1. Buch Mose Kapitel 2, Verse 19 und 20): »Und Gott der HERR machte aus Erde alle Tiere auf dem Felde und all die Vögel unter dem Himmel und brachte sie zu dem Menschen, daß er sie sähe, wie er sie nennen würde. Denn wie der Mensch jedes Tier nennen würde, so sollte es heißen. Und der Mensch gab einem jeden Vieh und Vogel unter dem Himmel und Tier auf dem Felde einen Namen.«

Diese Zeremonie mutet umständlich an. Sie hat aber einen tieferen Sinn. Der Mensch benennt jedes Tier, wobei die Bibel die im Wasser lebenden Tiere zu vergessen scheint. Mit dieser Handlung erhält der Mensch Macht über die Tiere. Etwas beim Namen zu nennen, das hatte magische Bedeutung. Gott gestattet es dem Menschen, die Tiere mit Namen zu versehen. Auf magische Weise macht er sie sich dadurch untertan.

Nicht übersehen werden dabei darf die patriarchalische Denkungsart: Es ist der Mann, der die Gewalt über die Tiere bekommt, nicht die Frau, die erst nach der magischen Zeremonie ins Dasein gerufen wird.

Der Name des monotheistischen Gottes, den Moses propagiert, wird im Hebräischen mit den vier Konsonanten YHWH umschrieben. Nach dem magisch-mystischen Verständnis der Benennung wäre es ein Sakrileg der schlimmsten Art gewesen, hätte ein Mensch sich angemaßt, diesen heiligen Namen auszusprechen. Denn damit hätte er als kleiner Mensch Gewalt über den allmächtigen Gott gewonnen. Das wäre eine eigentlich undenkbare Anmaßung gewesen!

Wie aber sollte man sich als Rabbi in der Synagoge beim Vorlesen von Texten aus den Schriften des Alten Testaments verhalten, wenn in einem Text YHWH vorkam? Besonders in den fünf Büchern Mose stößt man sehr häufig auf diesen Gottesnamen. Die Lösung war einfach: Wo YHWH stand, da wurde laut »Herr« gesagt.

Die frommen Juden dachten an alles, auch an die Neigung manches Menschen, gedankenlos zu werden. Leicht konnte es einem Rabbi passieren, daß er seine Gedanken schweifen ließ, während er aus den Texten des Alten Testaments vortrug. Häufig konnte es ihm dabei unterlaufen, daß er versehentlich den geheiligten Namen Gottes aussprach. Dieser Gedanke führte zu einem Kniff, den man anwandte: Man schrieb unter und über die hebräischen Konsonanten des Gottesnamen YHWH die Vokale des hebräischen Wortes für Herr.

Mit anderen Worten: Man kombinierte zwei Worte. Wenn der Vorleser in der Synagoge auf diesen Wortmix traf, wurde ihm bewußt: Geschrieben steht YHWH, laut vorlesen muß ich aber »Herr«, um den heiligen Namen nicht auszusprechen. Nie und nimmer wäre ein schriftkundiger Jude auf die für ihn völlig absurde Idee gekommen, den unsinnigen Wortmischmasch auszusprechen. Wenn er es getan hätte, dann hätte er »Jehova« gelesen. Doch ein Wort oder Name »Jehova« hat zu Zeiten des Alten Testaments nie existiert.

Dan Browns Lösung für das »Rätsel Gottesname« ist völlig falsch. YHWH entstand nicht aus den Buchstaben »des Wortes Jehova ... und des vorhebräischen Wortes für Eva, Havah«. Jehova entsteht, wenn man die Konsonanten YHWH mit den falschen Vokalen verknüpft.

Am Rande sei noch auf einen weiteren Fehler hingewiesen, der allerdings weniger ins Gewicht fällt. Havah soll ein vorhebräisches Wort sein. In welcher Sprache? Havah ist vielmehr die in lateinische Buchstaben übertragene Fassung des original-hebräischen Havah.

Browns Erklärung für den Gottesnamen YHWH als Verknüpfung von Weiblichem und Männlichem ist definitiv falsch. Doch legt der erfolgreiche Bestsellerautor zwar eine falsche Spur, aber das Ziel ist richtig!

Das Judentum stützt sich ausschließlich auf das Alte Testament. Für die streng monotheistischen Juden ist es das Fundament ihres Glaubens. Auch die Christen sehen das Alte Testament als einen von zwei wichtigen Teilen ihres Heiligen Buches an. Für sie bilden Altes und Neues Testament das Fundament ihres Glaubens. Für Juden wie für Christen muß das Alte Testament als Beleg für ihren Eingottglauben herhalten.

Aber auch wenn es Juden wie Christen für ein Sakrileg halten mögen, so bauen doch beide Glaubensgemeinschaften auf ein religiöses Werk, das keineswegs rein monotheistisch angelegt ist. Die Bibel ist von ihren Wurzeln her polytheistisch. Die deutlichen Spuren des Vielgottglaubens lassen sich ohne Mühe im Alten Testament finden. Und auch die Heiligen Frauen haben ihre Spuren im Alten Testament hinterlassen, mal versteckt, mal fast ganz offen. Oft muß man die Texte im hebräischen Original lesen, um die Hinweise auf Götter und die Heiligen Frauen zu entdecken.

Kein zweites Buch wurde in so viele Sprachen übersetzt wie die Bibel. Fast täglich kommen neue hinzu. Kein anderes Buch hat eine so hohe Auflage erreicht. Und gleichzeitig wird kein anderer Bestseller weltweit so wenig gelesen wie die Bibel. Gleichzeitig wiederum glauben viele Menschen, gut über das »Buch der Bücher« Bescheid zu wissen – sie irren sich dabei jedoch zumeist gewaltig. Schon der Satz der Bibel, der den meisten Menschen tatsächlich bekannt ist, wurde falsch übersetzt.

»Am Anfang schuf Gott den Himmel und die Erde.« So lautet der erste Vers des ersten Kapitels des ersten Buches Mose. Bereits dieser erste Satz scheint die vielleicht wichtigste Aussage des Alten Testaments für Juden wie Christen zu beinhalten. Es gibt nur einen Gott, und dieser eine, einzige Gott war es, der Himmel und Erde geschaffen hat. Im hebräischen Original ist allerdings gar nicht von einem einzigen Gott die Rede. Wo in allen Übersetzungen »Gott« steht, heißt es im hebräischen Original »Elohim«. Und »Elohim« bedeutet eindeutig »Götter« (Mehrzahl!). Wenig später (1. Buch Mose Kapitel 1, Vers 26) spricht Gott sogar im Plural: »Lasset uns Menschen machen ...«!

Das »Jerusalemer Bibellexikon« (Neuhausen-Stuttgart

1990, S. 303) versucht den Monotheismus zu retten. »Elohim« sei, so das von Kurt Hennig herausgegebene Werk, kein gewöhnliches Mehrzahlwort, sondern eine Spezialform, die »majestätische Mehrzahlform«. Wurde also schon im Alten Testament der »Pluralis majestatis« benutzt, den sich viele Jahrhunderte später Adelige, Könige und Kaiser zu eigen machten? »Lasset uns Menschen machen!« ist in der Tat identisch mit der Mehrzahlform der späteren Herrscher.

Dann müßte es im ersten Vers ganz zu Beginn des ersten Buches Mose heißen: »Am Anfang schufen Elohim den Himmel und die Erde.« Beim berühmten »Pluralis majestatis« stehen Subjekt und Verb immer beide im Plural: »Wir geruhen den Boten zu empfangen.«

Bemerkenswerterweise wird der Ausdruck »Elohim« sonst immer mit Göttern in der Mehrzahl übersetzt. Besonders deutlich wird dies im Verbot (2. Buch Mose Kapitel 20, Vers 3): »Du sollst keine anderen Götter haben neben mir!« Im hebräischen Original steht hier »Elohim«. Dieser Ausdruck wird völlig korrekt mit »Götter« (Mehrzahl!) übersetzt.

Ein echter Anhänger des Eingottglaubens ist davon überzeugt, daß es nur einen einzigen Gott gibt. Das zitierte Verbot bestreitet aber keineswegs die Existenz weiterer, anderer Götter. Die anderen, fremden Götter dürfen nur nicht verehrt werden. Ausdrücklich wird festgelegt (2. Buch Mose Kapitel 23, Vers 13): »Alles, was ich zu euch gesagt habe, das haltet. Aber die Namen anderer Götter sollt ihr nicht anrufen! Und aus euerem Munde sollen sie nicht gehört werden.«

Toleranz fremden Göttern gegenüber wird nicht gefordert, im Gegenteil. So wie im Reich der Pharaonen die Tempel der Heiligen Frauen schon vor Jahrtausenden gezielt zerstört wurden, so fordert auch das Alte Testament (2. Buch Mose Kapitel 23, Vers 24): »Du sollst ihre Götter nicht anbeten noch ihnen dienen noch tun, wie sie tun, sondern du sollst ihre Steinmale umreißen und zerbrechen.« Wieder tauchen die »Elohim« im hebräischen Original auf, wiederum werden sie sprachlich völlig korrekt als Götter in der Mehrzahl übersetzt.

Es gibt keinen Zweifel daran, daß Judentum wie Christentum monotheistische Religionen sind. Beide Glaubensgemeinschaften beten zu dem einen Gott. Das Alte Testament aber enthält nach wie vor deutliche Erinnerungen an die alten Götter der Vorzeit. Und wer die Geschichte des Volkes Israel sorgsam studiert, wird mit einem weiteren Irrtum der theologischen Art konfrontiert.

Es ist nämlich keineswegs so, daß die Einwohner des biblischen Israel zunächst alle an eine Vielzahl von Göttern glaubten, um sich dann geschlossen dem Eingottglauben zuzuwenden. Vielmehr geschah es auch noch zu Zeiten, als in Israel längst der Monotheismus eingeführt worden war, daß selbst die Könige des Landes immer noch am verbotenen Vielgottglauben festhielten. Es ist bemerkenswert, daß das Beibehalten der verbotenen Mehrgottreligion im streng monotheistischen Alten Testament immer wieder erwähnt wird. Wenn selbst manche Regenten des Landes nicht der Eingottreligion der Bibel folgten, kann man sich gut vorstellen, daß die alte Glaubensform im Volk sehr weit verbreitet war. Unklar bleibt viel: Wie lange überlebte der alte Mehrgottglauben? In welchem Umfang bestand er weiter?

König Omri, zum Beispiel, regierte im Nordreich von etwa 882 bis 871 v. Chr. Er wurde im In- und im Ausland respektiert. Eigentlich hätte der Regent Jahwe als neuen und einzigen Gott im Lande durchsetzen müssen und Zuwiderhandelnde streng bestrafen müssen. Statt dessen aber unterstützte er alte Götterkulte und zog sich so den Groll Jahwes zu (1. Buch der Könige Kapitel 16, Vers 25): »Und Omri tat, was Jahwe mißfiel, und trieb es ärger als alle, die vor ihm gewesen waren.«

Mit anderen Worten: König Omri war keineswegs der einzige Regent in der angeblich so streng monotheistischen Zeit, der den Rivalen des Staatsgottes Jahwe huldigte und huldigen ließ.

Unter seinem Nachfolger König Ahab (Regierungszeit etwa 871 bis 852 v. Chr.) gedieh auch der Jahwe-Glauben – aber immer noch nicht als einzig erlaubte Form der Frömmigkeit. Neben dem offiziellen Gott Jahwe gab es noch den Baal. Der war ein nicht nur von der ländlichen Bevölkerung sehr gefürchteter Sturm- und Wettergott. Von ihm hing Weh oder Wohl des Volkes ab. Gedieh die Ernte, dann konnten alle in Zufriedenheit leben. Wurde sie etwa durch Stürme zerstört, drohte allen eine Hungersnot.

Umstritten ist heute, ob es tatsächlich Baal als Individuum gegeben hat. Oder handelte es sich bei seinem Namen um einen Sammelbegriff, der für eine Vielzahl von kanaanitischen Göttern verwendet wurde? Weil der Baals-Kult gegen den amtlichen Glauben verstieß, gibt es keine offiziellen Aufzeichnungen über Baal und seinen Wirkungskreis. Er wurde damals möglichst totgeschwiegen, wenn man schon nicht verhindern konnte, daß die Menschen immer noch an ihn glaubten.

Der nächste König, Ahasja, regierte von etwa 852 bis 851 v. Chr. Noch immer ließ sich Jahwe nicht als alleiniger Gott durchsetzen. Gewiß, der Klerus wollte das, doch wollte es auch der König? Offensichtlich nicht. Der Monarch war nämlich alles andere als ein strenggläubiger Anhänger des Eingottglaubens. Und wenn das Alte Testament das schon zugibt, so muß man davon ausgehen, daß die Zustände von einem glühenden Jahwe-Anhänger damals als katastrophal empfunden wurden. Ahasja betete, wie schon sein Vater, nicht Gott Jahwe (gewünscht: Einzahl), sondern Götter (Realität: Mehrzahl!) an, die schon seine Eltern verehrt hatten. Und wieder ist Jahwe-Konkurrent Baal anscheinend besonders wichtig gewesen. (Siehe hierzu: 1. Buch der Könige Kapitel 22, Verse 52 bis 54, sowie 2. Buch der Könige Kapitel 1, Vers 2!)

Auf Ahasja folgte König Joram. Er versah die oft diffizilen Regierungsgeschäfte von etwa 851 bis 845 v. Chr. Strikte Anhänger Jahwes schöpften Hoffnung. Würde der Eingottglaube nun endlich mit Staatsgewalt durchgesetzt, so wie es ja das Alte Testament fordert? Es sah zunächst ganz danach aus. Der König schien die religiösen Gebote zu befolgen. Auf seinen Befehl hin wurden einige alte Götterstatuen von Jahwes Hauptkonkurrenten Baal zerstört. Oder wurden sie nur versteckt? Wie auch immer: Sang- und klanglos verschwanden sie in der Versenkung. Wirklich konsequent war Ahasja indes nicht. Während seiner Regierungszeit blühten nämlich auch heidnische Götterkulte weiter. (Siehe hierzu: 2. Buch der Könige Kapitel 3, Verse 2 und 3!)

War dies der Anfang vom Ende der Vielgötterei im Land der Bibel? Das schien tatsächlich so! König Jehu (Regierungszeit etwa 845 bis 818 v. Chr.) war offenbar ein echter Anhänger des Jahwe-Glaubens. Und der duldete bekanntlich neben sich keine Verehrung anderer Götter. Jehu war allerdings alles andere als ein wirklichkeitsfremder Frömmler. Der ehemalige Offizier gelangte nicht etwa durch Wahlen, sondern durch einen Putsch an die Macht. Mit Gewalt war er auf den Königsthron gekommen, von dem er sich so schnell nicht vertreiben lassen wollte.

Als kühl kalkulierender Realpolitiker war ihm sein Machterhalt wichtiger als die Durchsetzung des vom Alten Testament noch nachhaltig geforderten Jahwe-Glaubens. Professor Hans Schindler-Bellamy zum Verfasser: »Kam es ihm aber gelegen, dann spielte er sich als Jahwe-Anhänger auf, scheute dabei aber nicht vor heimtückischen Morden zurück. Fremdes Glaubensgut nutzte er, wenn es ihm behilflich war. Und er tötete Andersgläubige, wenn er von ihnen Gefahr befürchtete. Er baute auch auf die Unterstützung der Anhänger des Baals-Kults, um an die Macht zu kommen ... und zu bleiben. Heuchlerisch ließ er aber später im ganzen Reich ein gewaltiges Baals-Fest ankündigen und organisieren. Als dann die versammelten Baal-Anhänger beteten, ließ Jehu sie gnadenlos überfallen und alle töten.«

Konsequent war er auf keinen Fall: Andere Götterkulte, die ebenfalls gegen das Gebot des Monotheismus verstießen, blieben unbeanstandet weiter bestehen. (Siehe: 2. Buch der Könige Kapitel 10, Verse 18 bis 27!) Beendet war damit die Zeit Baals aber keineswegs. (Siehe hierzu: 1. Buch der Chronik Kapitel 5, Vers 23, sowie 2. Buch der Chronik Kapitel 31, Vers 1!). Schon unter König Manasse (Regierungszeit von etwa 698 bis 642 v. Chr.) lebte der alte Baals-Glaube wieder auf. Damit nicht genug! Wiedereingeführt wurden auch alte Himmelsgottheiten. Was vielleicht niemand für möglich gehalten hätte, geschah aber tatsächlich: Es kam zur Rückkehr der Heiligen Frau. Das anhaltende Fortbestehen anderer Kulte neben dem Jahwes verstieß vehement gegen strengstes Gebot des Alten Testaments. Nur Jahwe durfte angebetet werden, keine anderen Götter! Und jetzt kam es – aus jüdisch-monotheistischer Sichtweise – zu einer Entweihung des heiligen Tempels, zu einem Sakrileg der übelsten Sorte!

Der König ließ eine Statue der Himmlischen Frau Aschera im Tempel aufstellen, im Allerheiligsten des Gottes Jahwe. Es war schon ein Sakrileg, Gott Jahwe nicht als einzigen Gott anzubeten und sich anderen Gottheiten anzuvertrauen. Aber auch wenn man sich Gott Jahwe widersetzte, so huldigte man doch seinen Konkurrenten. Und die waren wie Jahwe selbst männlich. Wenn von Gott die Rede war, dann war das ein Mann. Das galt für die Anhänger Jahwes ebenso wie für die Anhänger seiner Konkurrenten, wie etwa von Baal.

Nun aber wurde Jahwe in Jerusalem eine Göttin zur Seite gestellt: im allerheiligsten Tempel selbst – Aschera, die große Göttin. Sie kam aus dem Sumerischen, wo man sie als »Kraft aller Dinge« verherrlichte. Man liebte sie als freundliche, gütige junge Frau und vermutete sie ganz oben in der Hierarchie der Göttinnen und Götter. Sie war die »Herrin der Götter«. Als solche war sie keine Konkurrentin für Jahwe oder Baal. Sie rangierte weit über diesen konkurrierenden Rivalen!

Die Heiligen Frauen der Ägypter wurden vor der Zeit der männlichen Dynastien verehrt. In vermutlich mit Menstruationsblut bemalten Höhlen wurden ihre Riten zelebriert.

Das weibliche Prinzip wurde vergöttert. Aschera war ähnlich mit Erde und Natur verknüpft. Die Ägypterinnen sahen in den Kulthöhlen den heiligen Uterus. Die Anhängerschaft der Heiligen Frau Aschera dachte ähnlich wie die Ägypter der matriarchalischen Zeit. Die Göttin war nicht eine Autorität von vielen, sie war die Autorität. Sie war nicht eine Göttin von vielen, die Segen schenkte. Die heiligen Haine repräsentierten die Genitalien der Göttin. Die heilige Wald war der Geburtsort aller Dinge.

Leider sind die biblischen Berichte über diese so besonders spannende Phase der Religionsgeschichte mehr als dürftig. Auch biblische Geschichte wurde immer von den Gewinnern geschrieben. Den Verlierern wurde, wenn überhaupt, wenig Aufmerksamkeit geschenkt. Es ist sehr wahrscheinlich, daß damals eine Rückkehr zum Matriarchat möglich war. Offenbar war der Jahwe-Glaube in seiner Existenz bedroht. Eine Rückkehr der Heiligen Frau war nicht ausgeschlossen, doch Aschera verlor. Gewiß bis ins 7. Jahrhundert vor Christi Geburt hinein, vielleicht sogar länger war Israels Nationalgott Jahwe immer wieder lediglich nur einer von vielen Göttern. Er galt als mächtig, wohl aber nicht als allmächtig. Neben ihm wurden noch andere Götter verehrt – und Aschera, die Himmelskönigin, eine Heilige Frau..

Aschera wurde vermutlich von den Anhängern Jahwes und von den Anhängern seiner Konkurrenten mit brachialer Gewalt bekämpft. Man war sich feindlich gesonnen. Der Kampf gegen die Göttin, die über ihnen allen stehen wollte, einte die Kontrahenten. Ascheras steinerne Heiligtümer wurden zerschlagen. Ihre heiligen Haine wurden abgeholzt, ihre Priester(innen?) brutal ermordet. Die Leichen schändete man und versagte ihnen ein würdiges Begräbnis. Die Knochen ihrer Priesterschaft wurden auf den heiligen Altären der Aschera verbrannt. (Siehe hierzu 1. Könige Kapitel 14, Vers 23, und 2. Könige Kapitel 23, Verse 16 und 20) Die Rückkehr der Heiligen Frau war gescheitert.

Auch die Geschichte der Götter und Göttinnen wird von

den Gewinnern geschrieben. Aschera gehörte zu den Verlierern. So ist es ein mühsames Unterfangen, die Spuren der Heiligen Himmelskönigin im Alten Testament ausfindig zu machen. Aber es gibt sie. Man findet sie, wenn man sorgsam das Alte Testament liest. Sehr hilfreich bei der Recherche ist es, wenn man das Hebräisch des Alten Testaments beherrscht. Denn selbst prominente Bibelübersetzer mogelten manchmal.

Der Reformator Martin Luther war ein frommer Mann mit konkreten Glaubensvorstellungen. Als Familienoberhaupt war er ein dominanter Patriarch. Was er selbst für Frau, Kinder und Gesinde war, das war seiner festen Überzeugung nach Gott für die Menschheit: souverän, alles und alle beherrschend ... und natürlich ein Mann. In diesem Weltbild hatte eine mächtige Göttin keinen Platz. Dabei wußte Luther allerdings, daß es sie in den Texten des Alten Testaments gab. Er ließ sie verschwinden – durch eindeutig falsche Übersetzungen.

So lesen wir bei Luther im Buch der Richter (Das Buch der Richter, Kapitel 6, Verse 25 und 26 in Luthers Übersetzung von 1545, hier der heutigen Rechtschreibung angepaßt): »Und zerbrich den Altar Baals ... und haue ab den Hain, der dabeisteht.«

Im Hebräischen wird man vergeblich nach einem »Hain« Ausschau halten.

Luther übersetzt weiter: »Und baue dem Herrn, deinem Gott, ... einen Altar und opfere ein Brandopfer mit dem Holz des Hains, den du abgehauen hast.«

Seltsam: Im hebräischen Original ist ein solcher forstwirtschaftlicher Hinweis nicht vorhanden. Warum fabulierte Luther von »Bäumen«, wo es gar kein Gehölz gab? Die Herausgeber der späteren Lutherausgaben korrigierten den Altmeister. So lehnt sich die Ausgabe der revidierten Luther-Bibel von 1912 deutlich an das hebräische Original an. Endlich heißt es korrekt: »Und haue um das Ascherabild, das dabei steht, und opfere ein Brandopfer mit dem Holz des Ascherabildes, das du abgehauen hast.«

Wer sorgsam Luthers getrickste Verdeutschung las, konnte auch ohne Hebräischkenntnisse entdecken, daß da etwas nicht stimmen konnte. Ein Beispiel: Bei Luther hieß es da anno 1545 (Das 2. Buch der Könige Kapitel 23, Vers 6 in der Übersetzung Luthers von 1545, in angepaßter Rechtschreibung!): »Er (gemeint ist Josia) ließ den Hain aus dem Hause des Herrn führen.«

Das »Haus des Herrn« können wir sehr leicht als den Tempel, das Hauptheiligtum Jahwes, identifizieren. Im Haus Gottes aber gab es zu keinem Zeitpunkt einen Wald. Wie konnte dann Josia aus dem Tempel einen Hain führen lassen? Von wie auch immer gearteten Bäumen im Haus Gottes ist im hebräischen Original nirgendwo die Rede, sondern von der Göttin Aschera! Ihr Bildnis ließ Hosia aus dem Haus Jahwes wegbringen. Im Allerheiligsten muß sich also eine Statue der Heiligen Frau befunden haben!

Etwas besser als Luther war von der ersten Auflage an »Young's Literal Translation«, also »Youngs Wörtliche Übersetzung«. Korrekt ist diese Übersetzung indes auch nicht. Sie verfremdet allerdings weniger und spricht immerhin von einem »Heiligtum«, von einem »Schrein«. Ferner lesen wir »Holz des Heiligtums« oder »Holz des Schreins«.

Wo Luther von »Hain« fabuliert, taucht hier zumindest ein »Heiligtum« auf. Durch das Streichen der Göttin Aschera wird aber in beiden Fällen ein Sakrileg unter den Teppich gekehrt, nämlich daß sich im Hauptheiligtum des Judentums die Statue einer fremden Göttin befand. Bleiben wir bei englischsprachigen Übersetzungen: Die berühmte, weithin anerkannte »King James Version« mogelt genauso wie Luther. Wieder weicht die Göttin – wie bei Luther – einem »Wäldchen«, das gefällt und zu Ehren Jahwes in Asche verwandelt wird. Wieder geht verloren, was im hebräischen Originaltext ganz eindeutig zu finden ist. Erst in der Ausgabe »21st Century King James Version« wagte man, den heutigen Bibellesern die Wahrheit zu bieten. Endlich taucht »Aschera« wieder aus der Versenkung auf, in die sie von frommen Übersetzern verbannt worden war. Hier lesen wir, daß der »Ascherapfahl« umgestoßen und anschließend das »Holz des Ascherapfahls« verbrannt wurde.

Kehren wir zu Luther zurück. In seiner Übersetzung von 1545 heißt es (Das 2. Buch der Könige Kapitel 13, Vers 6): »Auch blieb stehen der Hain zu Samaria.« Wieder hat Luther die Heilige Frau einfach in seiner übersetzten Fassung verschwinden lassen. Aus Aschera machte er einen Hain in Samaria. Was zu Luthers Zeiten nur studierte Kenner der biblischen Originaltexte wußten, erfuhren die Laien erst in der revidierten Luther-Bibel. In der Ausgabe von 1912 kehrt die vom Reformator versteckte Göttin wieder zurück: »Auch blieb stehen das Ascherabild zu Samaria.«

Obwohl es also offiziell den Jahwe-Kult gab, obwohl nur dieser nach dem Alten Testament Gültigkeit hatte, lebte die Göttin damals ganz offensichtlich im Volksglauben weiter. Jahrtausende später wollten dann Luther und andere Übersetzer das vermeintliche Sakrileg auslöschen. Eine Göttin im Heiligtum Jahwes war für sie nicht akzeptabel, also ließ man sie durch falsche Übersetzung verschwinden. Da der »heilige Hain« der »heilige Ort« der Heiligen Frau war, setzte man einfach immer wieder in den Übersetzungen den »Hain« ein, wo im hebräischen Original von Aschera die Rede war. Durch diese Verfälschung wollte man dem frommen Bibelleser Verwirrung ersparen.

Dan Brown hat in seinem Thriller »Sakrileg« gezeigt, wie unterhaltsam, ja wie spannend es sein kann, mysteriöse Rätsel aufzuspüren. Doch wichtige Rätsel, die in seinem Roman geknackt werden, sind rein fiktiv. Dabei gibt es echte Spuren, die zu suchen sich lohnt. Eine dieser Spuren hat die Heilige Frau Aschera im Alten Testament hinterlassen. Daß es so viele sind, läßt erahnen, wie populär die Göttin im Alten Israel gewesen sein muß. Es ist schon erstaunlich, wie oft die Autoren des Alten Testaments diese Heilige Frau erwähnten. Mit ein wenig Geduld stößt man immer wieder auf sie, auch wenn Luther konsequent versucht hat, sie aus der Bibel zu verbannen. Es ist eine Herausforderung an jeden Freund alter Geheimnisse, Aschera in den von Luther manipulierten Texten aufzuspüren. Jeder Bibelleser, der mit ein wenig Geduld in der Heiligen Schrift stöbert, kann fündig werden.

Das Erste Buch der Könige schildert (Kapitel 18, Verse 19ff.) einen Wettbewerb zwischen den Anhängern Jahwes und den Gefolgsleuten Baals. Es sollte ermittelt werden, welcher Gott der stärkere ist. Zugegen waren Anhänger Jahwes, Baals und Ascheras. Man speiste friedlich zusammen. Dann sollte ein Zweikampf für Klarheit sorgen, wer die mächtigere Gottheit ist. Es fällt auf, daß sich die Anhängerschaft Ascheras an dem Schaukampf der besonderen Art nicht beteiligte.

An den Start des blutigen Wettstreits gingen zunächst die Priester Baals. Sie töteten ein Rind und zerteilten es. Dann türmten sie einen Holzstoß auf und legten das Opfer für ihren Gott darauf. Nun war der himmlische Baal an der Reihe. Vergeblich warteten seine Anhänger darauf, daß er die Opfergaben vertilgen würde. Irgendwie, so erwarteten seine Priester, würde er das Holz entflammen und die Opfergabe verbrennen. Dann hätte man das Ritual als erfolgreich angesehen. Doch nichts geschah.

Die Baals-Priester halfen nach einer ihnen peinlichen Wartezeit nach. Ohne mit der Wimper zu zucken, fügten sie sich selbst Wunden zu. Würde ihr Gott aktiv werden, um so den Schmerz seiner Priester zu beenden? Auch die selbst beigefügten Qualen beeindruckten Baal ganz offensichtlich nicht. Bald waren sich alle einig: Der Rivale Jahwes hatte versagt. Würde es zu einem Sieg der Jahwe-Gruppe kommen? Denkbar war immerhin noch ein Unentschieden. Sollte auch Jahwe das ihm angebotene Opfer ablehnen, hätte es keinen Gewinner gegeben.

Schließlich waren die Jahwe-Priester an der Reihe. Sie wollten nicht nur siegen, sie wollten das auch noch unter wesentlich erschwerten Bedingungen tun. Auch sie errichteten einen Scheiterhaufen aus Holz. Auch sie legten Fleischbrocken auf dieses Holz. Zusätzlich übergossen sie aber Holz und Fleisch mit großen Mengen von Wasser. Baal hatte es nicht geschafft, den knochentrockenen Opferhaufen zu entflammen. Von Jawhe erwartete man ein echtes Wunder. Sein Feuer sollte aller Vernunft zum Trotz das mit enormen Wassermengen durchtränkte Holz und Fleisch verzehren.

Jahwe tat mehr, als man von ihm erwartete: Er ließ sein Feuer vom Himmel fallen. Was niemand für möglich hielt, geschah: Nicht nur das Holz des »Scheiterhaufens« und das Rind verbrannten, auch die Steine und Erde wurden vom göttlichen Feuer verschlungen. Nimmt man den Text ernst, so muß es eine übernatürliche Hitzeentwicklung unglaublichen Ausmaßes gegeben haben. Denn immerhin waren auch die Steine des Altars nach dem Ende der göttlichen Demonstration verschwunden. Damit war Jahwe der eindeutige Sieger, Baal der eindeutige Verlierer des Wettstreits, aus dem sich die Anhängerschaft Ascheras herausgehalten hatte.

Nun hätte die Jahwe-Gruppe triumphieren und ihre besiegten Rivalen unter Schimpf und Schande nach Hause ziehen lassen können. Damit begnügten sich aber die Priester des siegreichen Gottes nicht (Das 1. Buch der Könige Kapitel 18, Vers 40): »Elia aber sprach: Greift die Propheten Baals, daß keiner von ihnen entrinne! Und sie ergriffen sie. Und Elia führte sie hinab an den Bach Kishon und tötete sie daselbst.«

Was wäre wohl geschehen, wenn Baal seinen Anhängern zum Sieg verholfen hätte? Man hätte sie vermutlich nicht gefeiert, sondern auch ermordet.

Bei der blutrünstigen Schilderung des brutalen Vorgehens gegen die Anhänger Baals fällt auf, daß die der Aschera verschont bleiben. Warum? Raphael Patai findet nur eine plausible Antwort (*The Hebrew Goddess*, 3., erweiterte Auflage, Detroit 1990, S. 43): »Die Schlußfolgerung muß sein, daß ihnen, da sie nicht am Wettstreit teilnahmen, kein Leid zugefügt wurde. Wenn dem so war, dann müssen sie ungehindert auch weiterhin ihrer Göttin gedient haben.«

Mit anderen Worten: Baal durfte damals nicht angebetet werden, aber die Verehrung Ascheras wurde von den Jahwe-Priestern zumindest geduldet. Es gab also nicht Jahwe als alleinigen Gott im Zentrum des jüdischen Monotheismus, gleichzeitig wurde auch Aschera angebetet. Wurde das nur geduldet? Oder ist die Geschichte vom Jahwe-Monotheismus nur Beleg für das Wunschdenken seiner Anhänger? Existierte der Ascherakult parallel zum Jahwe-Kult? Ist das Bild vom monotheistischen alten Israel nur Fiktion?

Falsch ist die Behauptung, daß Salomos Tempel immer und ausschließlich der Verehrung Jahwes diente. Der salomonische Tempel bestand keine vier Jahrhunderte, nämlich 370 Jahre. Fast zwei Drittel dieser Zeit, nämlich 236 Jahre, beherbergte das zentrale Heiligtum eine Ascherastatue. Die Texte des Alten Testaments wurden nicht als historische Reportagen geschrieben. Die meist unbekannten Autoren entwickelten ihre Szenarien stets unter einem zentralen Gesichtspunkt. Sie waren vom allmächtigen Gott Jahwe überzeugt, der das Volk der Juden als sein Volk auserkoren hatte. Sie wollten belegen, daß mit Jahwes Hilfe seine Anhänger letztlich immer obsiegten. Voraussetzung dafür war, daß die Gebote Jahwes befolgt wurden. Wer fremde Götter verehrte, galt als Götzendiener und mußte mit dem Schlimmsten rechnen. Deutlich formuliert steht bei Josua (Buch Josua Kapitel 24, Vers 20): »Wenn ihr Jahwe verlaßt und fremden Göttern dient, dann wird er sich von euch abwenden, euch plagen und euch ausrotten!« Und im zweiten von zehn Geboten heißt es klipp und klar (1. Buch Mose Kapitel 20, Vers 3): »Du sollst keine anderen Götter haben neben mir.«

Verboten war auch das Herstellen und Anbeten von Bildnissen (1. Buch Mose Kapitel 20, Verse 4 und 5). Es ist möglich, daß dieses Verbot wegen Aschera erlassen wurde.

Und obwohl schon die bloße Existenz einer Ascherastatue als Verstoß gegen konkretes göttliches Recht und somit als Sakrileg empfunden wurde, stand just eine solche Statue im Heiligtum des wichtigsten Tempels der jüdischen Welt. Geschichte wird immer von den Gewinnern geschrieben. Der eine Kult setzte sich durch, der andere wurde so weit wie möglich verdrängt. Den biblischen »Chronisten« war Aschera im Hauptheiligtum des jüdischen Volkes in Jerusalem mehr als peinlich. Sie gingen so wenig wie möglich auf ihre Existenz ein. So bedarf es akribischer biblischer Recherche, um einzelne Fakten mosaikartig zusammenzutragen. Viele Teilchen des Gesamtbildes fehlen. Doch auch heute noch lassen sich einige erstaunliche Fakten ermitteln:

König Rehoboam, ein Sohn Salomos, ließ das Ascherabildnis im Tempel von Jerusalem aufstellen. 35 Jahre lang wurde es den Geboten Jahwes zum Trotz im Tempel verehrt, der doch ausschließlich Jahwe vorbehalten sein sollte. König Asra sah die Heilige Frau im Tempel Salomos als Sakrileg an. Er gab den Befehl, das Ärgernis zu entfernen. Offensichtlich wurde die Statue aber nicht vernichtet, sondern irgendwo sorgsam aufbewahrt, denn König Josah ließ sie wieder im Heiligtum aufstellen. Unbekannt ist, ob sie in der Zwischenzeit an anderer Stelle einen würdigen Aufenthalt fand.

Einhundert Jahre lang behielt sie dann erst einmal ihren gewohnten Platz, bis sie wieder von religiösen Eiferern entfernt wurde. König Manasseh aber sorgte dafür, daß sie wieder aufgestellt wurde. König Joshiah machte sich für eine grundlegende Reform stark. Er ordnete die Rückkehr zum Jahwe-Glauben an. Wieder einmal wurde Aschera aus dem Tempel geholt. Nach dem Tode des Monarchen soll sie wieder zurückgebracht worden sein. Doch für wie lange?

Letztlich ist es völlig unerheblich, wie viele Jahre genau Aschera im Tempel von Jerusalem war. Von sekundärer Bedeutung ist es eigentlich auch, wie oft sie entfernt und erneut zurückgebracht wurde. Für jeden jahwegläubigen Juden war jede auch noch so kurze Präsenz der verhaßten Heiligen Frau ein schlimmes Sakrileg. Wie war es dann möglich, daß Salomos Tempel so lange das geheiligte Haus für Jahwe und Aschera sein konnte? Die Lexikonautorin Barbara Walker hat eine frappierende Antwort parat (*Das geheime Wissen der Frauen*, Frankfurt 1993, S. 67): »Eine Zeitlang akzeptierte Aschera den semitischen Gott El als ihren Geliebten. Sie war die Himmelskuh, er der Stier.«

Was hat das mit dem Tempel Jahwes in Jerusalem zu tun? Nun, El war einer der zahlreichen Beinamen Jahwes! Und schon wird eine theologische Sensation deutlich!

Auch im Alten Testament gibt es, so Brown, eine versteckte Botschaft à la Mona Lisa. Allerdings offeriert uns der Bestsellerautor dieses Mal nicht die Entschlüsselung eines Anagramms. Er behauptet, YHWH sei ein Mix aus einem männlichen »Gottesnamen«, den es in Wirklichkeit nicht gab, und aus Evas hebräischem Namen, den Brown fälschlich als »vorhebräisch« bezeichnet. Wieder hat Brown eine falsche Spur gelegt. Seine Spur aber führt zu einem Sakrileg der ungeheuerlichen Sorte. Im Hauptheiligtum Jerusalems wurden Jahwe und Aschera lange wie ein Paar verehrt!

In der heutigen Zeit muß uns das Phänomen der Heiligen Frau wie ein Wunder vorkommen. Sie wurde Jahrtausende vor den Pharaonen im prädynastischen Ägypten verehrt. Sie mußte patriarchalischen Göttern weichen, verschwand aber nur im Untergrund. Denn im Heiligen Land der Bibel tauchte sie wieder auf. Gewiß, die Jahwe-Anhänger bekämpften sie. Luther und andere Übersetzer versuchten mit Erfolg, sie aus den Schriften des Alten Testaments zu verdrängen. Besiegt wurden die Heiligen Frauen aber nicht wirklich. Die bewußten Falschübersetzungen wurden wieder korrigiert. Deshalb finden wir die Heiligen Frauen heute auch wieder in der Bibel.

4.
JESUS UND DIE HEILIGE FRAU

»The Da Vinci Code« heißt Dan Browns Erfolgsbuch im Original. Daraus wurde die deutschsprachige Ausgabe »Sakrileg«. Dieser Titel wird von vielen christlich orientierten Menschen als äußerst treffend empfunden. Behauptet Dan Brown doch, daß fast alles, was wir im Neuen Testament über Jesus lesen können, falsch ist. Trifft das zu?

Im Zentrum der christlichen Religionen steht Jesus. In den Gottesdiensten der großen christlichen Konfessionen, aber auch anderer, kleiner christlicher Glaubensgemeinschaften, baut man auf das Neue Testament. Grundlage für das Kirchenjahr sind in erster Linie die vier Evangelien. Ob es um Jesu Geburt, sein Lehren und Predigen oder um seine Verhaftung, seinen Prozeß, sein Leiden und Sterben geht – stets werden die Texte des Neuen Testaments verwendet.

Seit Jahrhunderten verkündigt die christliche Geistlichkeit die Botschaft von Jesus. Mit der historischen Wahrheit hat aber dies, so Brown, nichts zu tun. Er läßt in seinem Roman Sir Leigh Teabing postulieren (Kapitel 55, S. 323): »Ich will damit sagen, daß fast alles, was unsere Väter über Christus gelehrt haben, falsch ist.« Gleich anschließend läßt er ein zweites Mal ein Zitat von Leonardo da Vinci folgen, das in Wirklichkeit keinen Bezug zur Bibel und Auslegung der Schrift hat: »Unkenntnis blendet und läßt uns in die Irre gehen. O ihr elenden Sterblichen, öffnet die Augen!«

Seit wann aber wird die Unwahrheit über Jesus gelehrt? Brown bietet den Schuldigen an: Nachdem zunächst offenbar der wahre, historische Jesus im Zentrum des christlichen

Glaubens stand, manipulierte jemand auf das allerheftigste (Kapitel 55, S. 318): »Das Neue Testament, so wie wir es heute kennen, geht auf den heidnischen römischen Kaiser Konstantin den Großen zurück.« Kaiser Konstantin, so heißt es weiter, war sein Leben lang Heide. »Man hat ihn erst auf dem Totenbett getauft, als er sich nicht mehr dagegen wehren konnte. Zu Konstantins Zeiten war die offizielle römische Religion der Sonnenkult des Sol Invictus, des unbesiegbaren Sonnengottes, und Konstantin war der Hohepriester dieser Religion.«

Dan Brown stellt Konstantin als einen sehr klugen Machtmenschen dar. Drei Jahrhunderte nach Jesu Hinrichtung war seine Anhängerschaft enorm gewachsen. Aus einer kleinen Schar von Gläubigen war eine immer mehr an Bedeutung gewinnende Religion geworden. Das aber führte zu Problemen im Römischen Reich. Das Imperium drohte unregierbar zu werden. Konstantin wußte nur einen Rat (Kapitel 55, Seite 319): »Im Jahr 325 unserer Zeitrechnung vollzog er die Einigung des Reichs unter dem Banner einer einzigen Religion – des Christentums.«

Der auf Machterhalt bedachte Regent, so Dan Brown, blieb zwar sein Leben lang Heide, aber er verpaßte dem Imperium das Christentum als einigende Kraft. Brown: »Er hatte begriffen, daß das Christentum im Kommen war, und da hat er eben auf das schnellste Pferd gesetzt. Die Historiker staunen noch heute, mit welchem Geschick Konstantin aus seinen heidnischen Sonnenanbetern Christen gemacht hat.«

Um auf Nummer Sicher zu gehen, zwang der Kaiser den Alt- und Neu-Christen eine neue Bibel auf. Er legte fest, welche Texte aus einer großen Auswahl in die Heilige Schrift aufgenommen wurden. Das Schwergewicht dabei lag auf den vier Evangelien von Markus, Matthäus, Lukas und Johannes.

Kaiser Konstantin (274 oder 280 n. Chr. geboren, 337 gestorben) bekehrte sich tatsächlich zum Christentum. Darin sind sich führende Historiker einig. Yale-Professor für Geschichte des Orients Kenneth Scott Latourette: »Konstantin nahm den christlichen Glauben freiwillig an, keineswegs wurde er erst auf dem Totenbett gegen seinen eignen Willen getauft, als er sich nicht mehr wehren konnte.«

Auch Elaine Paigels, Professorin für Religion an der Universität von Princeton, hat daran keinen Zweifel. Die Wissenschaftlerin, weithin bekannt als Kritikerin christlichen Glaubens, ist von Konstantins Zuwendung zum christlichen Glauben aus eigenem Entschluß überzeugt. Zu diesem Ergebnis kommt ebenso Kenneth Hopkins, Professor für Alte Geschichte. Der Historiker ist alles andere als ein bekennender Christ, sondern der Kirche gegenüber sehr kritisch eingestellt.

Falsch ist Dan Browns Behauptung, heutige Historiker würden jetzt noch darüber staunen, wie es Kaiser Konstantin gelungen sei, das Christentum als einzige Religion durchzusetzen. Tatsächlich hatte Konstantin mit Abscheu Christenverfolgungen unter Kaiser Diokletian beobachtet. Als er 313 n.Chr. an die Macht kam, zeigte er sich als toleranter Herrscher in Sachen Religion. Er hat keineswegs auch nur versucht, das Heidentum auszuradieren und alle Menschen zum Christentum zu bekehren. Heidentum und Christentum existierten nebeneinander – und das friedlich. Zu keinem Zeitpunkt bestand die Gefahr einer Zersplitterung des Reiches aus religiösen Gründen.

Konstantin war alles andere als ein böser Unterdrücker des Heidentums, ganz im Gegenteil. Er erließ anno 313 n.Chr. das berühmte Toleranzedikt. Darin gewährte er jedem Staatsangehörigen die freie Wahl der Religion. Jeder hatte das Recht auf eine ungehinderte und uneingeschränkte Religionsausübung. Kulte und Bräuche durften entsprechend den Vorschriften der eigenen Religion ohne Einschränkung gelebt und praktiziert werden.

Den Christen war Unrecht zugefügt worden. Man hatte sie enteignet, hatte ihnen Stätten der Versammlung weggenommen. Sie mußten nun nach dem Toleranzedikt wieder zurückgegeben werden. Das hatte nicht nur unentgeltlich zu geschehen. Es mußten darüber hinaus Entschädigungen gezahlt werden. Auch wenn Konstantin deutliche Sympathien für das Christentum hatte, so stand im Zentrum seines Toleranzedikts die Gleichstellung aller Religionen.

Richtig ist, daß Konstantin den Titel des Hohepriesters im heidnischen Sonnenkult trug. Allerdings war er per juristischer Definition als Kaiser auch »Hohepriester« der Staatsreligion. Das war ein Automatismus, den der Senat so festgelegt hatte. Die Bezeichnung »Hohepriester« war also ein politischer, kein religiöser Begriff.

Richtig ist auch, daß Konstantin zumindest zeitweise dem »Konzil von Nizäa« (325 n. Chr.) vorstand. Ansonsten zeichnet Dan Brown ein falsches Bild vom Verlauf der kirchengeschichtlich äußerst wichtigen Versammlung. Folgt man dem Schriftsteller, dann glaubten die Christen vor diesem Konzil daran, daß Jesus ein frommer Prediger und Lebenslehrer, ansonsten aber ein ganz normaler Mensch war. Tausende legten Beschreibungen von Jesu Leben an. Viele Evangelien wurden geschrieben. Eine Festlegung auf eine »richtige« Bibel gab es, so Brown, vor dem Konzil von Nizäa nicht.

Nach Dan Brown griff Kaiser Konstantin massiv in den Verlauf des Konzils ein. Er bestimmte, welche Texte ins Neue Testament gehörten und welche nicht. Vor allem aber manipulierte er die Lehre von Jesu Göttlichkeit. Erst durch das Konzil wurde aus dem Menschen Jesus der Gott Jesus. Diese Behauptungen sind definitiv falsch. Schon in den Anfängen der frühen Christenheit gab es für die Anhänger der neuen Religion keinerlei Zweifel an der Göttlichkeit Jesu. Auf dem Konzil von Nizäa wurden dann auch keinerlei Zweifel am göttlichen Wesen Jesu erörtert, vielmehr wurden Dispute zu Fragen geführt, die heutigen Nichttheologen als kaum noch nachvollziehbar erscheinen müssen. Kein einziger Teilnehmer glaubte daran, daß Jesus nur ein menschlicher Prophet war. Es mußte dementsprechend auch niemand von der göttlichen Natur Jesu überzeugt werden. Es gab auch keine Abstimmung zu diesem Thema. Eines der zentralen Themen des Konzils lautete: Hatte Jesus eine göttliche Substanz wie der Vater? Oder hatte er die gleiche göttliche Substanz wie der Vater?

Welche Evangelien ins Neue Testament aufzunehmen waren, stand auch nicht zur Debatte. Es ist historisch nicht zweifelhaft, sondern eindeutig falsch, was Dan Brown behauptet (Kapitel 55, S. 322): »Der Haken an der Sache war, daß Konstantin Jesus erst vier Jahrhunderte nach der Kreuzigung zum Gottessohn erhoben hat ... Konstantin gab eine neue Evangeliensammlung in Auftrag, die er obendrein finanzierte. In diese Sammlung durfte keine jener Darstellungen aufgenommen werden, in denen Jesus als Mensch dargestellt wurde, während alles, was ihn in ein göttliches Licht rückte, besonders hervorzuheben war. Die früheren Evangelien wurden geächtet, konfisziert und verbrannt.«

Das Konzil von Nizäa fand anno 325 n. Chr. statt. Wenn Christus um 30 n. Chr. gekreuzigt wurde – der genaue Termin läßt sich nicht mit absoluter Gewißheit wissenschaftlich fundiert feststellen –, dann waren seit dem Tode Jesu weniger als drei Jahrhunderte verstrichen und nicht, wie Dan Brown erklärt, deren vier. Konstantin gab weder eine neue Evangeliensammlung in Auftrag, noch finanzierte er eine.

Die Festlegung, welche Texte in die Bibel aufgenommen werden sollten und welche nicht, erfolgte nicht auf dem Konzil von Nizäa. Es wurde überhaupt nicht auf irgendeinem Konzil bestimmt, was an Texten Einlaß in den Kanon der Bibel finden würde. Zu keinem Zeitpunkt gab es so etwas wie eine wie auch immer geartete Auswahl aus einer Fülle von möglichen »Kandidaten«, die dann von irgendeiner Autorität angeordnet wurde. Der sogenannte »Kanon« des Neuen Testaments ist vielmehr das Ergebnis eines langwierigen Entwicklungsprozesses. Gegen Ende des ersten nachchristlichen Jahrhunderts setzte die Entwicklung ein. Ein Jahrhundert später und somit lange vor Konstantin standen bereits die Evangelien nach Matthäus, Markus, Lukas und Johannes im Zentrum der Gottesdienste der jungen christlichen Gemeinden. Zu Konstantins Zeiten zweifelte niemand mehr daran, daß eben diese vier Evangelien fester Bestandteil der Bibel sein mußten. Daran ließ Origenes (etwa 185 bis 254 n. Chr.) keinen Zweifel mehr zu. Allerdings gab es Erörterungen, ob bestimmte Briefe, die man zum Beispiel Petrus und Johannes zuschrieb, ebenfalls in die Bibel aufgenommen werden sollten oder nicht.

Zu keinem Zeitpunkt wurden Evangelien ausgeschlossen, weil sie Jesus ausschließlich als Mensch schilderten. Über die Existenz solcher Texte ist nichts bekannt. Und doch ist bei Dan Brown zu lesen (Kapitel 55, S. 322): »Die früheren Evangelien wurden geächtet, konfisziert und verbrannt.« Derlei Aktionen hat es nicht gegeben. Weder auf Befehl Konstantins noch gegen dessen Willen wurde ein einziges Evangelium vernichtet. Verbrannt wurde allerdings das Schrifttum von Arius aus Alexandria.

Arius sah Jesus nicht als Gott gleichwertig an. Gott war seiner Lehre nach zeitlos, bestand von Ewigkeit zu Ewigkeit. Jesus hingegen war von Gott geschaffen, somit Gott untergeordnet. Auf dem Konzil von Nizäa wurde die Lehre des Arius verworfen. Es gab eine Abstimmung, die sehr klar die Lehre des Arius ablehnte. Von rund dreihundert Bischöfen votierten nur zwei für die These, daß Jesus nicht auf der gleichen Stufe steht wie Gottvater selbst. Wichtig ist indes die Feststellung, daß auf dem Konzil niemand Jesus als einfachen Menschen sah. Bei dem Disput ging es um die Behauptung: Gott-Vater und Jesus sind beide göttlich, aber Gott-Vater ist göttlicher als Jesus!

Arius selbst wurde exkommuniziert und verbannt, aber bereits 328 vom Kaiser wieder zurückgerufen. Einen Tag vor der feierlichen Wiederaufnahme in die Kirche verstarb er. Wäre die Kirchengeschichte anders verlaufen, wenn Arius etwas länger gelebt hätte und offiziell wieder in die Kirche aufgenommen worden wäre? Hätte seine Rehabilitation dazu geführt, daß sich langfristig ein etwas anderes Bild von Jesus durchgesetzt hätte? Darüber kann man nur spekulieren.

Tatsache ist: Zu Konstantins Zeiten erregten theologische Streitfragen großes Interesse in der Bevölkerung, über die der Laie von heute nur noch die Achseln zucken kann. Theologische Probleme werden mehr und mehr nur noch in Kreisen von Fachleuten erörtert. Browns Buch könnte daran etwas ändern. Kaiser Konstantin wird von Dan Brown als Machtpolitiker gezeichnet, der ein falsches Christentum zur Staatskirche erhob. Das konnte ihm aber nur gelingen, indem er das Heidentum bekämpfte und alle Hinweise auf den rein irdischen Jesus vernichten ließ. Nach Brown fielen die älteren Evangelien Konstantins Politik zum Opfer.

Diese Sichtweise entbehrt jeder Grundlage. Sie läßt sich in keiner Weise historisch belegen. Kein einziges Dokument untermauert die Aussagen Dan Browns. Tatsache ist vielmehr, daß die vier Evangelien nach Matthäus, Markus, Lukas und Johannes die ältesten sind. Die von Brown bevorzugten gnostischen Evangelien entstanden später, sind also deutlich jünger.

Es ist schon sehr kurios, was Dan Brown noch schreibt (Kapitel 55, S. 322): »Die frühen Evangelien wurden geächtet, konfisziert und verbrannt ... Konstantin ließ fast alle alten Schriften vernichten. Zum Glück für uns Historiker blieben einige dennoch der Nachwelt erhalten. In einer Höhle bei Qumran in der Wüste von Judäa wurden im Jahre 1950 die Schriftrollen vom Toten Meer entdeckt.«

Auch mit dieser letzten Aussage liegt der Schriftsteller falsch. Die Schriften vom Toten Meer haben mit den Evangelien überhaupt nichts zu tun. Genau das aber läßt Dan Brown Leigh Teabing verkünden (Kapitel 58, S. 337): »Das sind Fotokopien der ... Schriftrollen von Nag Hammadi und vom Toten Meer, die frühesten Dokumente des Christentums.«

In Wahrheit handelt es sich bei den Schriftrollen vom Toten Meer um ausschließlich jüdische Schriften, zum Beispiel um die Texte des Alten Testaments, um Kommentare zum Schrifttum des Alten Testaments, aber auch um weltliche Dokumente. Manche glauben sogar, daß auf ungeheuere

Schätze hingewiesen wird. Unterschiedliche Texte sind zu finden, nur eines nicht: »früheste Dokumente des Christentums«. Auf keinen Fall sind es Texte, die Konstantin hätte vernichten können – oder wollen. Sie sind also nicht zufällig der Vernichtungswut des Kaisers entgangen. Konstantin hatte keinerlei Zugriff auf die kostbaren Dokumente. Nebenbei: Sie wurden nicht 1950 entdeckt, sondern bereits ab 1947.

Die »Schriftrollen von Nag Hammadi«, 1945 in Ägypten entdeckt, waren gar keine Schriftrollen, sondern Kodizes, die bereits den späteren Büchern ähnelten. Die auf Papyrus geschriebenen Texte können nicht als die frühesten Dokumente der Christenheit bezeichnet werden. Anders als Dan Brown behauptet, entstanden sie nach der mehrheitlichen Lehrmeinung der theologischen Wissenschaften erst nach den vier Evangelien des Neuen Testaments.

Zurück zum Konzil von Nizäa: Wenn es Ziel des Kaisers gewesen sein sollte, die »Irrlehre« des Arius auszumerzen, so scheiterte er kläglich. Stämme wie die Goten, Wandalen, Burgunder und Langobarden wurden im Sinne des Arius missioniert. So lebte die Lehre des Arius bis ins 7. Jahrhundert fort. Erst als die Franken sich dem römischen Katholizismus zuwandten, war die Zeit der Lehren des Arius endgültig vorbei.

Die vier Evangelien, so wie wir sie heute aus unserer heutigen Bibel kennen, wurden keineswegs – anders als es Dan Brown und seine Deutung des Konzils von Nizäa beschreibt – etwa deshalb in den Text der Bibel aufgenommen, weil sie Jesus ausschließlich als göttlich beschreiben. Eine solche Behauptung steht im eklatanten Widerspruch zu den fundamentalen Aussagen des Neuen Testaments über Jesus. Im Neuen Testament wird Jesus eben nicht als ausschließlich göttlich beschrieben. Vielmehr wird er in den vier Evangelien des Neuen Testaments als göttlich und menschlich zugleich geschildert.

Jeder Bibelleser weiß: Jesus vollbringt in den Texten des Neuen Testaments Wunder wie Totenauferweckungen. Er heilt Kranke, macht Blinde wieder sehend und läßt Lahme wieder laufen. Er speist auf wundersame Art und Weise Tausende. Jesus ist aber auch, gerade in schweren Zeiten seines Lebens, zutiefst menschlich. So bittet er kurz vor seiner Verhaftung im Garten von Gethsemane, der Tod am Kreuz möge ihm doch noch erspart bleiben. Völlig verzweifelt schreit er am Kreuz sein Leid heraus: Vater, warum hast du mich verlassen?

Wie einigten sich die Kirchen auf den Bestand des Neuen Testaments? Es gab einen langwierigen Prozeß, der sich über Jahrhunderte hinzog. Kompliziert war der Ablauf allemal, da es mittlerweile zwei religiöse Zentren gab. Die Ostkirche hatte ihre Metropole in Konstantinopel, die Westkirche ihre in Rom. Offensichtlich waren es die vielen Gemeinden in der christlichen Welt in Ost und West, die im Gottesdienst manche Briefe akzeptierten und andere nicht. Über die vier Evangelien gab es keine Dispute. Andere Evangelien wurden nie als für den Kanon der Bibel geeignet empfunden, auch wenn sie gelegentlich in den Gottesdiensten benutzt wurden. Über Jahrhunderte hinweg entwickelte sich nach und nach ein Konsens über den Inhalt des Neuen Testaments. Es wurde nicht diktatorisch befohlen. Es wurde nicht demokratisch mit »Stimmzettel« gewählt. Die zahlreichen christlichen Gemeinden entschieden, was ihnen als für den Gottesdienst und den Glauben am besten geeignet erschien. Manche Texte setzten sich durch, andere nicht. Manche entsprachen dem Bedürfnis nach religiöser Spiritualität, manche nicht. An der Bedeutung der vier Evangelien entzündete sich indes nie ein Zweifel.

393 n. Chr. wurde der Text des Neuen Testaments auf dem Konzil von Hippo bestätigt, 397 n. Chr. wurde dies auf dem Konzil von Karthago bekräftigt – für die Westkirche. Die Ostkirche sanktionierte den Text des Neuen Testaments bereits 367. Mit anderen Worten: Die Entscheidung für die vier

Evangelien nach Markus, Matthäus, Lukas und Johannes war längst vor Konstantin gefallen, die Zustimmung für den Kanon des Neuen Testaments in seiner Gesamtheit erfolgte erst im 6. Jahrhundert, also lange nach Konstantin.

So gut wie alles, was Dan Brown über Kaiser Konstantin, das Konzil von Nizäa und die Zusammenstellung des Neuen Testaments schreibt, entbehrt jeder Grundlage. Völlig zutreffend analysiert Ben Witherington III (*The Gospel Code*, Downers Grove 2004, S. 66): »Das Fazit lautet, daß die Einwände, wie sie ›The Da Vinci Code‹ gegen die traditionelle Sicht von der christlichen Kirche und den Kanonisierungsprozess erhebt, falsch sind.« Zum gleichen Ergebnis kommt auch Amy Welborn (*Decoding Da Vinci*, Huntingdon 2004, S. 50): »Wir sehen, wieder einmal, daß fast alles, was Brown über diesen Aspekt der christlichen Kirche sagt, nicht korrekt ist.« Richard Abanes formuliert etwas aggressiver, inhaltlich aber zutreffend (*The Truth Behind The Da Vinci Code*, Eugene 2004, S. 30): »Nach dem Da Vinci Code ist die Bibel wenig mehr als eine betrügerische Zusammenstellung von Texten, ursprünglich benutzt von skurrilen Betrügern, erpicht darauf, die Massen zu kontrollieren.«

Es verwundert nicht, daß Browns Megabestseller in den USA eine wahre Flut von Anti-Da-Vinci-Code Büchern auslöste. Dan Brown hat es seinen Gegnern nicht schwergemacht. Mühelos lassen sich viele seiner Angaben widerlegen. Allerdings sollte sich niemand zu einem Trugschluß verleiten lassen: Gewiß, viele »Tatsachen«, die Dan Brown anführt, sind gar keine. Das bedeutet aber keineswegs, daß in seinem »Thriller« – die US-Ausgabe nennt sich bescheidener »Roman« – nur frei erfundene Fiktion zu finden ist. Man stößt auch auf spannende Hinweise, die zu weiteren Recherchen ermutigen.

So heißt es bei Dan Brown (Kapitel 55, S. 319): »Die Bildnisse der Isis, die ihren auf wundersame Weise empfangenen Sohn Holms nährt, wurden zum Vorbild der Darstellungen der Jungfrau Maria mit dem Jesuskind.« Tatsächlich läßt sich nicht bestreiten, daß es eine enge Verbindung zwischen der ägyptischen Göttin Isis und Maria, der Mutter Jesu, gibt. Man muß nicht in die Ferne reisen, um die Nähe dieser beiden großen Frauen zueinander zu erkennen. In der Südsteiermark gelegen ist der Frauenberg bei Leibnitz. Menschen siedelten hier bereits seit der Jungsteinzeit. Zu Jesu Lebzeiten entstand eine kleine Siedlung. Kaiser Titus Flavius Vespasianus machte sie zur Stadt. Über Jahrtausende übte der Berg eine fast schon magische Anziehungskraft auf viele Menschen aus. So entstand zunächst ein Heiligtum der Isis. Der Name der Heiligen Frau wurde bei Ausgrabungen, die 1951 begannen, in einer Inschrift entdeckt.

Im Zentrum des Tempels gab es einen Kultraum. Darin stand eine Statue der ägyptischen Gottheit. Vermutlich versammelten sich auch nach der Christianisierung immer noch viele Menschen auf dem Frauenberg. Deutliche Verbote, immer wieder ausgesprochen durch die örtliche Geistlichkeit, halfen wenig. Und so entstand schließlich ein weiteres religiöses Zentrum: Statt Isis wurde dann Maria verehrt und angebetet.

Kaiser Konstantin war bei aller Sympathie für den christlichen Glauben tolerant geblieben und hatte Religionsfreiheit gewährt. Erst nach dem Jahr 384 christlicher Zeitrechnung war damit Schluß. Denn unter Kaiser Theodosius wurde das Christentum im Römischen Reich zur Staatsreligion. Nun wurde massiver Druck auf die Heiden ausgeübt. Sie sollten zu überzeugten Christen werden. Unklar ist, wer zur List griff: Waren es die christlichen Missionare, die den »Ungläubigen« das Christentum schmackhafter machen wollten? Oder waren es die Heiden selbst, die in der neuen Religion Altvertrautes suchten?

Wie auch immer: Die »Alt-Heiden« erkannten als »Neu-Christen« in der heiligen Maria mit dem Jesus-Kind die Göttin Isis mit dem Horus-Kind. Künstlerische Darstellungen lassen heute oft nicht erkennen, wer denn nun gezeigt wird: Maria und Isis sehen sich ebenso zum Verwechseln ähnlich wie der Horus-Knabe und das Jesuskind. Die Göttin Isis ist übrigens dieselbe Göttin Astarte, die auch bereits in der Zeit des Alten Testaments als »Himmelskönigin« bezeichnet wurde. (Siehe hierzu Jeremia Kapitel 7, Vers 18, und Kapitel 44, Verse 17 bis 19)

Aus römischer Zeit ist ein alter Brauch bekannt, der uns seltsam vertraut erscheint: Bei den Tempeln der Göttin oder Heiligen Frau lagen Pinienhaine. In der Nacht vor einem heiligen Tag schnitten spezielle römische Priester, »dendrophori«, also »Baumträger« genannt, eine der heiligen Pinien ab. Sie schmückten sie und brachten sie in den Tempel. Am heiligen Baum wurde dann ein Bild einer Gottheit aufgehängt. Nach und nach kamen immer mehr Figuren hinzu. Sie sollten die Hierarchie der gesamten Götterschaft am Weltenbaum darstellen.

Aus den Pinien wurden Nadelbäume. Sie schmückten nicht mehr nur noch den Tempel – die Kirche. Weihnachtsbäume kamen in jedes Haus, wurden festlich geschmückt. Götterbilder befestigte man aber nicht mehr daran, aber nicht selten Engel. Aus Isis wurde Maria, aus Horus das Jesuskind. Der Baum-Ritus wurde allerdings nicht mehr mit unterschiedlichen wichtigen Festen in Verbindung gebracht, sondern nur noch mit einem: mit Jesu Geburt.

Wann aber feierte man diesen Tag? Bis ins 4. Jahrhundert gab es noch keinen allgemein akzeptierten »Weihnachtstag«. Mehrere Tage waren im Gespräch: der 28. März, der 18. April, der 29. Mai. Diese Unklarheit bereitete den Christen Unbehagen. Man wollte unbedingt wissen, wann genau Jesus geboren wurde. Fromme Rechenkünstler ermittelten zunächst den 6. März als den Todestag Jesu. Ihrer Überzeugung nach war Jesus an diesem schrecklichen Tag des Schmerzes genau 29 Jahre und zwei Monate alt. Jetzt mußte man nur noch vom Todestag auf den Geburtstag schließen. So legte man den 6. Januar als den Tag der Geburt Jesu fest.

Die Ostkirche blieb dabei, die Westkirche hingegen rückte wieder von diesem Termin ab. Warum?

Offensichtlich wirkte sich jahrtausendealter Glaube auf die Entscheidung aus! Die Tage vom 21. bis zum 25. Dezember galten im Mittelmeerraum als heilig. Und in Ägypten, Syrien und Persien sowie in Phönizien gedachte man eines Geheimnisses, ja eines Wunders: Der Sonnenheld wurde von der Unberührten geboren. Bei den Persern gebar die Jungfrau Mylitta, auch Astarte genannt, den himmlischen Sohn Tammuz. Astarte – auch Isis – gebar also einen Sohn. Die Heilige Frau oder Himmelskönigin schenkte einem Kind das Leben. War dieser uralte Glaube Jahrhunderte nach dem Tod Jesu am Kreuz noch so mächtig, daß man alte Götter mit neuem religiösem Inhalt füllte?

Jungfrau Mylitta alias Astarte alias Isis gebiert Tammuz, Jungfrau Maria gebiert Jesus. Die Geschichte bleibt, nur die Namen ändern sich. Oder werden da zufällige Übereinstimmungen überbewertet?

Im Evangelium nach Lukas heißt es (Kapitel 2, Verse 6 und 7): »Und als sie dort (in Bethlehem) angekommen waren, da kam die Zeit, daß sie gebären sollte. Und sie gebar ihren ersten Sohn und wickelte ihn in Windeln und legte ihn in eine Krippe, denn sie hatten sonst keinen Raum in der Herberge.« Nach unserem heutigen Verständnis mußten Josef und die hochschwangere Maria in einem Stall Unterschlupf suchen, weil es in der Herberge kein freies Zimmer gab. Eine Krippe kann nur in einem Stall gestanden haben, dient sie doch dem Vieh als Trog. Indes findet sich im Evangelium nach Matthäus (Kapitel 2, Vers 10) keinerlei Hinweis auf einen Stall. Da ist nur von einem »Haus« die Rede.

Welcher Evangelist hatte nun recht? Lukas mit seinem Stall? Oder Matthäus mit seinem Haus? Warum kamen Josef und Maria überhaupt in die unangenehme Situation, sich eine Bleibe suchen zu müssen? Warum konnte Maria ihr Kind nicht zu Hause zur Welt bringen? Lukas (Kapitel 2, Verse 1–5) erklärt den Sachverhalt wie folgt: »Es begab sich aber zu der Zeit, daß ein Gebot von dem Kaiser Augustus ausging, daß alle Welt geschätzt werde. Und diese Schätzung war die allererste und geschah zur Zeit, da Quirinius Statthalter war. Und jedermann ging, daß er sich schätzen ließe, ein jeder in seine Stadt. Da machte sich auch auf Josef aus Galiläa, aus der Stadt Nazareth, in das jüdische Land zur Stadt Davids, die da heißt Bethlehem, weil er aus dem Hause und Geschlecht Davids war, damit er sich schätzen ließe mit Maria, seinem vertrauten Weibe, die war schwanger.«

Eine Volkszählung kann nur von der Obrigkeit, also von den Römern, angeordnet worden sein. Sie wollten, um ihre Steuern erheben zu können, eine Volkszählung durchführen. Sie mußten wissen, wie viele Einwohner eine Stadt hatte, um entsprechend die Steuerabgaben festzusetzen. Wenn nun Maria und Josef in Nazareth lebten, so hätten sie sich auch dort – also in Nazareth – zählen lassen müssen. Denn in Nazareth und nirgendwo sonst mußten sie ja ihre Abgaben leisten. Für die Römer war es völlig unerheblich, woher die Vorfahren von Maria und Josef stammten. Dann hätten Maria und Josef nicht die Reise nach Bethlehem antreten müssen.

Senator Publius Silpicius Quirinius wurde im Jahre 6 n. Chr. nach Syrien versetzt. In diesem Jahr hat er einen Zensus durchführen lassen. Das bestätigt der Historiker Josephus Flavius. Wurde Jesus also 6 oder 7 n. Chr. geboren? Nach Lukas war zur Zeit von Jesu Geburt Herodes an der Regierung. Herodes aber starb anno 4 v. Chr. Der Widerspruch ist unübersehbar: Jesus müßte 6 oder 7 n. Chr. und gleichzeitig vor 4. v. Chr. geboren worden sein.

Nach realistischen Abwägungen können Maria und Josef nicht in Nazareth gelebt haben, wenn sie zur Volkszählung in Bethlehem vorstellig werden mußten. Anzunehmen ist vielmehr, daß sie in der Nähe von Bethlehem lebten. Bleiben wir bei dieser Überlegung: Das Ehepaar machte sich nach Bethlehem auf. Sie suchten eine Unterkunft. Aber wo? Gaststätten oder Herbergen, so wie wir sie heute kennen, gab es damals nicht. Die wenigen Häuser, in denen Zimmer vermietet wurden, waren wegen der Volkszählung belegt. Ställe, so wie wir sie uns heute vorstellen, gab es damals auch nicht.

Und doch haben wir ein plastisches Bild vor uns: Die Eheleute Maria und Josef mußten sich in einem Stall eine notdürftige Bleibe suchen. Zwischen Ochs und Esel wurde dann Jesus geboren. Unser Bild ist von christlicher Tradition geprägt. In zahllosen Krippen wird die Geburt Jesu nachgestellt. Doch von Tieren ist nirgendwo im Neuen Testament zu lesen. Wie kamen dann Ochs und Esel in die christliche Tradition?

Die frommen frühen Christen waren stets bemüht, Jesu Lebensgeschichte als Erfüllung von mehr oder minder prophetischen Worten aus dem Alten Testament zu verstehen. Oftmals wurden dafür Texte herangezogen, die auf den ersten und zweiten Blick weder als Prophezeiung im allgemeinen, noch als Vorhersage in Sachen Jesus im speziellen zu erkennen sind. Da heißt es bei Habakuk (Kapitel 3, Vers 2): »HERR, ich habe die Kunde von dir gehört, ich habe dein Werk gesehen, HERR! Mache es lebendig in naher Zeit, und laß es kundwerden in naher Zeit!«

Der gläubige Christ sah in dieser Bitte einen Hinweis auf Jesus: Gott, darum wird gebeten, möge sein Werk lebendig machen … er möge seinen Sohn schicken. Übersetzt man den Text wortwörtlich aus dem Hebräischen, so ergibt sich eine etwas anders klingende Aussage: »Jahwe, ich habe die Kunde von dir gehört, ich stehe in Furcht vor deinem Wirken inmitten der Jahre. Erneuere es inmitten der Jahre.« »Inmitten der Jahre« kann »inmitten der Zeiten« bedeuten, aber auch »zwischen den Zeiten«. Diese Aussage könnte man in der Tat auf Jesus beziehen. Begann nicht mit Jesus eine neue Zeit? So gesehen wurde er tatsächlich »zwischen den Zeiten« oder – auch diese Übersetzung ist denkbar – »zwischen den Zeitaltern« geboren. Im Griechischen der Septuaginta-Bibel – nicht in der lateinischen Ausgabe – steht da »zoe«. Tier heißt »zoon«. Diese Ähnlichkeit der Worte führte anscheinend zu einer Fehlübersetzung. Aus »zwischen den Zeitaltern« machte man »zwischen den Tieren«. Schon wurde aus der Geburt Jesu, die man mit einigem guten Willen in den Habakuk-Text hineininterpretieren kann, Mariä Niederkunft in einem Stall, mitten zwischen Tieren.

Mindestens sechs Jahrhunderte nach der Zeitenwende entstand ein »Evangelium«, das nicht mehr in den Text der Bibel aufgenommen werden konnte. Denn zu jener Zeit war die Zusammenstellung der Heiligen Schrift längst abgeschlossen. Das fromme Werk wird als »Pseudo-Matthäus« bezeichnet. In der jungen Kirche wurde dieser Text wohl wegen seiner anschaulichen Frömmigkeit gern im weihnachtlichen Gottesdienst verwendet. Nirgendwo sonst wird der Übersetzungsfehler so deutlich wie hier. »Zwischen den Tieren« war dem unbekannten Verfasser wohl zu ungenau, zu allgemein formuliert. Also ließ er seine Phantasie walten und schrieb (Pseudo-Matthäus, zitiert nach Henri Daniel-Rops: *Die apokryphen Evangelien des Neuen Testaments*, Zürich 1956, S. 58): »Dann trat Maria in einen Stall, legte das Kind in der Krippe nieder, und Ochs und Esel beteten es an.«

Das Bethlehem zur Zeit Jesu war ein Dörfchen von eintausend, vielleicht eintausendfünfhundert Einwohnern. Ställe existierten nicht. Professor Hans Schindler-Bellamy: »In der Umgebung von Bethlehem gab es Höhlen, die zumindest zeitweise bewohnt waren. Diese Höhlen dienten vor allem Hirten als Unterschlupf. Stallungen waren in ihnen nicht untergebracht. Es kam aber immer wieder vor, daß kranke Tiere von den Hirten mit in die Höhlen genommen wurden, wo sie gepflegt und versorgt wurden.«

Heinrich A. Mertens bestätigt in seinem »Handbuch der Bibelkunde« (Düsseldorf 1966, S. 700): »Es gab viele solcher Höhlen am Rande Bethlehems, wo man nicht nur wohnen konnte, sondern die auch bewohnt wurden. Sie wurden wahrscheinlich benützt von schwachem Herdenvieh … oder als Hirtenwohnungen.«

Fanden Maria und Josef in einer solchen Höhle Unterschlupf? Im Evangelium nach Lukas (Kapitel 2, Verse 8–19) wird von Hirten berichtet, die durch den Engel des Herrn auf Jesu Geburt aufmerksam gemacht werden. Die Männer begaben sich sofort auf den Weg und fanden Maria, Josef und den neugeborenen Jesus. Angenommen, der »Stall von Bethlehem« war eine Felshöhle nahe bei Bethlehem, die gelegentlich von Hirten als Unterschlupf benutzt wurde, dann ist es recht wahrscheinlich, daß sich in der Nähe auch Hirten aufhielten! Im »Protoevangelium des Jakobus« (Zitat aus Henri Daniel-Rops: *Die apokryphen Evangelien des Neuen Testaments*, Zürich 1956, S. 44) wird diese Vermutung bestätigt: »Und er (Josef; der Verfasser) fand dort eine Felsengrotte; da hieß er Maria eintreten.«

Im Einklang mit dieser Aussage befindet sich das »Evangelium des Pseudo-Matthäus« (Henri Daniel-Rops, S. 58): »Und ein großer Stern leuchtete über der Grotte vom Abend bis zum Morgen, mit solchem Glanze, wie man ihn seit Anbeginn der Welt nie gesehen hatte ... Am dritten Tag nach der Geburt des Herrn verließ Maria die Grotte.«

Auch das »armenische Kindheitsbuch« gibt an (Henri Daniel-Rops, S. 71): Jesus wurde in einer Grotte geboren.

Wurde Jesus in einer Höhle bei Bethlehem geboren? Seit Jahrhunderten werden zur Weihnachtszeit in zahlreichen Kirchen nicht nur die bekannten, oftmals sorgsam gearbeiteten »Stall-Krippen« ausgestellt. Es gibt auch »Grotten-Krippen«, in denen die Geburt Jesu in einer Höhle dargestellt wird. Kann es sein, daß der Volksglaube den geschichtlichen Realitäten manchmal näher kommt, als es die protestantische oder die wissenschaftliche Theologie wahrhaben möchten? Ortsnamen, die in der Bibel von besonderer Bedeutung sind, wurden oft schon von der jungen christlichen Kirche theologisch interpretiert. Bethlehem läßt sich als hebräisches Wort übersetzen: »Beth« bedeutet Haus, »lechem« Brot. So kann man Bethlehem als »Haus des Brotes« verstehen. Der Leib Jesu wird in der Theologie des

Abendmahls als Brot dargestellt. Fromme Christen interpretieren dann den Ortsnamen als eine Prophezeiung, als einen Hinweis auf Jesus als den Erlöser. Tatsächlich geht der Name Bethlehem auf einen Gott zurück, der rund zweieinhalb Jahrtausende vor Jesu Geburt verehrt wurde: Lah. Bethlehem war sein heiliger Ort, was noch heute der Name bekundet – Haus des Lah.

Noch älter freilich ist ein anderer Kult, der anscheinend in Bethlehem ein religiöses Zentrum hatte. Etwa 500 v. Chr. wurde Jahr für Jahr des Todes eines Gottes gedacht. Jahr für Jahr beweinte man sein Sterben, auch im Tempel von Jerusalem. Der Prophet Hesekiel (Kapitel 8, Vers 14) beklagt das bitter. Als Tammuz war dieser Gott bei den Juden zu Zeiten des Hesekiel bekannt. Offensichtlich war er nicht nur ein im Judentum mehr oder minder geduldeter Nebengott. Sonst hätten ihn die Römer wohl kaum zeitweise für den obersten Gott der Juden gehalten. Empörend für einen jüdischen Jahwe-Anhänger mag vor allem gewesen sein, daß die Anhängerinnen dieses Gottes ihn, den männlichen Gott, ihr, der Himmelskönigin, weihten. Durch dieses jährliche Ritual verdeutlichten sie die Rangstufe: Die Heilige Frau stand über der männlichen Gottheit. Stets wird der Unterlegene dem Überlegenen geweiht, nicht umgekehrt. So werden Mönch und Nonne Gott geweiht.

Tammuz hat seine Wurzeln nicht im Heiligen Land. Er wurde nach Israel importiert und kam aus Babylon. Doch auch dort wurde er wiederum nur übernommen, nämlich aus dem Land der Sumerer. Die nannten ihn Dumu oder Dumuzi. Sie verehrten ihn als den »eingeborenen Sohn«, als »Rettergott«. Weitere Ehrentitel waren »Heiland«, »Retter« und »himmlischer Hirte«. Jahr für Jahr wurde er am »Feiertag der Versöhnung« symbolisch geopfert – in Gestalt eines »Lammes des heiligen Mutterschafs«. Im Reich der Sumerer wurde sein Tod so beklagt: »Damu wurde mir genommen, mein Messias ward hinweggenommen!« Alle Jahre wieder wurde sein Tod beweint und beklagt. Doch in der Trauer lag schon wieder Hoffnung. Man glaubte an die Wiederauferstehung des Gottes. Freiwillig war er ins Totenreich hinabgestiegen. Von dort kehrte er aber wieder.

Der Religionsmythologe J.G. Frazier sah in Tammuz den Prototypen des sterbenden Gottes, dessen Tod und Auferstehung das religiös-soziale Jahr seiner Anhängerschaft bestimmte. Da gibt es eine uralte Geschichte. Sie wiederholt sich. Oder wird sie nacherzählt? Wann entstand das Original? Die Kernaussagen bleiben, nur die Namen ändern sich. Oder werden da zufällige Übereinstimmungen überbewertet? Wohl kaum! Die Übereinstimmungen zwischen Tammuz und Jesus sind viel zu verblüffend, als daß man sie als Zufälle abtun könnte.

Jungfrau Mylitta alias Astarte alias Isis gebiert Tammuz – Jungfrau Maria gebiert Jesus. Beide Knaben haben »Jungfrauen« als Mütter, beide werden als göttliche Kinder angesehen. Beide werden übereinstimmend als »Heiland«, »eingeborener Sohn«, »Retter« und »himmlischer Hirte« bezeichnet. Beide sterben, beide kehren zurück von den Toten. Beide durchlaufen Jahr für Jahr den Zyklus von Geburt, Leben, Sterben und Auferstehung von den Toten. Und beide wurden offenbar in einer Höhle bei Bethlehem geboren. Maria ist eine Kopie der Heiligen Frau. Und Jesus? Jesus ist eine Kopie von Tammuz.

Und Tammuz? Hatte er noch ältere Vorläufer? Sein sumerischer Stammbaum ist interessant: Seine Mutter ist Duttur, das »himmlische Schaf«, vergleichbar mit der »heiligen Kuh« der Himmelsgöttin. Sein Vater hingegen ist anscheinend unwichtig. Das deutet daraufhin, daß Tammuz auf Zeiten des Matriarchats zurückgeht, in denen die Erbfolge über die mütterliche Linie erfolgte, während die männliche Ahnenlinie bedeutungslos war. Im Mythos »Dumuzis Traum« definiert sich Tammuz alias Dumuzi ausschließlich über seine Frau Inanna: »Ich bin kein Mann. Ich bin der Ehemann einer Göttin!«

Versucht man, seine echten Ursprünge in fernster Vergangenheit zu entdecken, so gelangt man zu einer faszinierenden Erkenntnis. Der Ur-Tammuz entsprach dem Naturgesetz der ewigen Wiederkehr in der Natur. Sein Geborenwerden, Leben, Sterben und erneutes Geborenwerden gleicht dem Kreislauf der Natur, dem Keimen des Samens, dem Wachsen und Gedeihen, dem Sterben, gefolgt von der nächsten Periode, die durch neuerliches Keimen aus dem Samen eingeleitet wird. Dieses Prinzip der ewigen Wiederkehr war der Grundgedanke der ältesten Religion der Heiligen Frau. Die Heiligen Frauen standen für den ewigen Zyklus des Lebens in all seinen Formen. Jahrtausendelang galt dieses Prinzip als weiblich. Ist der Ur-Tammuz die männliche Variante der Göttin?

Geboren wird er jedenfalls in einer Höhle bei Bethlehem, also im Uterus der Heiligen Frau. Dort kommt auch seine Kopie, Jesus, zur Welt. Symbolhaft ist dies leicht zu interpretieren: Jesus wird so zum Sohn der Heiligen Frau. Jesus rückt an die Stelle von Tammuz. Was aber wurde aus dem alten Tammuz, wenn Jesus mit seiner Geburt in der Höhle von Bethlehem seine Stelle einnahm? Er wurde verteufelt.

Im Mittelalter hatte der einstige Retter schließlich eine ganz neue Position inne: Er wurde zu einem der ranghöchsten Teufel überhaupt. Dessen ungeachtet lebte sein Kult weiter. Im mittelalterlichen Spanien wurde Tammuz von zahlreichen Gläubigen der Kirche zum Trotz weiter als positive Lichtgestalt verehrt. Damit sollte es ein Ende haben. Also erklärte die Kirche Tammuz zum »Botschafter der Hölle«.

5.
DIE GÖTTINNEN VON GUADALUPE

Wie ein lebender Moloch breitet sich die Multimillionen-Metropole Mexiko-Stadt aus. Tagtäglich verschlingt sie weiter Landflächen und saugt Scharen armer Menschen auf, die aus armseligen Dörfchen die Flucht in die Großstadt angetreten haben. Die Hoffnungen fast aller Landflüchtlinge werden zerplatzen. Die meisten Nachfahren der einst so stolzen Menschen Mexikos werden in gigantischen Slums enden. Unter unsäglichen Bedingungen müssen viele Verzweifelte hausen, oft ohne Wasser und Strom. Mehr als zwanzig Millionen Einwohner hat Mexiko-City heute, und es wächst und wächst stündlich. Vor allem nimmt die Zahl der Slums zu.

Rush-hour ist offenbar immer angesagt auf den Straßen. Hunderttausende Taxifahrer suchen verzweifelt nach möglichen Passagieren. Kaum jemand hält sich an Verkehrsregeln, und doch gibt es wider Erwarten weit weniger Unfälle, als man anzunehmen geneigt ist. Manchmal erscheint die Stadt wie ein einziger Verkehrsstau. Selbst fünfspurige Straßen versinken im Chaos. Vergleicht man sie mit Adern im menschlichen Körper, dann sind Verkehrs-Embolien nicht eine seltene Ausnahme, sondern die Norm. Immer wieder gibt es bedenkliche Luftverschmutzung. Gewaltige Mengen von allen möglichen Giften werden scheinbar ungefiltert aus schmutzigen Schornsteinen geblasen. Immer wieder werden Pläne publik, wonach in den Straßen Sauerstoffautomaten aufgestellt werden sollen, die gegen Münzeinwurf saubere Atemluft liefern.

Sollte es wirklich dazu kommen, wird das wohl ein Service für die Wohlhabenden sein.

Ist dieses Elend die Konsequenz des biblischen Gebots »Macht euch die Erde untertan!«? Wäre Europa beim uralten Kult der Heiligen Frauen geblieben, vielleicht wäre dann die Weltgeschichte glimpflicher verlaufen. Denn dann wäre das Christentum nicht nach Mexiko exportiert worden. Die uralten Religionen um Heilige Frauen und Muttergöttinnen wären erhalten geblieben.

Am 16. August 1519 landete Hernán Cortés in Mexiko. 553 Soldaten und 110 Seeleute brachte er mit. Nach nur zwei Jahren existierte das einst märchenhafte Reich der Azteken nicht mehr. Unglaubliche Massaker hatten die einst so stolze Bevölkerung völlig demoralisiert. Die Missionare, die in Begleitung des grausamen Menschenschlächters Cortés mit in die Neue Welt gekommen waren, gaben schnell jeden menschlichen Versuch auf, den Azteken den »wahren Glauben« zu vermitteln. Tod und Verderben hatten die Europäer gebracht. Rücksichtslos hatten sie ihre überlegenen Waffen eingesetzt. Mit ihnen waren zudem Krankheiten aus Europa gekommen. Epidemien brachen aus, die Zigtausende Menschen dahinrafften. Wer würde es den Europäern glauben, daß sie neben Tod und Verderben die einzig wahre Religion der Liebe und des Vertrauens brachten?

»Nur Trauerblumen und Trauergesänge gibt es hier in Tlitlolco (Mexiko), ja, dort ist's, wo leid gefühlt wird!« So heißt es in einem Gesang, der nach der Eroberung des Aztekenlandes durch Hernán Cortés entstand. In diesem Trauerlied wird Verzweiflung mehr als deutlich: »Wohlan, laßt uns denn sterben, wohlan, laßt uns zugrunde gehen! Sind doch unsere Götter auch gestorben!«

Am Morgen des 9. Dezember 1531 erhob sich Juan Diego Cuauhtlatoatzin schon vor Sonnenaufgang. Er wollte zur Kirche, hatte also noch einen weiten Weg vor sich. Und der Zwanzig-Kilometer Marsch von seinem Heimatdorf Tolpetlac nach Tlatilolco war mühsam und anstrengend. Juan

Diego, 1525 zum Christentum übergetreten, hielt es für seine Pflicht, so häufig wie nur möglich an der heiligen Messe teilzunehmen.

Zielstrebig hastete Juan Diego Cuauhtlatoatzin wie so oft am unscheinbaren Tepeyac-Hügel vorbei. Doch was war das? Er verharrte. Lieblicher Vogelgesang erfüllte die Luft. Instrumente erklangen, und wie ein laues Lüftchen verbreitete sich Musik, die ihn bezauberte. Dann verstummten die Vogelliedchen. Vom Hügel herab rief jemand seinen Namen: »Juanito, Juan Dieguito!« Es war eine weibliche Stimme, die seinen Namen Juan Diego Cuauhtlatoatzin zum schmeichelhaften Kosewort verfremdete. Juan verharrte einen Moment. Er konnte sich dem Ruf nicht entziehen, er gehorchte und folgte der Stimme, die ihn doch vom eigentlichen Weg abkommen ließ.

Oben auf der Anhöhe des Hügels angekommen, stand dort eine Frau. Juan Diego Cuauhtlatoatzin, nach dem Bericht des Eingeborenen Nicon Mopohua: »Die ›Dame‹, die ich sah, war von einer übernatürlichen Schönheit. Ihre Kleider leuchteten wie die Sonne. Der Felsen, auf dem ihre Füße standen, schien aus Edelsteinen gemacht, und die Erde leuchtete wie ein Regenbogen ... Die Kakteen und die übrigen Kräutlein sahen aus wie Smaragde. Wie Türkis sah ihr Blätterwerk aus, ihre Zweige, ihre Dornen leuchteten wie Gold.«

Juan Diego Cuauhtlatoatzin begriff nicht, was da geschah. Es mußte etwas Göttliches sein. Er sank ehrfürchtig auf die Knie. Sie ersuchte ihn, eilends den Bischof Juan de Zumarraga aufzusuchen. Ihm solle er sein Erlebnis schildern. Gehorsam erhob sich der fromme Indio, um den Franziskaner zu besuchen. Der hohe Kirchenfürst ist aber nicht für ihn zu sprechen. Deprimiert kehrte er zum Ort der wundersamen Erscheinung zurück. Offenbar suchte er ihn an diesem ersten Tag der Erscheinung mehrfach auf. Schließlich begegnete er wieder der Dame. Sie blieb freundlich und erteilte Juan Diego Cuauhtlatoatzin wieder einen Auftrag. Erneut sollte er zum Bischof gehen. Er möge den Kirchenmann dazu auffordern, zu ihr auf den Hügel zu kommen. Ihm werde sie dann offenbaren, was sie sich wünsche. Verzweifelt kehrte Juan Diego Cuauhtlatoatzin zum Palast des Bischofs zurück. Nachdem man ihn lange hatte warten lassen, durfte Juan Diego Cuauhtlatoatzin endlich den Bischof sprechen. Er findet sich rasch in einem strengen Kreuzverhör. Langsam, so schien es, glaubte man ihm. Doch Bischof Zumarraga weigerte sich, zum Ort der Erscheinung zu kommen. Er forderte Juan Diego Cuauhtlatoatzin auf, ihm einen Beweis für seine Begegnungen mit der wundersamen Dame zu bringen.

Am 9. Dezember 1531 übermittelte Juan Diego Cuauhtlatoatzin der mysteriösen Erscheinung die Antwort des Bischofs. Er bat sie, ihm doch zu helfen. Würde sie am nächsten Tag, am 10. Dezember, nochmals auf den kleinen Hügel kommen und ihm irgendeinen Beweis für den Bischof mitgeben? Dazu war die freundliche Dame gern bereit. Doch am nächsten. Tag erkrankte Juan Diegos Onkel schwer. Juan Diego Cuauhtlatoatzin mußte einen Arzt für seinen Onkel holen. Die Verabredung mit der Dame mag er in der Aufregung vergessen haben. Galt es doch, dem geliebten Onkel zu helfen. Der Arzt vermochte nichts für den Onkel zu tun. Er würde wohl in den nächsten Tagen sterben.

Am 11. Dezember 1531 schien Eile angebracht. Der Zustand des Onkels verschlechterte sich. Der gläubige Christ fühlte sein letztes Stündchen nahen. Er brauchte einen Priester, wollte vor seinem Tod noch einmal beichten und durch den Priester die Absolution erhalten. Juan Diego Cuauhtlatoatzin rannte los. Den »Erscheinungshügel« mied er. Hatte er doch Angst, der Dame zu begegnen und von ihr aufgehalten zu werden. Sie trat ihm an ungewohnter Stelle in den Weg. Aufgeregt berichtete er vom sterbenskranken Onkel, der so dringlich priesterlichen Beistand benötigte.

Es gelang der Dame vom Hügel, den sichtlich verstörten Juan Diego Cuauhtlatoatzin zu besänftigen. Der Onkel, so versicherte sie ihm, sei schon jetzt wieder so gut wie gesund. Sie habe dem Onkel beigestanden. Nun müsse er auch ihr helfen. Gehorsam erklomm Juan Diego Cuauhtlatoatzin erneut den Hügel. Dort, wo er sie zum ersten Mal gesehen habe, solle er eine Vielzahl von »Blüten und Knospen« sammeln. Ohne nachzudenken, folgte er den Anweisungen. Eigentlich war der Auftrag sinnlos. Zu jener Jahreszeit konnte es die gewünschten Blumen, allen voran Rosen, gar nicht geben. Und doch blühte es an der angegebenen Stelle in unbeschreiblicher Pracht.

Juan Diego Cuauhtlatoatzin kehrte bald wieder zur Dame zurück. Er zeigte ihr die gesammelten Blüten, die auf unerklärliche Weise zu einer unmöglichen Zeit ihre volle Pracht entwickelt hatten. Die Dame »ordnete die Blumen und legte sie in eine Vertiefung seines Umhangs«. Dann ging er wieder zum Bischof. Dort ließ man ihn nicht warten, er durfte sofort in die Wohnung des hohen geistlichen Würdenträgers. Vor den Augen des Bischofs öffnete Juan Diego Cuauhtlatoatzin seinen Umhang und ließ die Blütenpracht zu Boden fallen. Die Blumen, in der Trockenzeit geerntet, wären schon allein ein Wunder gewesen. Doch das eigentliche Wunder zeigte sich auf dem Umhang Juan Diegos. Es war ein detailreiches wunderschönes Abbild der Erscheinung vom Hügel. Der Bischof mochte bisher gezweifelt haben, aber als er das wundersame Bildnis sah, kniete er ergriffen nieder.

Mehrere, leicht voneinander abweichende Berichte von Juan Diegos Begegnungen mit der schönen Dame auf dem Hügel wurden überliefert. Nicht ganz klar ist, wann sich die Erscheinung als die Gottesmutter Maria zu erkennen gab. Und wann genau teilte sie Juan Diego Cuauhtlatoatzin mit, daß sie sich eine Kapelle auf dem Erscheinungshügel wünschte? Und wann erfuhr der Bischof dies? Der Gottesmann war jedenfalls nach dem Blütenwunder von der Echtheit der Marienerscheinung überzeugt. Sofort gab er den Befehl, am Tepeyac eine Kapelle errichten zu lassen. 1695 wurde eine Basilika erbaut. Erst 1754 anerkannte Papst Benedikt XIV. das Wunder von Guadalupe ausdrücklich als echt. 1976 wurde neben der Basilika eine Kathedrale erbaut.

Die Basilika war in keinem guten Zustand mehr. Es bestand Einsturzgefahr.

Die neue Kathedrale bietet zwanzigtausend Gläubigen Platz. Bereits zwei Mal hat Papst Johannes Paul II. das riesige Gotteshaus besucht. So gewaltig seine Ausmaße auch sind, so rätselhaft anheimelnd ist doch die Atmosphäre. Ständig kommen und gehen Menschen. Touristen und Pilger begegnen einander vorurteilslos. Der fromme Beter kniet. Es stört ihn nicht, daß auf der Bank neben ihm eine müde Bauersfrau ein kleines Nickerchen hält. Jeder ist der Maria von Guadalupe willkommen.

Manchmal ist der Andrang von Gläubigen, welche die Maria von Guadalupe sehen wollen, so groß, daß man moderne Technik einsetzen zu müssen meinte, um jedem zumindest einen Blick auf das geheimnisvolle Bild werfen zu lassen. Drei kurze Laufbänder wurden installiert, auf denen die Besucher automatisch am Bild vorübergeführt werden. So kann jeder einen Blick von Maria erheischen. Ein Gedränge wird vermieden. Diese heutigen Hilfsmaßnahmen wirken irgendwie lächerlich. Manchmal gewinnt man den Eindruck, als ob die Maria von Guadalupe für diese Bemühungen nur milde Nachsicht übrig hat.

Ein rundlicher Pater, den ich bei einem meiner Besuche auf diese »Errungenschaft« ansprach, schüttelte nur mit dem Kopf. »Die Maria ist für jeden Menschen jederzeit da, ob er stundenlang zu ihrem Bildnis aufblickt oder ob er auf einem dieser Förderbänder an ihr vorbeitransportiert wird.«

Nachdem die Spanier das blühende Reich der Azteken zerstört hatten und es für eine christliche Missionierung wenig Aussichten gab, kam die Erscheinung der Maria von Guadalupe gerade recht. Tatsächlich ließen sich in den ersten zehn Jahren nach dem Wunder von Guadalupe fast acht Millionen Bekehrungen zum christlichen Glauben zählen. Da drängt sich eine Vermutung auf: Ist die ganze Geschichte mit der Mutter Gottes und ihrem Blumenzauber nicht vielleicht nur eine fromme Legende, die sich kurz vor

Weihnachten 1531 einige Missionare ausdachten? Schufen sie die Legende? Ließen sie das Bildnis der Maria auf dem Umhang Diegos malen? Ist es eine fromme Fälschung, die so viele heidnische Azteken in den Schoß der katholischen Kirche führen sollte? Machte ein »getürktes Marienbild« die Basilika von Guadalupe zum meistbesuchten Heiligtum der Welt?

Die Antwort ist eindeutig ein klares Nein! Das Bild der Maria – es mißt exakt 152,24 Zentimeter – befindet sich auf dem Umhang Juan Diegos von 1531. Es ist aus groben Maguey-Kaktusfasern gewebt und hätte damit eigentlich eine Lebensdauer von allenfalls zwanzig Jahren. Der Umhang hätte sich also spätestens 1551 auflösen und zerfallen müssen. Das ist nicht geschehen. Fakt ist: Der Stoff, der gewöhnlich allenfalls nur zwei Jahrzehnte alt wird, ist nachweislich 470 Jahre alt. Noch immer zeigt er keinerlei Verfallserscheinungen. Die Wissenschaft steht vor einem Rätsel: Irgendwie muß der Stoff haltbar gemacht worden sein. Wie das geschehen ist, konnte bis heute nicht auch nur annäherungsweise geklärt werden.

Schon unter normalen Bedingungen hätte der Stoff des Umhangs die Jahrhunderte nicht überleben können. Man muß aber berücksichtigen, daß das schlichte Gewand in den ersten hundert Jahren alles andere als eine schonende Behandlung erfuhr. Es wurde in einer einfachen Kapelle aufbewahrt. Es wurden keinerlei Schutzmaßnahmen ergriffen. Anders als heute befand sich das Bild nicht hinter Glas. Die kleinen Fenster der winzigen Kirche hatten keine Scheiben. So waren Stoff und Bild den Witterungsbedingungen ausgesetzt: der teilweise hohen Luftfeuchtigkeit des nahe gelegenen Texcoco-Sees. Die Luft in der Nähe des Sees ist reich an Salpeterteilchen, welche die Zerstörung des Umhangs noch beschleunigt haben müßten. Aber nicht nur die örtlichen klimatischen Bedingungen waren eine harte Herausforderung für das Gewand und das Bild darauf! Unzählige Menschen setzten dem wie eine Reliquie verehrten Kleidungsstück in unvorstellbarer Weise zu – natürlich in bester, sprich frömmster Absicht.

Dir Menschen waren davon überzeugt, daß das Bild der Maria von Guadalupe so etwas wie ein Heiligtum war. Deshalb glaubten viele Christen, eine heilsame Wirkung gehe von dem Bild auf dem Stoff aus. Hunderttausende faßten es an. Unzählige Kranke legten sich den Umhang auf den Leib. Andere meinten, die Heiligkeit des Bildes lasse sich übertragen. Deshalb rieben sie Talismane und Amulette an dem Bild. Hunderttausende küßten es. Meist mäßige bis schlechte Kopien vom Bildnis der Maria von Guadalupe wurden in großer Zahl gegen das Original gedrückt. Man hoffte, auf diese Weise würde zumindest ein wenig von der Heiligkeit des Originals auf die Kopien übergehen.

Unter diesen Bedingungen wäre es nur logisch gewesen, wenn der Stoff des Umhangs noch viel früher zerfallen wäre. Allein schon die unzähligen Kerzen, die über die Jahrhunderte direkt neben dem Umhang aufgestellt wurden, hätten das Bildwerk zerstören müssen, worauf Prof. Philip Callahan bereits 1979 hingewiesen hat. Wie viele Kerzen mögen es gewesen sein, die im Lauf der ersten Jahrhunderte Ruß und Qualm absonderten? Man kann davon ausgehen, daß es Millionen waren!

Allen Widrigkeiten zum Trotz existiert der Umhang noch heute. Allen Erwartungen zum Trotz erstrahlt das Bild der Heiligen Frau noch heute in rätselhaftem Glanz. Normale Farben hätten die Jahrhunderte unter den Bedingungen, denen der Umhang ausgesetzt war, nicht überstehen können! Allerdings: Betrachtet man das Bild der Maria von Guadalupe aus einiger Entfernung, so vermutet man, daß es wie ein Bild gemalt wurde. Doch das Bild ist in diesem Sinne gar keines, wie Professor Richard Kuhn, Nobelpreisträger aus Heidelberg, bereits im Jahre 1936 herausfand.

Der Wissenschaftler durfte zwei Fäden aus dem Bildnis entnehmen und untersuchen. Der eine war rot, der andere war gelb. Aber warum? Es befand sich nicht die Spur eines wie auch immer gearteten Farbstoffs auf den Fäden. Fehlten Professor Kuhn die richtigen Meßinstrumente? 1946 wiederholte man die Tests. Allerdings entfernte man keine Stoffteilchen, sondern unterzog das Tuch direkt mikroskopischen Untersuchungen. Kuhns Ergebnisse wurden bestätigt. Auch Professor Francisco Ribera, ein mexikanischer Gelehrter, ermittelte – wie seine Kollegen vor ihm – das gleiche Resultat: Das »Bild« ist keines. Keine bekannte Malmethode wurde angewandt, wenn man einmal davon absieht, daß in den Jahren nach der mysteriösen Entstehung vielleicht kleine »Verbesserungen« vorgenommen wurden. Womöglich wurden auf diese Weise kleine Teile des mysteriösen Wunderwerks eher verpfuscht als verschönert. Mag sein, daß man der Maria nachträglich eine Krone aufs Haupt setzen wollte. Womöglich erschienen frühen »Kritikern« die zierlichen Hände zu klein. Wollte man sie vergrößern? Die gewiß in wohlwollender Absicht vorgenommenen »Korrekturen« sind – wenn es sie je gab – wieder verschwunden. Die Pfuscherei konnte dem verehrten Bild ebensowenig etwas anhaben wie verschiedene Anschläge fanatischer Marienhasser.

Trotz intensiver Untersuchungen konnte kein Malmaterial identifiziert werden. Es wurden weder pflanzliche noch tierische oder mineralische Farben aufgetragen. Es wurde kein Pinsel benutzt. Es gibt auch keinerlei Vorzeichnungslinien, keine Untermalung, keine Grundierung. Das Bild der Maria von Guadalupe ist da. Schon allein wegen des Untergrunds hätte es nicht als Gemälde aufgetragen werden können. Und selbst wenn der oder die Künstler dazu in der Lage gewesen wären, so haben sie es nachweislich nicht getan.

Die Farben, die gar keine Farben im herkömmlichen Sinne sind, weisen sehr merkwürdige Eigenschaften auf, für die es keinerlei Erklärung gibt. Sie verhalten sich, wie 1979 die Experten Smith und Collahan herausfanden, wie »Farben auf Vogelfedern, Schmetterlings- oder Käferflügeln. Sie verändern sich beim Betrachten aus verschiedenen Blickwinkeln«. Anscheinend sind sie auf unbeschreibliche Weise natürlich. Dieser Effekt konnte bis heute von keinem Maler auch nur annähernd erreicht werden.

Heute hängt das Bild der Jungfrau von Guadalupe im Zentrum der Kirche, geschützt und gesichert. Millionen von Besuchern haben sich von dem Bild, das keines ist, in den Bann ziehen lassen. Doch nicht nur schlichte Fromme stehen vor einem Rätsel. Wissenschaftler staunen nicht minder. Betrachtet man den Stoff des Umhangs von der Rückseite, so kann man die Darstellung von der Vorderseite deutlich erkennen. Die Ursache ist, so scheint es, einfach zu beschreiben. Die Maria von der Vorderseite schimmert eben durch den Stoff. Diese eigentlich nicht besonders geheimnisvolle Durchsichtigkeit ist aber nur einseitig gegeben! Auf der Rückseite des Umhangs befindet sich ein merkwürdiger grüner Fleck. Eigentlich müßte man ihn von vorne durchschimmern sehen. Das ist aber nicht der Fall. Der Umhang ist also nur von einer Seite, von hinten, durchsichtig, von vorne hingegen ist er es nicht.

Teile der bildhaften Darstellung sind in Rosa gehalten. Herkömmliche Rosa-Farben sind für Infrarot undurchlässig. Beim Umhang von Juan Diego Cuauhtlatoatzin ist dies aus unerklärlichen Gründen nicht der Fall. Die rosa Farbe auf dem Bild ist – entgegen der allgemein vorkommenden Undurchlässigkeit der rosa Farbpigmente – infrarotdurchlässig.

Die Alltagserfahrung besagt: Wenn ich etwas betrachte, dann erkenne ich es um so deutlicher, je näher ich an das beobachtete Objekt herangehe. Aus der Distanz habe ich einen Überblick, aus der Nähe werden die Einzelheiten deutlich. Beim Bildnis von Guadalupe ist es umgekehrt. Jeder Besucher kann einen merkwürdigen Effekt bemerken: Das Bild wirkt aus der Entfernung größer. Tritt man näher heran, so scheint es zu schrumpfen. Die Einzelheiten des Bildes, etwa im Gesicht, sind aus einigem Abstand besser zu erkennen als aus der Nähe. Dieser Effekt ist nicht zu leugnen, auch wenn er ganz offensichtlich unlogisch ist.

Experten der Firma Kodak kamen nach sorgsamen Untersuchungen zu einem eigentlich unmöglichen Resultat, wenn man das Alter des Bildes berücksichtigt: »Es ist seinem Wesen nach eine Fotografie!« Erst durch die Fotografie wurde schließlich das erstaunlichste Detail des geheimnisvollen »Bildes« entdeckt. Bereits 1929 machte der mexikanische Fotograf Alfonso Gonzales darauf aufmerksam, daß sich in den winzigen Pupillen der Maria auf dem Umhang etwas widerspiegelt. Aber was? Das konnte erst mit Hilfe modernster Technologie sichtbar gemacht werden. Dr. Jose A. Tonsmann von der Cornell-Universität machte fotografische Nahaufnahmen der Augen der Maria. Er vergrößerte mehrfach Fotos von beiden Pupillen auf das Zweitausendfache. Nur so konnten winzige Einzelheiten sichtbar und erkennbar werden, die in den Pupillen der Jungfrau abgebildet werden.

Wie bei einem lebenden Menschen geben beide Pupillen der Augen etwas wieder. Aber was? Es ist mehr als rätselhaft! Die Pupillen haben eine Szene festgehalten, und zwar so, als sei Maria in dem Moment im Hause des Bischofs gewesen, kurz nachdem Juan Diego Cuauhtlatoatzin seinen Umhang öffnete und die Blüten zu Boden gleiten ließ. Da ist ein würdiger Mann zu erkennen, vermutlich der Bischof selbst. Er spricht mit einem weiteren Mann, vermutlich mit dem Dolmetscher Gonzales. Der Bischof beherrschte die Sprachen der Indios nicht. Er war deshalb immer auf einen Übersetzer angewiesen.

Am Boden kniet – vermutlich – Juan Diego Cuauhtlatoatzin selbst. Er breitet gerade seinen Umhang aus, damit die anwesenden Zeugen das rätselhafte Bild betrachten können. Die anderen Personen konnten nicht identifiziert werden. Es mögen Besucher gewesen sein, die sich zufällig im Hause des Bischofs aufhielten und so Zeugen des Wunders von Guadalupe wurden. Da ist eine Mutter mit einem Kleinkind, das sie nach Indioart auf dem Rücken trägt. Ein weiterer Mann kann ausgemacht werden, bei dem es sich vielleicht um den Ehemann der Frau handelt. Zu sehen ist noch ein kleiner Junge, den man nicht zuordnen kann. Vielleicht ist es ein weiteres Kind der Frau mit dem Mann.

Diese als sensationell zu bezeichnende Entdeckung erschien damals als unzeitgemäß. Denn zu jener Zeit gab es heftige Christenverfolgungen in Mexiko. Sie waren die Begleiterscheinung der mexikanischen Revolution. Damals verhielten sich die Christen im Land der Azteken so unauffällig wie möglich. Man befürchtete, jeder Hinweis auf wundersame Details des Marienbildes von Guadalupe könnte zu neuen Angriffen auf die Christen führen. Es galt sogar als durchaus möglich, daß der jahrhundertealte Umhang als Zeugnis christlichen Glaubens zerstört werden könnte. Daher wurde das Bildnis aus der Basilika entfernt und versteckt. Erst 1930/1931 wurde es im Hinblick auf den 400. Jahrestag der Erscheinung der Jungfrau an seinen angestammten Platz zurückgebracht. Abt Cortez Mora ließ damals neue Fotos anfertigen.

Die ersten Farbaufnahmen wurden am 5. Juli 1938 von Berthold von Stetten aufgenommen. Auf diesen vorzüglichen Bildern entdeckte José Carlos Chávez die verblüffenden Einzelheiten in den Augen der »Lieben Frau von Guadalupe«. 1958 verblüfften weitere Details selbst Experten. Nicht nur in den Pupillen, auch auf der Hornhaut der Heiligen Frau sind Reflexionen auszumachen. Paul Badde, Journalist von Weltrang, hat sich intensiv mit der Maria von Guadalupe beschäftigt. Er faßt zusammen (*Maria von Guadalupe*, München 2004, S. 47): »1958 wurde der so genannte ›Purkinje-Samson-Effekt‹ in den Augen Marias entdeckt, nach dem gesichtete Objekte immer zweimal aufrecht und einmal kopfüber in den verschiedenen Schichten des menschlichen Auges reflektiert werden. Es ist ein Phänomen, das in lebenden Augen und auf Fotos, doch niemals auf Gemälden beobachtet werden kann.«

Paul Badde, der nach langen Recherchen das Buch »Maria von Guadalupe« verfaßte, berichtete in einem Interview über die rätselhaften Details in den Augen der Mariendarstellung. Je genauer analysiert wurde, desto mehr Einzelheiten traten zutage. Paul Badde im Interview: »In den Augen des Gnadenbildes der Maria von Guadalupe ist vor kurzem in 2500facher Vergrößerung von Wissenschaftlern die Spiegelung von dreizehn Personen entdeckt worden. Sie ist so fein, wie kein Pinsel sie malen könnte, und mikroskopisch genau. Sogar eine Träne können wir da auf der Wange eines alten Mannes erkennen, dem ein anderer Mann mit Kapuze gerade ein Tuch reicht. Neben ihnen steht ein Indio mit Pferdeschwanz, daneben ein schwarzes Mädchen, und im Hintergrund sitzt eine Gruppe, die einer indianischen Familie gleicht: der Vater mit Hut, die Mutter mit einem Säugling auf dem Rücken, dazu drei Kinder und Großeltern. Die Szene auf der Netzhaut Marias gleicht in jeder Einzelheit einer Momentaufnahme jener Geschichte, die in Mexiko schon seit vierhundert Jahren über die erste Enthüllung des Gnadenbildes erzählt wird.«

Dr. Johannes Fiebag faßte das eigentlich Unmögliche, das doch geschah, zusammen: »Der Vorgang der Bildentstehung war dabei nicht eine Fotografie im herkömmlichen Sinne. Zum einen fungierte die Tilma (der Umhang) Juan Diegos sowohl als Linse als auch als Farbfilm, zum anderen blieb das Objekt der Fotografie, nämlich die Mariengestalt, während des Vorgangs unsichtbar. Möglicherweise haben wir es mit einer Art Infrarotaufnahme zu tun, die mit dem Auge nicht wahrnehmbare Wellenlängen sichtbar machte. Fraglos muß sich irgend etwas im Raum befunden haben, andernfalls würden sich Juan Diego Cuauhtlatoatzin und die anderen Personen nicht im Auge der Gestalt widerspiegeln können.«

Wie könnte das Bildnis entstanden sein? Entwickelt man gedanklich ein Szenario, das die bekannten Fakten berücksichtigt, dann wird die unbestreitbare Existenz des Bildes auf dem Umgang mehr als nur mysteriös.

Juan Diego Cuauhtlatoatzin betrat den Raum, in dem sich der Bischof und weitere Personen befanden. Er öffnete seinen Umhang, so daß die Blüten, die es in der Jahreszeit des Geschehens gar nicht gab, zu Boden fielen. Auf dem Umhang zeichnete sich das geheimnisvolle Bild ab. Es zeigt die Maria von Guadalupe und in ihren Augen eine Szene, die sich erst später abgespielt haben kann.

Dort spiegelt sich ein Bild wider: Juan Diego Cuauhtlatoatzin hat inzwischen seinen einfachen Umhang auf dem Boden ausgebreitet. Dieses Szenario sah die Maria von Guadalupe, denn es ist in ihren Pupillen abgebildet. Doch niemand bemerkte die Maria im Raum. War sie unsichtbar präsent? Gleichzeitig muß noch etwas anwesend gewesen sein, nämlich etwas, das Maria sozusagen fotografisch festhielt. Dieses Etwas wurde ebensowenig im Raum bemerkt wie Maria selbst.

Es ist, als habe jemand oder etwas bei der »Erstellung« des Bildes die Reihenfolge des zeitlichen Ablaufs um Bruchteile von Sekunden durcheinandergebracht: Als Juan Diego Cuauhtlatoatzin sein Gewand öffnete, erkannten die staunenden Zeugen ein Bild der Maria. Die Zeugen waren nun von einem echten himmlischen Wunder überzeugt. In den Augen der Heiligen Frau reflektierte sich eine Szene, die sich erst später abgespielt haben kann. Denn die Pupillen zeigen bereits, wie Juan Diego Cuauhtlatoatzin seinen Umhang auf dem Boden ausgebreitet hat.

Das Geschehen um das Bild auf dem Umhang Juan Diegos ist äußerst geheimnisvoll. Gibt es eine Erklärung? Läßt man das Geschehen wie einen Film vor dem geistigen Auge abspielen, erkennt man, wie sehr es gegen unsere Gesetze der Logik verstößt.

0 Sekunden. Juan Diego Cuauhtlatoatzin betritt den Raum. Der Bischof und weitere Personen erwarten ihn gespannt.

10 Sekunden: Juan Diego öffnet seinen Umhang. Die Blumen fallen zu Boden.

55 Sekunden: Gebannt starren alle Zeugen auf das Bild.

60 Sekunden: Juan Diego Cuauhtlatoatzin nimmt seinen Umhang ab und breitet ihn auf dem Boden aus. Die Maria von Guadalupe ist unsichtbar anwesend. Sie beobachtet das Geschehen. Juan Diego Cuauhtlatoatzin legt gerade seinen schlichten Umhang auf den Boden. Etwas fotografiert die Heilige Frau. In ihren Augen spiegelt sich die beobachtete Szene. In Sekunde 0 ist in den Augen der Maria bereits etwas zu sehen, was erst in Sekunde 60 geschieht.

Wie kommt das Bild der Maria auf den Umhang? Und wie ist es möglich, daß das Bild auf dem Umhang in den Augen der Maria etwas zeigt, was sich erst später abspielen würde? Letztlich müßte dafür der logische Zeitablauf durcheinandergebracht worden sein.

1990 besuchte Papst Johannes Paul II. Mexiko. Er pilgerte zur Jungfrau von Guadalupe. Er sprach Juan Diego selig. Außerdem ließ der Papst keinen Zweifel daran aufkommen, daß er Juan Diego bald heiligsprechen werde. In dieser Absicht ließ sich der Heilige Vater nicht beirren. Dabei gab es doch, auch gerade in Mexiko, starken Widerstand gegen die Erhebung des Indios Juan Diego in den Heiligenstand. Einer der vehementesten Widersacher war immerhin Guillermo Schulenberg, der lange Jahre der Abt von Guadalupe war. Seine Kritik wurde sehr ernst genommen, auch vom Heiligen Vater selbst.

Was mag der Grund für die Ablehnung Juan Diego Cuauhtlatoatzins auch in bedeutenden Kreisen Mexikos gewesen sein? Was hatten auch kirchlich-theologische Kreise gegen den Plan des Papstes? War es Juan Diegos Herkunft? Oder war es die Tatsache, daß es ein armer, einfacher Indio war, dessen Marienerscheinung Millionen zum katholischen Glauben führte, während eifrigste Missionsversuche durch gebildete Theologen im Vergleich dazu weitestgehend ergebnislos blieben? Der Vatikan jedenfalls berief eine wissenschaftliche Kommission ein, welche die historischen Quellen zu den wundersamen Geschehnissen von Guadalupe überprüfen sollten. Siebenundzwanzig Dokumente einheimischer Herkunft sowie acht Dokumente einheimisch-spanischer Herkunft wurden sorgsam untersucht.

Am 31. Juli 2002 wurde Juan Diego Cuauhtlatoatzin als erster Ureinwohner von Lateinamerika heiliggesprochen. In seiner Predigt verkündete Papst Johannes Paul II.: »Mit großer Freude bin ich hierhergekommen, zum marianischen Herzen Mexikos und Amerikas, gepilgert, um die Heiligkeit von Juan Diego Cuauhtlatoatzin zu verkünden, des einfachen und demütigen Indios, der das milde und reine Gesicht der Jungfrau von Tepeyac, die der Bevölkerung Mexikos so sehr am Herzen liegt, betrachtete.«

Mehr als zwölf Millionen Menschen empfingen begeistert Papst Johannes Paul II. Vermutlich hat es bislang in der Geschichte der katholischen Kirche keine so große Menschenmenge wie bei der Messe zur Heiligsprechung Juan Diegos gegeben. Und doch wollen die skeptischen Stimmen nicht verstummen. Speziell die Franziskaner haben Bedenken und zweifeln an der Aufrichtigkeit der Marienverehrung. Sollte wirklich die christliche Himmelskönigin verehrt werden? Oder war die dunkelhäutige Maria von Guadalupe mit dem sternenübersäten Umhang nur die christianisierte Version der uralten mexikanischen Göttin und Heiligen Frau Tonantzin?

Unweit des Hügelchens Tepeyac war ja die geheimnisvolle Musik erklungen, die aus der Richtung der aufgehenden Sonne zu kommen schien. War Juan Diego Cuahtlatoatzin damals bekannt, daß hier in grauer Vorzeit »Teteo innan«, die »göttliche Mutter« verehrt und angebetet worden war? Noch 1740 hatte der italienische Reisende Boturini am Fuß des Berges eine Skulptur unschätzbaren Alters entdeckt, die eindeutig eine Heilige Frau darstellte.

Recherchiert man gründlicher, so stellt man fest, daß der Hügel von Tepeyac vor den Erscheinungen der Maria von Guadalupe nicht nur mit einer, sondern mit verschiedenen

Göttinnen in Verbindung gebracht wird. Teteo Innan soll am 12. Dezember jeden Jahres in geweihten Prozessionen mit rituellen Opfergaben geehrt worden sein. Männer wie Frauen aus allen Bevölkerungsschichten schenkten ihr an jenem Tag besonders gern Blumen. Das geschah in Anspielung auf ihren göttlichen Namen, der mit »aufrechtstehende Blume« übersetzt werden kann. Die Verbindung zur Göttin von Guadalupe ist eindeutig: Juan Diego muß Blumen sammeln, die von der Erscheinung geordnet werden und die dann das wundersame Bild im Stoff des einfachen Umhangs hervorrufen. Sehr häufig wird ein anderer Name einer Göttin in Verbindung mit dem Erscheinungsort der Jungfrau von Guadalupe genannt: Chihucoatl!

Die Missionare, die mit den mörderischen Spaniern nach Mexiko gekommen waren, hatten mit größtem Eifer gegen die anhaltende Verehrung der alten Göttinnen und Götter gewettert, allerdings mit nur höchst mäßigem Erfolg. Als besonders schmerzliche Niederlage muß ihnen das Fortbestehen des Kults um die Heilige Frau Chihucoatl erschienen sein. Die Göttin wurde, wie die Heiligen Frauen Ägyptens, als Muttergottheit verehrt – in der Dunkelheit von besonderen Türmen oder steinernen Höhlen. So wie heilige Höhlen in Ägypten lange vor den Pharaonen als Uterus der Heiligen Frau angesehen wurden, so war der heilige Raum der Chihucoatl ein Hort der ewigen Dunkelheit. Man mußte durch einen niedrigen und engen Gang kriechen, um ihn betreten zu können.

Türme aus Stein, deren Inneres nur durch einen winzigen, niedrigen und schmalen Gang zugänglich ist, gibt es auch heute noch hoch über dem Titicaca-See an der Grenze von Peru und auf der Osterinsel. Sind auch diese uralten Sakralbauten Reste der Verehrung Heiliger Frauen? Dienten sie einst als Kultstätten matriarchalischer Ur-Religionen? Kroch der Pilger in diese Türme, um so an den Ursprung jedes Menschen erinnert zu werden? Jegliches Leben kam ja nach der Überzeugung der Anhänger matriarchalischer Religionen aus dem heiligen Ur-Uterus. Die Göttin stand für den ewigen Zyklus von Geburt, Leben, Sterben und neuerlichem Geborenwerden.

Diese Beschreibung paßt sehr genau auf Chihucoatl. Chihucoatl ist eine der ältesten aztekischen Gottheiten. Sie war eine Muttergottheit und wurde, was äußerst befremdlich für jeden christlichen Missionar war, als »die heilige Schlangenfrau« bezeichnet. Die Schlange war von frühesten Zeiten des Christentums an alles andere als eine positive Erscheinung. Sie wurde mit dem Teufel, also mit dem bösen Versucher, gleichgestellt. War es doch nach biblischem Verständnis die böse Schlange, die im idyllischen Garten Eden Eva dazu veranlaßte, eine Frucht vom Baum der Erkenntnis zu pflücken und zusammen mit Adam davon zu essen, dem bekannten göttlichen Verbot zuwiderhandelnd. Diese erste Sünde wurde dann, wie aus dem Alten Testament bekannt, sofort geahndet. Adam und Eva wurden umgehend aus dem Paradies vertrieben. Die ersten Menschen hatten sich der Ur-Sünde schuldig gemacht, die von damals an als Erbsünde von Generation zu Generation weitergegeben wurde. So ist es nach biblischem Verständnis die Schlange gewesen, die das Böse in die Welt brachte. Sie ist somit verantwortlich für die Misere der Menschheit. Ohne das unheimliche kriechende Reptil könnten wir Menschen, folgt man christlichem Glauben, auch heute noch unbeschwert im Paradies leben.

Für die christlichen Missionare war die Vorstellung ein Greuel, eine uralte aztekische Schlangengöttin könnte in der Gestalt der Maria von Guadalupe weiterleben und wie bereits zu aztekischen Zeiten angebetet werden. Im christlichen Abendland ist dabei auch heute so gut wie unbekannt, daß die Schlange fast weltweit als das positive göttliche Tier schlechthin galt. So wie die Heiligen Frauen im Alten Ägypten für die Unsterblichkeit standen, so wurde die Schlange als Symbol für das ewige Leben angesehen. Im Alten Griechenland bezeichnete man die abgelegte Haut der Schlange als »Altersschwäche«. Während der Mensch älter und siecher wurde und schließlich starb, häutete sich die Schlange, um wieder jung zu werden.

Diese völlig antibiblische Vorstellung existierte weltweit in leicht abgewandelten Variationen. Die Chinesen waren von einer Auferstehung der besonderen Art überzeugt. Der alte Mensch reißt sich demnach seine welk gewordene Haut auf und kommt als junger Mensch aus der kranken Schale heraus. Bei den Chinesen galt die Schlangengöttin Mat Chinoi als Urmutter aller Menschen. Das himmlische Reptil muß von gigantischen Ausmaßen gewesen sein, bot sein Innerstes doch Platz genug für die Jenseitsengel, welche die Seelen verstorbener Chinesinnen und Chinesen würdig empfingen.

Das Innere der göttlichen Schlangenherrin kann am ehesten mit dem biblischen Paradies verglichen werden, das auf die Seelen der Verstorbenen wartet. Die Schamanen, Priester und Medizinmänner in Personalunion, hatten den Menschen etwas voraus. Sie konnten zu Lebzeiten jene Schwelle zwischen beiden Daseinsformen überwinden. Sie vollzogen rituelle Reisen, etwa bei ihrer Berufung, bei denen sie erlebten, wie es ist, wenn man stirbt. Allen wissenschaftlichen Bestrebungen zum Trotz sind diese alten Riten weitestgehend in Vergessenheit geraten. Es gehörte offenbar zum heiligen Brauchtum, daß die Kandidaten für das Schamanenamt in Schlangenhäute krochen, um so den Übergang vom Leben zum Tod und wieder zurück rituell durchzuexerzieren.

Die Menschen der Südsee, etwa die Bewohner Melanesiens, umschrieben »ewig leben« mit »seine Haut abstreifen«. »Ewig leben«, »nicht sterben« und »sich häuten« sind Synonyme geworden. Im Italienischen erinnert ein Wort aus dem Volksmund an den Glauben an die Unsterblichkeit der Schlange: »Ein Mensch, der nicht stirbt, ist älter als eine Schlange!«

Professor Hans Schindler-Bellamy, Archäologe und Bibelforscher von Rang: »Es gibt eine uralte Glaubensvorstellung, nach der der erste Mensch nicht von einer männlichen, sondern von einer weiblichen Gottheit geschaffen wurde, nämlich von einer Himmels- oder Mondgöttin. Dieses allmächtige Wesen vereinte in sich eine gute und eine schlechte Seite.« Nach dem Gelehrten gab es bei diesem Schöpfungsakt einen inneren Widerstreit. Wie würde der Mensch letztlich gestaltet werden? Die positive Seite der Göttin stand dem künftigen Erdenbewohner wohlwollend gegenüber. Sie wollte ihm die Fähigkeit der Schlange schenken, sich zu häuten. Hätte sich diese Seite der Göttin durchgesetzt, so wäre der Mensch unsterblich geworden. Obsiegt hat dann die dem Menschen böse gesonnene Seite der Göttin. Der Mensch wurde nicht unsterblich wie die Schlange. Der Mensch wurde geboren, lebte und wirkte, um schließlich alt und gebrechlich zu werden. Sein Tod war unabwendbar. So muß jeder Mensch am Ende seines Lebens, nicht ausgestattet mit der Unsterblichkeit der Schlange, sein irdisches Dasein beenden und in der Erde begraben werden.

Unsterblich war auch die Schlangengöttin in der uralten Glaubenswelt Kambodschas – im Gegensatz zu den Menschen, deren irdisches Leben begrenzt war. Selbst den mächtigen Königen war es nicht vergönnt, ewig zu leben wie die Schlange. Die Schlangengöttin hauste im Khmer-Tempel von Angkor Vat in Kambodscha. Sie beschützte den Regenten, indem sie ihn jede Nacht umarmte. Doch selbst diese göttliche Zuwendung bewahrte auch den so privilegierten König nicht davor, irgendwann einmal für immer Abschied von der Erde nehmen zu müssen. Wenn dieser Schicksalstag nahte, zog sich die Schlangengöttin zurück. Das galt als himmlisches Signal. Nun war es an der Zeit, daß der König getötet und durch einen Nachfolger ersetzt wurde!

Diesen besonderen »Schutz« gewährte im Hinduismus die heilige Schlangenmutter Vishnu und Götterkollegen. So wie die Natur im Winter oder in der Trockenzeit eine Phase des Todes durchmacht, so gab es selbst in der Welt der

Götter eine »tote Phase«. Das Glaubensbild sah so aus: So wie die Natur immer wieder vorübergehend leblos ist, so warteten auch die Götter in einer ähnlichen Todesphase auf die Wiederauferstehung. Weil sie dann schutzlos den Gefahren ausgeliefert waren, legte sich die Schlangengöttin um sie. Die himmlischen Hilfsbedürftigen unterlagen so der Obhut der himmlischen Schlange, die auf diese Weise zum Garanten ihrer Unsterblichkeit wurde. Schlangenmutter Ananta umarmte die Götter. In gleicher Weise fungiert auch die ägyptische Schlangengöttin Mehen. Sie war als Hauptgottheit das mächtigste Wesen schlechthin. Sie war allgegenwärtig präsent und unsterblich.

Ihr untergeordnet war der männliche Gott Aufra. Anders als die Göttin durchlief die männliche Gottheit Phasen des Lebens und des Sterbens, Tot-Seins. Für die Zeit seines Todes stieg der männliche Gott in das Reich der Toten hinab. Die Parallele zu Gottsohn Jesus ist unübersehbar: Auch Jesus stirbt am Kreuz, um zunächst in das Reich des Todes hinabzusinken und dann wieder zu den Lebenden zurückzukehren. Nach christlicher Überzeugung weilte Jesus nach seiner Rückkehr aus dem Abgrund des Todes eine Zeitlang unter den Menschen, erst danach stieg er auf gen Himmel.

Während der vorübergehenden, also zeitlich begrenzten Phase des Todes war der männliche Gott auf die Schlangengöttin angewiesen. Die ewig Lebende mußte den männlichen Gott umschlingen und dadurch Gefahren von ihm fernhalten. Nur so konnte überhaupt gewährleistet sein, daß er auch wieder ins Reich der Lebenden zurückkehren konnte. Diese Denkungsart sieht eindeutig die Göttin als die Mächtigere. Denn es ist der Stärkere, der dem Schwächeren Schutz gewährt. Der Schwächere ist auf den Stärkeren angewiesen, nicht umgekehrt.

Zurück ins Land der Pharaonen: Die Mutter-Göttin wurde sehr oft als Schlange gesehen – oder das Symbol für die Göttin war die Schlange. Diese Gleichsetzung war es, die wohl letztlich dazu führte, daß die sogenannte Uräus-Schlange als Hieroglyphe zum Zeichen für Göttin schlechthin wurde. Dadurch sollte auch die Unsterblichkeit der Göttin zum Ausdruck gebracht werden, die bis ans Ende aller Zeiten ihre bewunderte Macht würde ausspielen können und damit letztlich auch ihre Überlegenheit gegenüber den männlichen Göttern.

Wie mächtig diese weibliche Gottheit gewesen sein muß, beweist die Langlebigkeit der Ehrfurcht vor diesem göttlichen Namen. Noch im Mittelalter wurde für magische Rituale und Beschwörungsformeln der unterschiedlichsten Arten der »verborgene Name Gottes« gebraucht und verwendet. Man war davon überzeugt, daß das Aussprechen so eines Namens magische Bedeutung hatte. In verschiedenen mittelalterlichen Zauberbüchern findet sich »Uräus« als einer der als besonders effektiv geltenden »geheimen Namen« Gottes. Die Zaubermeister dürften wohl kaum noch gewußt haben, daß »Uräus« ursprünglich mit dem männlich-christlichen Gott nichts zu tun hatte. Aus der mächtigen Göttin (Matriarchat!) wurde ein Beiname des mächtigen Gottes (Patriarchat). Auch die patriarchalische Religion des Christentums hat die Göttin nicht gänzlich vertreiben können.

In Ägypten war die weibliche Gottheit »Schlange« oft gleichbedeutend mit »Leben«. Was war das Leben? Es war der eigentliche Dauerzustand. Denn Leben gab es nicht nur im Diesseits, sondern auch im Jenseits. Mit beiden Daseinsformen waren Schlangengöttinnen gleichgesetzt: Isis und Nephtys.

Unweit vom immer unerträglicher werdenden lärmenden Getümmel der Millionenmetropole Mexiko-Stadt liegt der unscheinbare Tepeyac-Hügel. Hier begegneten einander die Göttinnen von Guadalupe: die »heidnischen« Himmelsgöttinnen, oftmals als Schlangen verehrt, und die christliche Himmelsgöttin Maria mit dem Sternenmuster auf dem

Umhang. Die Maria von Guadalupe fügt sich ein in die lange Reihe der Heiligen Frauen, die einen Großteil des religiösen Lebens der Erde bestimmten.

In einem Punkt unterscheidet sich die Maria von Guadalupe: Vor fast einem halben Jahrtausend hinterließ sie so etwas wie eine Reliquie, die auch zu Beginn des dritten Jahrtausends nach Christus Fragen aufwirft, die selbst mit den modernsten Mitteln der Wissenschaft nicht befriedigend beantwortet werden können. So erstaunlich die Ergebnisse von wissenschaftlichen Analysen des jahrhundertealten Bildes auch sind, so ist diese Herangehensweise falsch. Wissenschaftliche Meßmethoden werden dem Bild auf dem Umhang des Juan Diego Cuauhtlatoatzin nicht gerecht.

Die Maria von Guadalupe steht auf einer Mondsichel. Der Mond ist das Zeichen der Muttergottheit. Mit dem Mond wurden bereits die ersten Heiligen Frauen Ägyptens in Verbindung gebracht. Maria bekennt sich so bildlich zu ihrer langen, weltweiten Vorgeschichte. Es ist kein religiöses Sakrileg, Maria als Teil einer jahrtausendealten Tradition von Heiligen Frauen zu sehen.

Paul Badde, Historiker und Journalist, macht darauf aufmerksam (*Maria von Guadalupe*, München 2004, S. 127f.), daß der Name Guadalupe in der Azteken-Sprache Nahuattl als Vokal- und Konsonantenverbindung unmöglich sei. »Ein Wort der Eingeborenen, das dem Lautgebilde am nächsten kommt, heißt ›Coatlaxopeuh‹. Das heißt: ›Besiegerin der Schlange‹. Wahrscheinlich hat sich die Santissima Virgen (heiligste Jungfrau) so genannt.« Hier scheint der Wunsch Vater des Gedankens zu sein. Denn die Maria von Guadalupe, wie auch immer sie ursprünglich in der Sprache der Azteken genannt worden sein mag, ist keineswegs die Besiegerin der Schlange.

Die Schlange steht für die Göttin aus der Epoche des Matriarchats. Die Maria von Guadalupe ist nicht die Siegerin über die Göttin aus uralten Zeiten. Sie selbst steht vielmehr in der Tradition dieser Heiligen Frau und setzt sie fort.

6. MARIA MAGDALENA – HURE ODER HEILIGE?

»Wer ist das?« läßt Romancier Dan Brown seine weibliche Hauptdarstellerin Sophie fragen (Kapitel 58, S. 334). Die Antwort lautet: »Das, meine Liebe, ist Maria Magdalena.« Sophie reagiert fast entsetzt: »Die Dirne?« Die Vermutung Sophies wird sofort richtiggestellt: »Maria Magdalena war ganz und gar keine Dirne. Diese schlimme Verfälschung ist das Ergebnis einer bewußten Verleumdungskampagne der Kirche.«

Stimmt dieser Vorwurf? Hat tatsächlich »die Kirche« Maria Magdalena zur Hure verfälscht? Tatsächlich ist das Vorurteil, Maria Magdalena sei vom ältesten Gewerbe der Welt, auch heute noch weit verbreitet. So stellt auch Barbara G. Walker in ihrem Lexikon »Das geheime Wissen der Frauen« (Frankfurt 1993, S. 676) fest: »Die Evangelien berichten, daß Jesus aus der Heiligen Hure Maria Magdalena sieben Teufel ausgetrieben habe und ihr nach seiner Wiederauferstehung als erster erschienen sei.«

Wie kam das falsche Bild zustande? Und vor allem: Warum? Wurde Maria Magdalena bewußt so verzeichnet? Und: Was sagt die Bibel wirklich über Maria Magdalena aus? Bei Markus heißt es im »längeren Schluß«, den viele Theologen für eine nachträgliche Ergänzung halten (Kapitel 16, Vers 9): »Als aber Jesus auferstanden war früh am ersten Tag der Woche, erschien er zuerst Maria von Magdala, von der er sieben Geister ausgetrieben hatte.« Der Evangelist berichtet also, daß Maria Magdalena als erste am Grab des soeben Auferstandenen erschien. Der Evangelist ruft in Erinnerung, daß es sich dabei um jene Maria Magdalena handelte, der Jesus »sieben Geister ausgetrieben hatte«. Es wird allerdings nicht behauptet, daß Maria Magdalena eine Prostituierte war.

Bei Lukas (Kapitel 8, Verse 1 und 2) findet sich ein deutlicherer Hinweis auf Exorzismus: »Und es geschah danach, daß er durch Städte und Dörfer zog und predigte und verkündigte das Evangelium vom Reich Gottes, und die Zwölf waren mit ihm, dazu einige Frauen, die er gesund gemacht hatte von bösen Geistern, nämlich Maria, genannt Magdalena, von der er sieben böse Geister ausgetrieben hatte ...« Es folgen noch einige Frauen, denen Jesus – so der Evangelist – ebenfalls hilfreich zur Seite stand. Wiederum wird die Austreibung der bösen Geister aus Maria Magdalena ausdrücklich erwähnt, es fehlt aber auch der Hauch einer Andeutung, jene Maria Magdalena sei eine Hure gewesen.

Im Evangelium nach Lukas stößt man auf »eine Sünderin«. Da heißt es (Kapitel 7, Vers 37): »Und siehe, eine Frau war in der Stadt, die war eine Sünderin. Da sie vernahm, daß er (Jesus) zu Tische saß in des Pharisäers Haus, brachte sie ein Glas mit Salbe ...« Die Sünderin ist es, die Jesus ehrerbietig, ja liebevoll behandelt. Sie benetzt seine Füße mit Tränen, trocknet sie mit den eigenen Haaren und salbt sein Haupt mit kostbarem Öl.

Über die Bedeutung dieses Vorgangs läßt sich diskutieren, ja streiten: Kündigt die Trauer der Sünderin (Tränen) Jesu baldigen Tod am Kreuz an? Salbt sie ihn rituell zum »König«? Steht die aus tiefstem Herzen glaubende Sünderin über dem »anständig« lebenden Menschen, der aber nicht wirklich von tiefer Glaubensüberzeugung beseelt ist? Wie auch immer man diese Fragen beantwortet: Wichtig ist die Feststellung, daß der Verfasser des nach Lukas benannten Evangeliums von einer anonymen Sünderin spricht. Maria Magdalena ist ihm gut bekannt. Hätte es sich bei der »Sünderin« um Maria Magdalena gehandelt, so hätte Lukas sie gewiß beim Namen genannt.

Er spricht aber von einer nicht näher bekannten »Sünderin«, die nicht zum Umfeld Jesu gehörte – ganz im Gegensatz zu Maria Magdalena. Er spezifiziert auch nicht die Verfehlungen, deren sich die unbekannte Frau schuldig gemacht hat. Im griechischen Original wird sie als »hamartolos« bezeichnet. Aus diesem Begriff abzuleiten, es habe sich bei der Dame um eine Hure gehandelt, ist nicht zulässig. Der Ausdruck »hamartolos« bezeichnet ganz allgemein einen Menschen, der gegen jüdisches Gesetz verstoßen hat. Vielleicht hat die Unbekannte ein Reinheitsgebot mißachtet? Vielleicht hat sie es aber auch versäumt, eine steuerliche Abgabe zu leisten.

Die Evangelisten Matthäus (Kapitel 26, Vers 7) und Markus (Kapitel 14, Vers 3) schildern die Episode wie Lukas, wenn auch wesentlich kürzer. Doch während Lukas ganz allgemein von einer unbekannten Sünderin berichtet, wissen Matthäus und Markus nur von einer Frau. Ihr werden keinerlei Vergehen vorgeworfen, dementsprechend fehlt auch bei Matthäus und Markus die Vergebung ihrer Sünden.

Papst Gregor I. war es, der anno 591 Maria Magdalena zur Hure machte. Damals erklärte er: »Sie, die von Lukas als sündige Frau bezeichnet wird, die von Johannes Maria genannt wird, sie war, so glauben wir, jene Maria, aus der gemäß Markus sieben Teufel vertrieben wurden. Was aber bedeuteten diese sieben Teufel, wenn nicht die sieben Laster? Es ist klar, Brüder, daß zuvor diese Frau die Salbe dazu benutzte, um ihr Fleisch bei verbotenen Handlungen zu parfümieren.«

Papst Gregor I. mag eine blühende Phantasie gehabt haben: Es ist keineswegs beweisbar, daß die unbekannte Frau eine Hure war. Und daß sie das wohlriechende Salböl zuvor einsetzte, um bei der Ausübung des ältesten Gewerbes der Welt möglichst anziehend zu duften, ist die reine Erfindung des Kirchenmanns. Ist seine Identifizierung von Maria Magdalena als »Sünderin« aber wirklich so aus der Luft gegriffen, um sie, wie Dan Brown behauptet (Kapitel 58, S. 334 und 335), »in den Schmutz zu ziehen«?

Bei Lukas ist es – wie erwähnt – eine anonyme Sünderin, die Jesus umsorgt und ihm die Füße mit Tränen wäscht. In der Parallelstelle dazu bei Johannes (Kapitel 12, Vers 3) erlebt man eine ähnliche Szene: »Da nahm Maria ein Pfund Salböl von unverfälschter, kostbarer Narde und salbte die Füße Jesu und trocknete mit ihrem Haar seine Füße.« Kann man daraus schließen, daß die Maria bei Johannes und Maria Magdalena dieselbe Person ist? Festgehalten werden muß, daß Johannes »seine« Maria nicht als »Sünderin« tituliert.

Beschreiben Lukas und Johannes wirklich dieselbe Salbung? Beide Szenen spielen sich in ganz ähnlichem Zusammenhang ab. Bei Lukas kommt es nach der Auferweckung des toten Jünglings zu Nain zur Salbung Jesu. Jesus holt einen anonymen verstorbenen Jüngling ins Leben zurück. Bei Johannes findet vorher ebenfalls eine wundersame Totenerweckung statt. Hier ist es aber Lazarus aus dem Dorfe Marias, aus Bethanien (Evangelium nach Johannes Kapitel 11, Vers 1). Noch verwirrender wird der Sachverhalt, wenn man feststellt, daß Johannes von zwei Salbungen schreibt: Zunächst berichtet er, daß Maria den Herrn gesalbt hat (Johannes Kapitel 11, Vers 2). Ein Kapitel weiter (Kapitel 12, Vers 3) ist es wiederum eine Maria, die Jesus diesen sehr persönlichen Dienst erwiesen hat. Man muß also davon ausgehen, daß das Evangelium nach Johannes zwei verschiedene Salbungen protokolliert, die beide von jeweils einer anderen Maria vorgenommen wurden.

Also scheint es drei verschiedene Frauen gegeben zu haben, die zu einer Person verschmolzen: Maria Magdalena, Maria von Bethanien (die Schwester des Lazarus) und eine anonyme Sünderin. Auf diese Weise wurde Maria Magdalena zur Sünderin, allerdings nur in der Tradition der Westkirche. Die Ostkirche hingegen hat stets die drei genannten Frauen als unterschiedliche Personen verstanden und niemals Maria Magdalena als »Sünderin« oder gar als »Hure« bezeichnet.

Papst Gregor I. unterlief anno 591 dieser Irrtum, und es dauerte immerhin 1378 Jahre, bis die römisch-katholische Kirche anno 1969 Maria Magdalena vom Makel, eine Prostituierte zu sein, befreite. Doch davon wurde in der Öffentlichkeit so gut wie keine Notiz genommen. Völlig zutreffend schreiben David Tresemer und Laura-Lea Cannon im Vorwort zur Übersetzung des gnostischen »Evangeliums von Maria Magdalena«: »Erst 1969 hat die katholische Kirche offiziell Gregors Etikettierung von Maria Magdalena als Hure widerrufen und ihren Irrtum somit zugegeben, obwohl das Bild von Maria Magdalena als reuevolle Hure in den öffentlichen Belehrungen aller christlichen Kirchen verblieben ist. Wie im Falle eines kleinen Hinweises auf einen Fehler in einem Artikel, irgendwo weit hinten in einer Zeitung verborgen, findet die von der Kirche vorgenommene Korrektur keine Beachtung, während der ursprüngliche, falsche Artikel weiterhin die Leserschaft beeinflußt.«

Das Fazit ist eindeutig: Maria Magdalena wird im Neuen Testament nicht als Hure bezeichnet. Auch wenn die römisch-katholische Kirche diesen Fehler immerhin 1378 Jahre lang aufrechterhielt, so hat sie ihn doch widerrufen. Das aber verschweigt Dan Brown in seinem Buch. Ihm paßt eben das Bild von der »bösen Kirche« besser ins Konzept, die planmäßig das Gedenken an Maria Magdalena herabwürdigt. In Sachen Maria Magdalena gab es jedoch kein durchgängiges Komplott, sie als Hure abzustempeln. Die römisch-katholische Kirche hätte allerdings – soviel ist richtig – die Ehrenrettung der Maria Magdalena weitaus vehementer betreiben können, so daß das Bild von der triebhaften Sünderin inzwischen doch aus dem Bewußtsein vieler Zeitgenossen verschwunden wäre.

Wie muß man sich die früheste Geschichte der christlichen Kirche vorstellen? Welche Rolle spielten darin die Frauen? Wie bedeutsam war Maria Magdalena für die Anfänge der Christenheit? Zu dieser Frage gibt es ein recht festes Meinungsbild – und zwar in ähnlicher Form bei Laien wie eifrigen Kirchgängern und emsigen Bibellesern. Nach der Kreuzigung wurde Jesus vom Schmerzenspfahl abgenommen. Man legte ihn ins Grab. Doch bald schon ist er von den

Toten auferstanden. Er zeigte sich seinen Vertrauten, lebte noch etwas unter ihnen, um schließlich gen Himmel aufzufahren. Zurück blieben seine trauernden Jünger. Aus ihnen wurden die Apostel, die bald schon die Botschaft Jesu verkündeten. Predigend zogen sie durchs Land. Eifrig missionierten sie. Keinen Zweifel scheint es am Geschlecht der Apostel zu geben. Einigkeit scheint darin zu bestehen, daß die ersten wirklich wichtigen Menschen in der Anfangszeit des jungen Christentums durchweg Männer waren.

Dabei hat Bischof Hippolytus (etwa 170 bis etwa 236 n. Chr.) zu diesem brisanten Thema sehr deutliche Worte gesprochen (De Cantico 24–26, Übersetzung durch den Verfasser): »Oh daß nur die Frauen nicht an den Engeln zweifeln! Christus selbst wandte sich an sie, so daß die Frauen Apostel Christi werden würden. Christus selbst zeigte sich den männlichen Aposteln und sprach zu ihnen: ›Ich bin es, der diesen Frauen erschienen ist. Und ich war es, der sie euch als Apostel schicken wollte!‹«

Diese klaren Worte stehen im krassen Gegensatz zur weitverbreiteten Überzeugung, daß die frühe Christenheit von den zwölf männlichen Aposteln geprägt wurde. Für weibliche Apostel ist da, so scheint es, überhaupt kein Platz! Kaum ein zweites Bild gilt als so biblisch sicher wie das von den zwölf männlichen Aposteln. Davon sind Christen wie Atheisten überzeugt: Das Neue Testament berichtet von zwölf Männer-Aposteln. Aber ist dem wirklich so?

Wer freilich im Neuen Testament nach diesen zwölf männlichen Aposteln sucht, stellt bald erstaunt fest, daß sein vermeintliches Bibelwissen in diesem Punkt alles andere als gesichert gelten kann: Die als allgemein gültig angesehene Festlegung auf zwölf männliche Apostel kommt im Neuen Testament so gut wie gar nicht vor. Lediglich vier Bibelpassagen lassen sich als Belege heranziehen. Vier Textstellen sprechen konkret von zwölf Aposteln, drei von zwölf männlichen Aposteln.

Matthäus, Kapitel 10, Vers 2: »Die Namen aber der zwölf

Apostel sind die ...« Dann folgt eine Auflistung von zwölf Männernamen.

Markus, Kapitel 3, Vers 14: »Und er ordnete zwölf, daß sie bei ihm sein sollten und daß er sie aussendete, um zu predigen.« Dann folgt wiederum eine Liste von zwölf Männernamen.

Lukas, Kapitel 6, Vers 13: »Und da es Tag ward, rief er seine Jünger und erwählte aus ihnen zwölf, welche er Apostel nannte.« Dann werden zwölf Männernamen genannt.

Offenbarung des Johannes, Kapitel 21, Vers 14: »Und die Mauer der Stadt hatte zwölf Grundsteine und auf ihnen die zwölf Namen der zwölf Apostel des Lammes.«

Es gibt also insgesamt nur vier Belegstellen im Neuen Testament, die dem gängigen Bild von den zwölf Männern entsprechen, die als erste Apostel die frohe Botschaft von Jesus verkündeten. Unzählige theologische Werke wurden über das Apostelamt verfaßt. Der führende evangelische Theologe Ernst Käsemann verdeutlichte in seinem Kommentar »An die Römer« (Tübingen 1973), daß es in der frühen christlichen Gemeinde Apostel gab, wobei aber noch keine zahlenmäßige Beschränkung vorgenommen wurde. Erst nach Paulus legte man sich auf zwölf Männer als Apostel fest und schloß damit Frauen vom Apostelamt aus.

So umstritten wie die Zahl der ersten Apostel ist, so heftig wird auch heute noch über den Begriff des Apostels debattiert. Es besteht keineswegs in der Welt der theologischen Gelehrten Einigkeit darüber, daß der Begriff auf den griechischen Ausdruck »apostolos« zurückgeführt werden muß. In der griechischen, wohlgemerkt außerbiblischen Literatur handelte es sich um einen Terminus aus der Welt der Seefahrt, ja des Militärwesens. Als Substantiv war ein »apostolos« ein Transportschiff, etwa für Truppen. Als Verb bekam das Wort den Sinn von »losschicken«, »aussenden«, zum Beispiel von einer Flotte. Nur Herodot, der Geschichtsschreiber, verwendet das Wort im Sinne von »Bote«. Josephus benutzt den Begriff nur ein einziges Mal: Gesandte werden nach Rom geschickt, wobei die Reise teilweise per Schiff erfolgte.

Theologen wie Ernst Käsemann und Karl Rengstorf vermuten hingegen einen jüdischen Ursprung. »Apostel« ist demnach die Übersetzung des jüdischen »shaliach«. Damit war ein Mensch gemeint, der als Gesandter in geschäftlichen Dingen für seinen Auftraggeber unterwegs war. Zu diesem Zweck war der Apostel mit konkreten Vollmachten ausgestattet worden. In diesem Sinne wird der Ausdruck auch noch in der jüdisch-rabbinischen Literatur verwendet.

Bei aller Haarspalterei über die sprachlichen Wurzeln des wichtigen Ausdrucks Apostel gibt es Übereinstimmung im zentralen Punkt: Ein Apostel war jemand, der mit dem Auftrag eines anderen betraut und losgeschickt wurde. Wichtig ist die Feststellung, daß unabhängig von der sprachlichen Herleitung des Begriffs Apostel auf keinen Fall damit eine geschlechtsspezifische Einschränkung verknüpft ist. Gesandt werden konnten Mann wie Frau als Apostel.

Ein Privileg für Männer existierte nicht. Deshalb darf man aus sprachlichen Überlegungen heraus nicht darauf schließen, daß das biblische Apostelamt nur Männern vorbehalten war.

Liest man das Neue Testament gründlich, so stellt man eine Besonderheit fest: In den ältesten Texten des Neuen Testaments, die nach übereinstimmender Meinung der theologischen Wissenschaft lange vor den vier Evangelien entstanden, spielt der Apostel eine ganz herausragende Rolle. Nach dem schmerzhaften Tod Jesu am Kreuz entwickelten sich die ersten zaghaften Anfänge einer neuen Glaubensgemeinschaft. Nun galt es, die einzelnen, verstreuten ersten Gemeinden inhaltlich auf den neuen Glauben festzulegen. So wurden, noch bevor man sich um eine Lebensbeschreibung Jesu kümmerte, Briefe verfaßt und versandt. Diese Briefe sollten den ersten Christen, die wohl noch sehr stark im Judentum verwurzelt waren, die Kernaussagen der Botschaft Jesu vermitteln. Eine geschlossene Gemeinschaft konnte es nur geben, wenn Einigkeit über die zentralen religiösen Aussagen herrschte.

Zahlreiche Briefe von Paulus sind erhalten. Studiert man die Texte genau, sieht man, daß Paulus die überwiegende Mehrzahl seiner Briefe geradezu formelhaft einleitet, etwa den Brief an die Römer (Kapitel 1, Vers 1): »Paulus, ein Knecht Jesu Christi, berufen zum Apostel, ausgesondert (bestimmt), zu predigen das Evangelium Gottes ...« Diese geradezu formelhafte Einleitung findet sich zu Beginn folgender Briefe des Paulus: Brief an die Römer, erster und zweiter Brief an die Korinther, Brief an die Galater, Brief an die Epheser, Brief an die Kolosser, erster und zweiter Brief an Timotheus und Brief an Titus. Fast wortgleich werden auch der erste und der zweite Petrusbrief so begonnen.

Ohne Zweifel wollten Paulus und Petrus auf diese Weise ihren Schreiben Autorität verleihen. Den Empfängern in den verschiedenen Gemeinden sollte von Anfang an klar werden: Hier wendet sich jemand mit Vollmacht an uns! Was er schreibt, ist nicht nur die vielleicht interessante private Meinung eines anderen Christen, sondern da kommt ein Apostel zu Wort! Was aber ist ein Apostel im Sprachgebrauch des Neuen Testaments? Da ein Apostel offensichtlich in der jungen christlichen Kirche eine wichtige Autoritätsperson ist, muß es Kriterien geben, die ihn vom normalen Gemeindemitglied unterscheiden.

Die Theologie hat die Kriterien, die ein Apostel erfüllen muß, sorgsam herausgearbeitet. In der Kurzabhandlung »Apostles« des sechsbändigen theologischen Fachlexikons »Anchor Bible Dictionary« (Herausgeber: D.N. Freemann, New York 1992, Band 1, S. 309–311) werden die bei zentralen Voraussetzungen für die Position eines Apostels herausgestellt. Auf diese Weise schrumpft der Personenkreis der potentiellen Amtsanwärter erheblich zusammen: Es kann nur Apostel werden, wer als Zeuge aus eigener Anschauung bekunden kann, daß Jesus wirklich und leibhaftig von den Toten auferstanden ist. Außerdem muß er den

Auftrag erhalten haben, Jesu Botschaft öffentlich zu verkünden.

So klar umrissen, wie die Definition des Begriffs Apostel ist, dürfte es eigentlich keinen Zweifel mehr daran geben, wer nun ein wirklicher neutestamentarischer Apostel war. Man sollte erwarten können, daß sich die vier Evangelien des Neuen Testaments in dieser fundamentalen Frage einig sind. Es geht immerhin um die vielleicht wichtigste kirchengeschichtliche Frage der frühen christlichen Glaubensgemeinschaft. Doch in dieser zentralen Sache herrscht keineswegs Klarheit im Neuen Testament. Arbeitet man sich sorgsam durch die Evangelien und die Apostelgeschichte, so entdeckt man zum Beispiel bei Markus und Matthäus als Apostel Simon, seinen Bruder Andreas, Jakobus und Johannes (Söhne des Zebedäus), Philippus, Bartholomäus, Thomas, Matthäus, Jakobus (Sohn des Alphäus), Thaddäus, Simon (den Kanaaniter) und Judas Ischariot.

Schlägt man nun im Evangelium, das nach Lukas benannt wurde, sowie in der Apostelgeschichte nach, dann stellt man befremdet fest: In beiden Texten, beide angeblich von Lukas verfaßt, fehlt jeder Hinweis auf einen Apostel Thaddäus. So entsteht bei Lukas eine personelle Lücke. Er schließt sie, indem er einen zweiten Judas ins Spiel bringt. Er wird als Sohn des Jakobus bezeichnet und hatte mit dem »Verräter Judas« nichts zu tun.

Wendet man sich schließlich dem nach Johannes benannten Evangelium zu, so entsteht noch mehr Verwirrung. Bartholomäus war den Verfassern des Matthäus-, des Markus- und des Lukas-Evangeliums wohl vertraut – als Apostel. Davon weiß wieder das Johannes-Evangelium nichts. Es bezeichnet aber einen Nathanael als Apostel. Ein Apostel namens Matthäus, von Beruf Zöllner, taucht nur bei Matthäus auf.

Als ob der teilweise widersprüchliche Namenswirrwarr nicht schon kompliziert genug wäre, sorgten schließlich Theologen für ein noch größeres Durcheinander. Dabei hatten sie eine ganz andere Absicht. Ihnen waren die Widersprüche zwischen den verschiedenen Texten des Neuen Testaments aufgefallen. Die offensichtliche Uneinigkeit, wer denn nun ein Apostel war, sollte beseitigt werden. Schon zuvor hatte man Probleme, einen Überblick über die vielen fremd klingenden Namen zu behalten. So mancher Theologe machte sich mit Feuereifer ans Werk. Widersprüche innerhalb der Bibel durfte es nicht geben.

Aus Thaddäus wurde ein Beiname des Judas, des Sohnes von Jakobus, gemacht. Und Bartholomäus, so behauptete man, sei der Vatername von Nathanael. Allerdings gibt es für diese Erklärungen keine handfesten Beweise. Der Wunsch zu harmonisieren war der Vater des Gedankens.

Die Texte des Neuen Testaments sind fast nie ohne Absicht erstellt worden. Eine zentrale Funktion mehrerer Schilderungen liegt in der Legitimation von Jesu Jüngern als Apostel. So kann es nicht verwundern, wenn die vier Evangelisten die Berufung der Jünger durch Jesus sehr ausführlich darstellen. Vergleicht man aber die entsprechenden Passagen, so erkennt man Unterschiede und Widersprüche.

Die Evangelien nach Matthäus und Markus (Matthäus, Kapitel 4, Verse 18–22, Markus, Kapitel 1, Verse 16–20) bieten ein fast romantisch-idyllisches Szenario am »Galiläischen Meer«. Simon und Andreas sind damit beschäftigt, ihrem Beruf nachzugehen. Fachkundig werfen sie ihre Netze aus. Jesus fordert sie auf, Arbeit Arbeit sein zu lassen und ihm zu folgen. Ohne nachzudenken, gehorchen die beiden Brüder. Kurz darauf stoßen die drei Männer auf weitere Fischer. Es sind Jakobus und Johannes, die bei ihrem Vater im Boot arbeiten. Auch sie verlassen die Sicherheit ihrer vertrauten Welt und werden zu Gefolgsleuten Jesu.

Jesus befiehlt den Männern aber nicht nur, sich ihm anzuschließen. Er erteilt ihnen eine weiterreichende Mission, indem er sie in ein theologisches Amt beruft. Sie sollen von nun an »Menschenfischer« sein (Evangelium nach Matthäus,

Kapitel 4, Vers 19, Evangelium nach Markus Kapitel 1, Vers 17). Die Aufforderung »Folgt mir nach!« erlaubt zwei Auslegungen. Die Fischer sollen ihr bisheriges Leben aufgeben und mit Jesus mitkommen. Sie sollen aber auch – nach seinem Tode – seine Mission als Apostel fortsetzen, als Nachfolger Jesu. Jesus macht sie also schon zu Beginn seines öffentlichen Wirkens zu Missionaren, welche die Menschen für seine Ideen und Lehren gewinnen sollen.

Bei Lukas (Kapitel 5, Verse 1–11) wird die wichtige Geschichte ganz anders erzählt. Während Matthäus und Markus eine einsame, menschenleere Landschaft beschreiben, findet bei Lukas die erste Begegnung in einer Menschenmenge »am Meer« statt. Jesus, so muß man es dem nach Lukas benannten Evangelium entnehmen, hatte zu jener Zeit schon einen weithin bekannten Namen. Wo er auftauchte, versammelten sich die Menschen in Scharen. Sie wollten ihn reden hören.

Gefolgt von einer großen Schar von Menschen, nähert sich Jesus dem »Meer«. Da kehren Simon und sein Bruder, vermutlich Andreas, enttäuscht von einem ergebnislosen Fischzug zurück. Jesus fühlt sich offenbar von den Volksmassen zu stark bedrängt. So klettert er in Simons Boot. Vom schaukelnden Boot aus spricht er zu den gebannt lauschenden Menschen. Will er sich dafür erkenntlich zeigen, daß er das Boot benutzen durfte? Jedenfalls befiehlt er Simon, noch einmal auf den See hinauszufahren. Der erfahrene Fischer handelt wider jede Vernunft. Hat er zur besten Fangzeit seine Netze leer ins Boot zurückholen müssen, scheint ein neuerlicher Versuch, Fische zu erbeuten, zwecklos.

Man könnte erwarten, daß der Fischer Simon für Jesus nur ein Lachen oder gar derbe Worte der Ablehnung übrig hat. Doch er gehorcht. Dann geschieht, was niemand zu hoffen gewagt hätte: Als die Männer ihre Netze wieder in die Boote holen wollen, bersten sie fast, so schwer sind die Fischmassen, die sie gefangen haben. Simon, Andreas, Jakobus und Johannes folgen Jesus. Hat er sie als »Wundermann« überzeugt?

Das Evangelium nach Johannes wartet ebenfalls mit einem ausführlich beschriebenen Berufungsszenario auf (Johannes, Kapitel 1, Verse 35–51). Es unterscheidet sich grundlegend von den Erzählungen seiner Kollegen. Beim Evangelisten Johannes erfolgt die Berufung der ersten Jünger nicht am See Genezareth. Das Ambiente ist ein völlig anderes. Jesus rekrutiert seine ersten Jünger nicht aus den heimischen Fischern am See Genezareth, sondern aus der Anhängerschaft von Johannes dem Täufer. Am Fluß Jordan, am Rande der unwirtlichen Wüste, begegnen sich Jesus and Andreas. Andreas muß erst gar nicht angesprochen werden, er folgt Jesus unaufgefordert, und dann tut er etwas, was man eigentlich erst von den Aposteln nach Jesu Auferstehung erwartet. Er »missioniert« seinen Bruder Simon: »Wir haben den Messias gefunden!«

Im Evangelium nach Lukas (Kapitel 24) ist es Petrus, der als erster Jünger überhaupt dem auferstandenen Jesus begegnet. Der Hinweis auf diese Begegnung ist allerdings fast versteckt untergebracht. Auch wird sie nicht direkt geschildert. Gewiß, es sind einige Frauen – unter ihnen Maria Magdalena –, die als erste Menschen aus Jesu unmittelbarer Umgebung an sein Grab treten. Das Grab aber ist leer. Zwei »Männer mit glänzenden Kleidern« (Engel?) erklären den Frauen, Jesus sei auferstanden. Sie hasten zu den Jüngern und berichten ihnen, was sie beobachtet und erlebt haben. Voreilig werden die Jünger als Apostel bezeichnet. Dabei haben sie die Bedingung, den Auferstandenen leibhaftig gesehen zu haben, noch gar nicht erfüllt.

Noch am selben Tag begegnet Jesus zwei Männern bei Emmaus. Man könnte – voreilig – meinen, diese beiden Männer seien die ersten Zeitgenossen, denen sich Jesus unmittelbar nach seiner Auferstehung gezeigt habe. Das aber ist falsch.

So läuft das Geschehen weiter ab: Die beiden Männer erkennen Jesus nicht. Sie berichten ihm, daß etliche Frauen

Jesu Grab leer vorgefunden hätten. Engel hätten ihnen die Auferstehung Jesu mitgeteilt. Die beiden Männer laden Jesus, der ihnen anscheinend mit Inbrunst gepredigt hat, zum Abendbrot ein. Erst jetzt erkennen sie ihn. Daraufhin verläßt er sie abrupt. Schließlich gehen die beiden Männer zurück nach Jerusalem. Sie stoßen zu den elf verbliebenen Jüngern Jesu. Im Kreis der Jünger erfahren die beiden Männer nun fast beiläufig, welchem Menschen sich Jesus zuerst gezeigt hat (Vers 34): »Der Herr ist auferstanden und Simon (Petrus) erschienen.«

Nach Lukas ist also Petrus der erste Mensch, der einerseits von Jesus berufen wurde und dem andererseits der wiederauferstandene Jesus begegnete. Damit wird Simon Petrus von Lukas – zu dem Apostel schlechthin stilisiert. Er erfüllt beide Bedingungen für das Apostelamt.

Auffällig ist, daß Lukas gleich zwei Mal erzählt, daß die Frauen zwar als erste am Grab waren, dort aber Jesus nicht mehr antrafen. Außerdem wird darauf hingewiesen, daß sich Jesus nach der Auferstehung dem Petrus zwei Mal zeigte: einmal ihm allein, dann wenig später nochmals ihm, allerdings zusammen mit den übrigen Jüngern.

Lukas streicht die Rolle des Petrus überhaupt sehr heraus, weitaus stärker als die anderen Evangelisten. Bei der Berufung der Jünger erklärt Jesus bei Markus und Matthäus (Matthäus Kapitel 4, Vers 19, Markus Kapitel 1, Vers 17), daß er die Jünger (Mehrzahl!) zu Menschenfischern machen will. Im Evangelium nach Lukas hingegen wendet er sich vor den anderen Jüngern nur und ganz gezielt an Petrus (Kapitel 5, Vers 10) »Und Jesus sprach zu Simon: ›Fürchte dich nicht! Von nun an wirst du Menschen fangen!‹«

Bei der Berufungsszene ist es wiederum nur in der Version von Lukas zu lesen (Kapitel 5, Vers 8), daß sich Petrus Jesus zu Füßen wirft. Pheme Perkins interpretiert völlig richtig in seinem theologischen Kommentar (*Peter, Apostle for the Whole Church*, Columbia 1994, S. 84): »Indem Petrus auf den übernatürlichen Fischfang mit dem Bekenntnis der eigenen Sündhaftigkeit reagiert, erkennt er die Heiligkeit Gottes in Jesus an.«

Lukas betont nicht nur die besonders große Wichtigkeit Petri, er läßt auch Passagen weg, die ihn in einem schlechten Licht erscheinen lassen könnten. Die drei Evangelisten Markus, Matthäus und Lukas berichten übereinstimmend (Markus Kapitel 8, Vers 31, Matthäus Kapitel 16, Verse 21 u. folgende, Lukas Kapitel 9, Verse 22 und folgende), daß Jesus auf sein nahendes Schicksal hinweist. Er, der Menschensohn, werde »viel leiden«, werde von den »Ältesten, Hohepriestern und Schriftgelehrten verworfen und getötet« werden, am dritten Tage aber werde er von den Toten auferstehen. Nur bei Matthäus und Markus nimmt Jünger Petrus seinen Herrn Jesus nach dieser Prophezeiung zur Seite. Er redet auf ihn ein. Nie und nimmer – so Petrus – dürfe Jesus Leid geschehen. Daraufhin rügt Jesus Petrus scharf. Ja, er unterstellt ihm sogar, daß der Teufel aus ihm gesprochen habe.

Warum? Bekundet nicht Petrus seine besondere Zuneigung, wenn er wünscht, daß Jesus nichts Böses widerfahren möge? Für Jesus ist sein nahender Kreuzestod Teil des göttlichen Plans. Wenn sich Petrus gegen das drohende und unabwendbare Schicksal Jesu auflehnt, so widersetzt er sich damit Gott selbst. Deshalb attackiert Jesus Petrus heftig, er beschimpft ihn geradezu: »Hebe dich hinfort, Satan!«

Diese heftige Attacke fehlt aber bei Lukas. Dann stimmen die drei Evangelien wieder fast wörtlich überein. Jesus verkündet: Wer ihm nachfolgen wolle, der müsse das Kreuz auf sich nehmen. Man muß also davon ausgehen, daß die Verfasser des Matthäus-, des Markus- und des Lukas-Evangeliums dieselbe Quelle benutzten. Lukas ließ aber offensichtlich Jesu harsche Kritik an Petrus weg, um ihn nicht in ein schlechtes Licht geraten zu lassen.

Diese Textmanipulation zugunsten von Petrus ist bei Lukas geradezu symptomatisch. Ein weiteres Beispiel veranschaulicht dies. Nach dem gemeinsamen Abendmahl zieht sich Jesus mit seinen Jüngern in den Garten Gethsemane zurück. Jesus weiß, daß ihm die schlimmsten Stunden seines Lebens bevorstehen. In dieser ausweglosen, verzweifelten Lage ist er vollkommen allein. Seinen engsten Vertrauten, den Jüngern, gelingt es nicht einmal, Jesus in seinen Todesängsten beizustehen. Sie schlafen immer wieder ein. Die Enttäuschung Jesu über seine Gefährten wird von Markus, Matthäus und Lukas geschildert. Doch nach Markus und Matthäus (Markus Kapitel 14, Vers 37, Matthäus Kapitel 26, Vers 40) rügt Jesus ausdrücklich Petrus. Er spricht ihn vorwurfsvoll an: »Simon, konntest du nicht eine Stunde mit mir wachen?« Bei Lukas hingegen fällt die heftige Rüge allgemeiner aus (Kapitel 22, Verse 45 und 46). Der konkret gegen Simon Petrus erhobene Vorwurf wird verallgemeinert. Petrus wird nicht mehr negativ hervorgehoben.

Während Lukas die Rolle Petri deutlich herausarbeitet und die negativen Aspekte Petri systematisch zumindest mildert oder gar wegläßt, manipuliert Lukas sein benutztes Quellenmaterial auch in Bezug auf Maria Magdalena. Lukas hebt Petrus als den idealen Apostel hervor und drängt Hinweise auf Maria Magdalena systematisch zurück. Besonders deutlich wird dies bei der Beschreibung einer der dramatischsten Szenen der Bibel überhaupt. Jesus ist gekreuzigt worden. In dieser Situation gehört viel Mut dazu, sich zu ihm zu bekennen. Die Römer haben Jesus hingerichtet, weil sie ihn für einen Verbrecher hielten.

Wer seinen Schmerz und seine Trauer offen zeigte, mußte zwangsläufig in Verdacht geraten. Er lief Gefahr, verhaftet und verhört zu werden.

Alle vier Evangelisten berichten über die letzten Momente im Leben Jesu (Matthäus Kapitel 27, Verse 55 bis 61, Markus Kapitel 15, Verse 40 bis 47, Lukas Kapitel 23, Verse 49 bis 56 und Johannes Kapitel 19, Verse 24 bis 27). Sterbend hängt er, qualvoll leidend, am Kreuz. Wo sind die Jünger? Mutige Frauen sind es, die zur fürchterlichen Hinrichtungsstätte gekommen sind. Matthäus, Markus und Johannes listen sie namentlich auf. An erster Stelle nennen Matthäus und Markus Maria Magdalena. Bei Johannes steht sie an zweiter Stelle. Wiederum muß angenommen werden, daß den Verfassern der vier Evangelien gleiche Unterlagen zur Verfügung standen. Im Gegensatz zu seinen Kollegen läßt Lukas die Namen der Frauen weg. Wiederum unterschlägt er Maria Magdalena. Offensichtlich möchte er Maria Magdalena nicht namentlich als Zeugin von Jesu Sterben nennen.

Die Frauen lassen es sich nicht nehmen, beim toten Jesus zu bleiben. Sie wollen wissen, was mit Jesus geschieht. So sehen sie, wie er vom Kreuz abgenommen und ins Grab gelegt wird. Wieder weisen Matthäus und Markus ausdrücklich darauf hin, daß Maria Magdalena – offensichtlich Scheue und Angst überwindend – nicht vom schauerlichen Ort des Geschehens weicht. Wieder ist es Lukas, der nur von anonymen Frauen spricht und den Namen der Maria Magdalena nicht nennt.

Dramatisch wird es, als die Frauen später das Grab Jesu aufsuchen. Erneut fallen drastische Unterschiede in der Berichterstattung auf. Wiederum ist es Maria Magdalena, die durch gezielte Textmanipulationen beiseite geschoben wird, und das mit erheblichen Konsequenzen für die Kirchengeschichte.

Die dramatischen Manipulationen fallen dem heutigen Bibelleser sofort auf, wenn er die Texte der vier Evangelien miteinander vergleicht. Ideal für solche Bibelstudien ist eine sogenannte Evangelien-Synopse. In einer solchen Spezialausgabe des Neuen Testaments werden die Texte der vier Evangelien zum jeweils gleichen Ereignis direkt nebeneinandergestellt. So bemerkt man sofort, wenn zum Beispiel Lukas etwas unterschlägt, was bei seinen Kollegen ausführlich geschildert wird. Ein solcher Vergleich der Evangelien miteinander war den Christen über viele Jahrhunderte gar nicht möglich. In den Anfangszeiten des Christentums gab es keine Komplettausgaben der Bibel. Anders als heute standen den einzelnen Gemeinden meist nur einzelne Schriften zur Verfügung. Es ist sogar wahrscheinlich, daß die vier Evangelien zunächst nicht als Ergänzungen zueinander gedacht waren. Wahrscheinlich sollte das jeweils »neueste« Evangelium die älteren ersetzen.

Bis ins 16. Jahrhundert hinein hatte der Laie so gut wie keinen Zugriff auf die Heilige Schrift. Es sollte der Geistlichkeit vorbehalten bleiben, für den sonntäglichen Gottesdienst einen Passus aus der Bibel auszuwählen und in Predigten zu erläutern. Der Laie hatte somit während eines Großteils der Kirchengeschichte keine Möglichkeit, Widersprüche zwischen den einzelnen Evangelien zu erkennen. Diese Unterschiede existieren aber und können nicht bestritten werden. Auch und gerade diese Tatsache mag wesentlich dazu beigetragen haben, daß die Schriften der Bibel dem Laien so lange und konsequent vorenthalten wurden. Dabei sind es insbesondere diese Unterschiede, die verdeutlichen, wie schon beim Erstellen der Evangelien massiv manipuliert wurde.

Nach Jesu Tod stellte sich eine Frage von fundamentaler Bedeutung: Wie sollte es mit der noch jungen, kleinen christlichen Gemeinschaft weitergehen? Wenn das Christentum überhaupt eine Chance hatte, sich zu entwickeln und weiter zu bestehen, dann benötigte es eine Führungspersönlichkeit. Und dieser Mensch mußte seine Autorität biblisch begründen können. Nur dann konnte er sich der Unterstützung der christlichen Gefolgsleute sicher sein.

Das Evangelium nach Lukas ist es, das Petrus ins rechte Licht rückt. Dort wird Petrus zum Apostel der Apostel erklärt. Wer aber war wirklich Jesu Nachfolger? War es tatsächlich Petrus? Entscheidend für die Beantwortung dieser Frage ist das Geschehen unmittelbar nach Jesu Tod und Grablegung. Es gilt, die entsprechenden Berichte der vier Evangelisten sorgsam zu überprüfen und miteinander zu vergleichen.

Die Evangelien nach Matthäus und Markus (Matthäus

Kapitel 28, Verse 1 bis 8, Markus Kapitel 16, Verse 1 bis 8) stimmen in bedeutsamen Punkten überein, die von entscheidender Wichtigkeit für die Nachfolge Jesu sind – und für die Bedeutung von Maria Magdalena. Bei Matthäus wie bei Markus wird Maria Magdalena Zeugin der Auferstehung Jesu, wenn auch nur indirekt. Maria Magdalena sucht Jesus. Nach neutestamentarischem Verständnis erhält sie göttlich autorisierte Nachricht aus dem Mund der Engel: Jesus ist auferstanden. Wiederum göttlich autorisiert ist der Auftrag, den Maria Magdalena erhält. Ihr wird eine konkret formulierte Sendungsmission erteilt: Sie soll die Jünger aufsuchen und ihnen die frohe Botschaft von der Auferstehung Jesu mitteilen. Der göttliche Sendungsauftrag gewinnt noch dadurch an Bedeutung, daß die Jünger durch Maria Magdalena erfahren sollen, wo sie dem Auferstandenen begegnen werden.

Es verwundert nicht, daß im Lukas-Evangelium wiederum manipuliert wird (Kapitel 24, Verse 1 bis 12). Vergeblich wird man einen Hinweis darauf suchen, daß Maria Magdalena Jesu Grab aufsuchte. Nichts deutet darauf hin, daß Maria Magdalena – direkt oder indirekt – Zeugin der leibhaftigen Auferstehung Jesu wurde. Und bei Lukas erhält Maria Magdalena nicht wie bei Matthäus und Markus einen göttlichen Sendungsauftrag. Warum das so ist, liegt auf der Hand: Der Evangelist Lukas propagierte eindeutig Simon Petrus als den Nachfolger Jesu. Er übernahm keinen auch noch so schwachen Hinweis aus seinen Vorlagen, der Maria Magdalena als Anwärterin auf Jesu Nachfolge unterstützt hätte.

Noch deutlicher wird die Zurücksetzung Maria Magdalenas durch Lukas, wenn man das Evangelium nach Johannes (Kapitel 20, Verse 1 bis 18) heranzieht: Wieder begegnen wir ihr am leeren Grab Jesu. Auch nach Johannes sieht sie zwei »Engel«. Doch Gewißheit über Jesu Auferstehung erhält sie von Jesus selbst! Der Auferstandene zeigt sich ihr vor dem leeren Grab. Maria Magdalena ist somit die erste Zeugin für die Auferstehung. Sie ist der erste Mensch, dem sich der von den Toten auferstandene Jesus zeigt – lange vor den Jüngern, lange vor Petrus! Es ist Maria Magdalena, die einen Sendungsauftrag von Jesus selbst erhält. Somit erfüllt sie vor allen anderen beide Bedingungen für das Aposteltum, und das auch und gerade vor Petrus!

Die ersten großen frühen Kirchenväter Augustinus, Hippolyt, Johannes Chrysostomus und Cyrill von Alexandrien ließen – allen noch so hartnäckigen Bemühungen des Lukas zum Trotz – keinen Zweifel an der großen Bedeutung von Maria Magdalena aufkommen. Für sie war sie die zweite Eva und – ganz im Sinn und Geist von Matthäus, Markus und Johannes – eine wirkliche Apostolin.

Hippolyt von Rom (um 200 n. Chr.) sah in der mutigen Frau gar die »Apostolin der Apostel«. Er kommentierte: »Christus erschien den Frauen, damit sie Apostel Christi seien. Christus sagt zu jenen: ›Ich selbst bin diesen Frauen erschienen, ich wollte sie zu euch als Apostel schicken.‹« Gregor von Antiochien umschreibt seine Haltung gegenüber Maria Magdalena, indem er Jesus folgende Worte in den Mund legt: »Seid die ersten Lehrerinnen der Lehrer. Petrus, der mich verleugnet hat, soll lernen, daß ich auch Frauen als Apostel erwählen kann.«

Erstaunlich lange hielt sich das äußerst positive Bild von Maria Magdalena, trotz der Verfälschungen durch Lukas. Noch im 12. Jahrhundert benutzte kein Geringerer als Philagathos von Ceramin den Terminus »Apostolin der Apostel«. Während in der Westkirche Maria Magdalena herabgewürdigt wurde, verlor sie in der orthodoxen Ostkirche nie ihren hohen Stellenwert. Dort war und blieb sie die Zeugin der Auferstehung, der Jesus einen Sendungsauftrag erteilt hat. Nach wie vor ist sie in der Liturgie der Ostkirche die »Apostelgleiche«.

Vergeblich hat Lukas versucht, Marias Anrecht auf das Apostelamt durch Textmanipulationen in Vergessenheit geraten zu lassen. Zu Unrecht hat Papst Gregor I. durch falsche Gleichsetzung verschiedener biblischer Frauen Maria

Magdalena zur Prostituierten degradiert. Allen Verleumdungen und Verfälschungen zum Trotz ist auch heute Maria Magdalena noch präsent in der lebendigen Welt des Glaubens. Unzählige Gotteshäuser tragen in vielen Ländern ihren Namen. So steht im Ostteil Jerusalems die russisch-orthodoxe Kirche »St. Maria Magdalena«. In Tiefenbronn legt die Basilika »St. Maria Magdalena« Zeugnis für die Überlebenskraft des christlichen Glaubens ab. In der katholischen Kirche »St. Maria Magdalena« zu Meinerzhagen treffen sich fast zwei Jahrtausende nach Christi Tod am Kreuz Gläubige zum Gebet. Die evangelisch-lutherische Kirche »St. Maria Magdalena« von Erlangen-Tennenlohe belegt, daß ein halbes Jahrtausend nach der Reformation auch im Protestantismus der mutigen Frau aus dem Neuen Testament gedacht wird. Im Kloster »St. Maria Magdalena« zu Basel finden auch heute noch zahllose Menschen Ruhe und Frieden. Im Kloster »St. Maria Magdalena« zu Regensburg sucht so mancher Zeitgenosse Abstand zur Rastlosigkeit der immer hektischer werdenden Welt.

Maria Magdalena: Hure oder Heilige? Eine Hure war sie definitiv nicht. Und eine Heilige? Maria Magdalena verdient diese Titulierung mindestens genauso sehr wie Petrus, der nach der Überlieferung des Neuen Testaments Jesus drei Mal verleugnete.

7.
LEONARDO, DAS ABENDMAHL, MARIA MAGDALENA UND DAS GEHEIMNIS VON KIRCHBRAK

Leonardo da Vincis Abendmahl ist vielleicht neben seinem Porträt von »Mona Lisa« das bekannteste Gemälde der Welt. Der vielseitige Künstler schuf das großformatige Bild (4,60 x 8,80 Meter) Ende des 15. Jahrhunderts für das Kloster »Santa Maria delle Grazie« in Mailand. Angesichts der neutestamentarischen Thematik möchte man vermuten, daß das Gemälde ein Gotteshaus ziert. Es wurde aber für das Refektorium, also für den Speisesaal des Klosters geschaffen. Was sich so profan anhört, war durchaus klösterlich-theologisch ausgerichtet. Während die Speisen eingenommen wurden, gab es Lesungen aus biblischen Schriften und theologischen Traktaten. Leib und Seele wurden als Einheit, nicht als Gegensätze gesehen. Ideal waren die Verhältnisse aber für das Riesengemälde keineswegs.

Schon zu Lebzeiten Leonardos löste das »Abendmahl« Begeisterung und Besorgnis aus. Die Menschen sahen schon im 16. Jahrhundert Leonardos Bild von Jesus mit seinen zwölf Jüngern als das beste Werk des Meisters an. Besorgt waren viele Bewunderer seiner Kunst, weil das Gemälde schon wenige Jahre nach der Fertigstellung anno 1497 starke Verfallserscheinungen zeigte. Das führte dazu, daß im Verlauf der Jahrhunderte immer wieder Restaurierungsarbeiten vorgenommen werden mußten. Leider waren dabei nicht immer die richtigen Experten am Werk, so daß, was in bester Absicht für die Rettung des Kunstwerks unternommen wurde, seinen Verfall nur noch beschleunigte. Gelungen dürfte die letzte Restaurierung von 1997 bis 1999 sein. So ursprünglich wie heute wirkte Leonardos Geniestreich wahrscheinlich nur unmittelbar nach seiner Vollendung auf den Betrachter.

Warum mußte Antonio de Beatis bereits 1517 deutliche Verfallserscheinungen am »Abendmahl« konstatieren? Dan Brown nennt das Gemälde ein »Fresko« (Kapitel 58, S. 333). Ein Fresko ist das Abendmahl aber gerade nicht. Man bezeichnet sehr zutreffend die Freskomalerei auch als Frischmalerei. Bei dieser Maltechnik werden die in Kalkwasser angerührten Farben auf den noch frischen feuchten Putz aufgetragen. Dabei verbinden sich die Farben unlöslich mit dem Untergrund.

Browns Bezeichnung »Fresko« zeugt leider von keiner besonders intensiven Beschäftigung mit der Malkunst Leonardos. Leonardo war eben nicht der schnell malende Massenproduzent von Gemälden, vielmehr arbeitete er genau, wobei er sein Großgemälde vom Abendmahl äußerst sorgsam plante. Er entwickelte dafür eine Maltechnik der besonderen Art. Seine Vorgehensweise ähnelt am ehesten jener der Tafelmaler. Er legte zunächst eine leimgebundene Kreidegrundierung an. Auf diesem Untergrund arbeitete er dann mit so genannten Tempera-Farben. Bei ihnen werden die Pigmente mit einem Bindemittel aus einer Wasser-Öl-Emulsion gebunden. Die Spezialisten versuchten vor der Restaurierung von 1997 bis 1999 zu ermitteln, welche Bindemittel es genau waren, die Leonardo da Vinci zum Einsatz brachte. Genau war das wegen der zahlreichen Ausbesserungen und Restaurierungsversuche der vergangenen Jahrhunderte allerdings nicht mehr festzustellen.

So bleibt die genaue Malweise Leonardos rätselhaft. Nicht wirklich sicher ist aber auch, welches religiöse Szenario en détail dargestellt wird. Erlebt man als Betrachter des Bildes den spannungsgeladenen Augenblick unmittelbar vor dem Verrat Jesu durch den Jünger Judas? Oder ist das eigentliche Thema eher die Einsetzung der Sakramente beim Heiligen Abendmahl durch Jesus?

Oder hat Leonardo da Vinci die beiden für die spätere Entwicklung der christlichen Kirchen wichtigen Momente zu einem einzigen Augenblick zusammengezogen und auf einem Gesamtkunstwerk verwoben?

Die zentrale Gestalt des Gemäldes ist zweifelsohne Jesus. Deutet Jesus, von seinem Wissen auf seinen nahenden Tod bedrückt, auf Wein und Brot, die theologischen Symbole jeder Abendmahlsfeier der letzten zweitausend Jahre? Wer sind die zwölf Jünger, die zu seiner Linken und zu seiner Rechten sitzen? Gewißheit gibt es in dieser Frage nicht. Die Mehrheit der heutigen Experten zieht zur Beantwortung dieser Frage eine bereits zu Lebzeiten Leonardos angefertigte Kopie des Abendmahls heran. Offenbar waren sich die Bewunderer des Gemäldes schon kurz nach seiner Entstehung nicht darüber einig, welcher Jünger wo zu sehen ist.

An das Original wagte man sich indes nicht heran. Doch damals gab es bereits eine recht gute Kopie des Gemäldes, die sich in Lugano befindet. Auf dieser Kopie wurden die Namen der Jünger eingetragen. Demnach zeigt uns Leonardo von links nach rechts: Bartholomäus, Jakobus den Jüngeren, Andreas, Judas, Petrus, Johannes, Jesus, Thomas, Jakobus den Älteren, Philippus, Matthäus, Thaddäus und Simon den Zeloten.

Diese Identifizierungen sind zwar mehrheitlich anerkannt, aber dennoch nicht unumstritten. Betrachtet man die Jünger auf dem Bild Leonardos genau, besonders in einer neueren Fotografie aus der Zeit nach der letzten Restaurierung, so fällt tatsächlich etwas auf: Der Jünger, der links neben Jesus sitzt, hat auffallend weiche, ja durchaus feminine Züge. Im Roman von Dan Brown gibt es keinen Zweifel: Leonardo da Vinci setzte eine Frau neben Jesus ins Bild (Kapitel 58, S. 333): »Sophie betrachtete die Gestalt eingehend. Sie hatte weichfließendes, langes rotes Haar; die zarten Hände waren gefaltet, und sogar die Andeutung eines Busens war zu sehen.«

Es stellt sich die Frage: Kann es sein, daß beim letzten Abendmahl Jesu eine Frau mit am Tisch saß? Das Neue Testament bietet Informationen, die eine klare Antwort auf diese Frage ermöglichen. Allerdings muß man eine Vielzahl von wichtigen Einzelheiten berücksichtigen, die in den Evangelien häufig überlesen werden.

In Erinnerung an die Errettung des Volkes Israel aus ägyptischer Sklaverei wurde das sogenannte Pessach- oder Passahfest eingeführt. Auch Jesus und seine Jünger hielten diesen schon damals uralten religiösen Brauch hoch. Nach dem Evangelium, das nach Markus benannt wurde, fragten die Jünger ihren Herrn, wo sie denn dieses Fest der Dankbarkeit zelebrieren dürfen (Markus Kapitel 141, Vers 12): »Wo willst du, daß wir hingehen und dir das Osterlamm bereiten, daß du es essest?« Markus läßt keinen Zweifel bestehen: Die Jünger fragen, wo man denn den Ritus feiern wolle, und zelebrieren das religiös motivierte Mahl am ersten Tag des Passahfestes.

Das ist aber unmöglich. Denn nach dem Evangelium des Johannes (Kapitel 18, Vers 28) wurde Jesus bereits einen Tag vor dem Passahfest verhaftet. Daran schloß sich seine Vorführung vor den jüdischen Rat und seine Befragung an, gefolgt von einem weiteren Verhör durch Pilatus. Schließlich wurde Jesus verurteilt, blutig gegeißelt, gekreuzigt und vom Kreuz genommen. Das mußte vor dem Passahfest geschehen sein. Im »Traktat Sanhedrin« heißt es (Mischna 4,1) klar und deutlich: »Deshalb richtet man nicht am Vorabend des Sabbats oder eines Feiertages.« Selbst wenn die Römer Jesus ohne Rücksicht auf jüdische Glaubenslehren hätten hinrichten wollen – eine Kreuzigung Jesu zu kurz vor dem Passahfest oder gar am Festtag selbst wäre viel zu riskant gewesen. Die Römer wußten, daß sie alles andere als beliebt im Lande waren. Man haßte sie als fremde Besatzungsmacht. Die Hinrichtung Jesu am heiligen Festtag hätte der Funke am Pulverfaß sein können. Ob sich dann zwei Millionen wütende Jerusalem-Pilger gegen die römischen Truppen erhoben hätten? Das Risiko einer blutigen Niederlage wollte damals kein römischer Politiker eingehen.

Wie ist dieser Widerspruch aufzulösen? Wie kann Jesus mit seinen getreuen Jüngern das Passahfest in Jerusalem feiern, wenn er schon vor diesem Fest die schlimmsten Stunden seines Lebens qualvoll erlitten hat, gekreuzigt und bestattet wurde? Können trotzdem beide Evangelientexte – also Markus und Johannes – stimmen? Das scheint so ausgeschlossen wie die Quadratur des Kreises zu sein. Und doch bietet die Bibel selbst die richtige Antwort. Im Markus-Evangelium liest man (Kapitel 14, Vers 13), wie Jesus seinen Jüngern im Vorfeld des Festes befiehlt: »Geht in die Stadt, dort wird euch ein Mann begegnen, der einen Wasserkrug trägt.«

Diesem Mann, der Wasser vom Brunnen holt, sollen sie folgen. Will Jesus die Wahl der Räumlichkeit für das religiöse Erinnerungsmahl einem Zufall überlassen? Sollen seine Jünger irgendeinem beliebigen Wasserträger nachgehen? So könnte man den biblischen Text verstehen. Allerdings war es für einen jüdischen Mann ein absolutes Tabu, eine niedrige Tätigkeit wie Wasserschleppen auszuüben. Das war ausschließlich Frauen vorbehalten. Eine Ausnahme aber gab es: Im Mönchsorden der Essener wurden keine Frauen geduldet. Wenn also in Jerusalem ein Mann beim Wasserholen beobachtet wurde, dann mußte es sich um einen Essener handeln.

Die Fragestellung ändert sich: Wollte Jesus, daß sein letztes Passahfest zusammen mit seinen Jüngern bei einem Essener stattfinden würde? Wieder könnte man vermuten, daß Jesus die Wahl der Räumlichkeit einem Zufall überlassen wollte. Sowohl das Evangelium nach Markus (Kapitel 14, Vers 14) als auch das Evangelium nach Lukas (Kapitel 22, Vers 11) legen diese Vermutung nahe. Die Jünger, so lautet die Anweisung, sollen sich vom Mann mit dem Wasserkrug zu einem Haus führen lassen. Dort sollen sie dann fragen: »Wo ist der Raum, in dem ich das Passahlamm essen kann mit meinen Jüngern?«

Liest man aber das Original dieses Textes in griechischer Sprache, fällt ein entscheidender Unterschied zu sämtlichen gängigen Übersetzungen auf: »Wo ist mein Raum, wo ich das Passahlamm mit meinen Jüngern essen kann?«

Und weiter findet man im Original im Evangelium nach Markus (Kapitel 14, Vers 15) und im Evangelium nach Lukas (Kapitel 22, Vers 12): »Und er wird euch im Obergeschoß einen Raum zeigen, einen großen ...« Wichtig ist die präzise Ortsangabe, die in den herkömmlichen Übersetzungen fehlt. Dort heißt es lapidar: »Er wird euch einen großen Raum zeigen ...« Diese genaue Angabe ist jedoch von größter Bedeutung! Sie belegt, daß Jesus genau weiß, wohin die Reise geht: Ein ganz bestimmter Essener wird seine Jünger zu einem ganz bestimmten Haus und dort in einen ganz bestimmten Raum führen.

Jesus und seine Jünger feierten also das letzte Abendmahl nicht irgendwo bei irgendwem, sondern an einem genau bestimmten Ort – bei Essenern! Besaß Jesus ein eigenes Haus? Oder benutzte er nur regelmäßig einen Raum bei einem Essener? Wurde ihm der Raum dann so vertraut, daß er ihn schließlich als »seinen« bezeichnete? Diese Frage ist von eher untergeordneter Bedeutung. Wichtig ist aber, daß sich nun ein Widerspruch auflösen läßt, der unüberwindbar schien!

Gemeint ist der eklatante Widerspruch zwischen den Evangelien nach Markus und nach Johannes in Sachen Passahfest und Kreuzigung. Wie kann Jesus das Gedächtnismahl (Passah) gefeiert haben und gleichzeitig bereits vor dem Fest gekreuzigt worden sein? Eine Unmöglichkeit, wie es scheint? Die Essener benutzten nicht den Mondkalender des offiziellen Judentums, sondern ihren eigenen, den Sonnenkalender. Deshalb zelebrierten die Essener das Passahfest schon früher als die orthodoxen Juden, also bereits vor dem offiziellen Termin! Jesus feierte mit Essenern das wichtige Passahfest nach dem Essener-Kalender – vor dem Termin der orthodoxen Juden. Daher war es dann möglich, daß er auch vor dem Passahfest jüdisch-orthodoxer Datierung und nach dem Passahfest der Essener hingerichtet wurde!

Jesus feierte – was genau? Halten wir uns ans Neue Testament! Der »Codex Bezae Cantabrigiensis« (Codex D, Kapitel 22, Verse 14 bis 19) dürfte die älteste Fassung des Lukas-Evangeliums sein, die bislang entdeckt wurde. Diese Textfassung sollte die historische Wahrheit am ehesten erfassen. »Als die Stunde gekommen war, setzte er (Jesus) sich zu Tisch und die Apostel mit ihm. Und er sagte: Mich hat lebhaft verlangt, dieses Pascha mit euch zu essen, denn ich sage euch, daß ich nicht mehr essen werde, bis daß das Reich der Himmel kommt. Er nahm den Kelch und sprach: Nehmet ihn und teilt ihn unter euch. Denn ich sage euch, daß ich von diesem Saft des Weinstocks nicht mehr trinken werde, bis daß das Reich der Himmel kommt. Dann nahm er das Brot, brach es und sprach: Tut auch ihr es zu meinem Gedächtnis.«

Jesus feierte mit seinen Jüngern kein orthodoxes Passahfest zur Erinnerung an die göttliche Befreiung des Volkes Israel aus der ägyptischen Gefangenschaft. Vielmehr initiierte er eine neue Tradition! Von nun an sollte die traditionsreiche altehrwürdige Passahfeier die christliche Gemeinschaft an ihn erinnern. Diese wichtige Änderung war von ganz entscheidender Bedeutung für den Siegeszug, den das Christentum bald in aller Welt antreten würde. Für einen Christen, der nicht aus der jüdischen Tradition kommt, ist der Zug der israelitischen Sklaven aus dem Land der Pharaonen nicht von Belang, wohl aber die Erinnerung an Jesus, den Initiator der neuen Religion.

Jesus war aber gleichzeitig in alter Tradition verwurzelt. Er feierte das Passahfest nach essenischer Tradition (Kalender!) bei Essenern, also ganz eindeutig ohne Frauen. Die Essener waren ja eine strikt mönchisch lebende Glaubensgemeinschaft, anders als die orthodoxen Juden, bei denen Frauen selbstverständlich auch heute noch am Passahfest teilnehmen.

Zurück zu Leonardo da Vincis berühmtem Gemälde vom »Abendmahl«. Es trifft zu, daß auf dem berühmten Kunstwerk neben Jesus eine feminin wirkende Person sitzt. Ist aber wirklich eine Frau dargestellt? Es gibt Kritiker, die ebensowenig im Gemälde von Leonardo eine Frau sehen wollen, wie Lukas eine Apostolin Maria Magdalena im Kreise der Jünger – oder gar als deren »Anführerin« ertragen konnte. Sie versuchen, die Frau aus dem »Abendmahl« wegzuerklären. Es wird auf Leonardos Abhandlung über die Kunst der Malerei verwiesen. Tatsächlich bekundete Leonardo darin, daß jeder Mensch gemäß Alter und Rolle gezeigt werden müsse. Amy Welborn erklärt in ihrem Anti-Brown-Büchlein »De-coding Da Vinci« (Huntington 2004, S. 103): »Ein weiser Mann hat bestimmte Charakteristiken, eine alte Frau andere, Kinder wiederum haben wieder andere. Ein klassischer Typus, allgemein bekannt aus Malereien der Renaissance, ist der ›Student‹. Ein bevorzugter Anhänger, ein Schüler, wird immer als sehr jugendlich, langhaarig und glattrasiert porträtiert. Die Idee ist, daß er noch nicht so weit herangereift ist, daß er seinen eigenen Lebensweg finden muß. In der Renaissance zeigen die Künstler den heiligen Johannes in dieser Weise.«

Nach Leonardo muß jeder Mensch in der Malerei so dargestellt werden, daß dies seinem Alter, seiner Rolle, seiner Position im Leben entspricht. Ein junger Mann wurde also als junger Mann gezeigt, eine junge Frau wurde als junge Frau dargestellt. Die vernünftigen Ausführungen von Leonardo da Vinci erklären nicht, wieso ein junger Mann – Jünger Johannes – im »Abendmahl« feminin wie eine junge Frau porträtiert worden sein sollte. Auch der Hinweis auf die in der Renaissance angeblich in der Kunstwelt allgemein übliche Verwendung von »Typen« hilft nicht weiter. Der angebliche »Typus junger Mann« könnte genausogut einem »Typus junge Frau« entsprechen.

Amy Welborns Hinweis auf die angebliche Verwendung von »Typen« in der Renaissance ist äußerst irreführend. Hat sich doch Leonardo da Vinci just in dem von Welborn zitierten Traktat gegen »die Wiederholung einander ähnlicher

Figuren und Physiognomien« gewandt. Es sei, so Leonardo, ein sehr großer Fehler der Maler, »dieselben Bewegungen, Gesichter und Gewandstile in ein und derselben Geschichte zu wiederholen ...«

Geht man von den historischen Gegebenheiten aus, so war beim Erinnerungsmahl Jesu in Jerusalem keine Frau anwesend. Aber wollte Leonardo da Vinci überhaupt das Abendmahl als historisch-theologisches Ereignis darstellen? Kam es ihm nicht vielleicht auf eine grundsätzlichere Aussage an, losgelöst vom realen Ereignis des Abendmahls? Wollte er statt dessen eine Botschaft artikulieren, die von den Autoren der Texte des Neuen Testaments weitestgehend verschwiegen wird? Erinnern wir uns: Eine sorgfältige Analyse der Evangelientexte hat ergeben, daß der Verfasser des nach Lukas benannten Evangeliums massiv manipuliert hat. Er hat ganz offensichtlich Maria Magdalena aus den realen Geschehnissen verdrängt. Maria Magdalena hätte nach dem wahren Verständnis der biblischen Schriften als erste das Anrecht darauf gehabt, in den kleinen Kreis der Apostel aufgenommen zu werden. Mehr noch: Würde man eine Rangordnung der Apostel aufstellen, so wäre Maria Magdalena kein weiterer Apostel gewesen, sondern der wichtigste Apostel überhaupt. War dies Leonardo da Vinci bekannt? Hat er Maria Magdalena ins Bild vom Abendmahl aufgenommen, um diese von der Bibel vertuschte Botschaft zu verdeutlichen? Heißt seine bildlich verschlüsselte Aussage: Maria Magdalena war der wichtigste Apostel des Neuen Testaments? Geht seine Botschaft an die Betrachter seines Gemäldes noch weiter? Lautet sie: Maria Magdalena war die Apostolin der Apostel, wichtiger als alle anderen – und sie stand Jesus näher als alle übrigen Menschen, die er selbst in das so zentrale Amt des Aposteltums berief?

Betrachtet man das Gemälde vom Abendmahl näher, so stellt man fest: Tatsächlich steht nicht Jesus allein im Zentrum des Bildes. Den Mittelpunkt, das Zentrum bilden Jesus und die feminine Gestalt – Jesus und Maria Magdalena? Völlig zutreffend heißt es bei Dan Brown (Kapitel 58, S. 335 und 336): »Und wenn Sie schließlich Jesus und Maria Magdalena nicht als Figuren, sondern als kompositorische Elemente betrachten, wird Ihnen noch ein weiteres Formelement ins Auge springen. Ein Buchstabe des Alphabets … Im Zentrum des Bildes prangte unübersehbar ein perfekt geformtes M.« Dieses M könnte sehr wohl als Initiale gewertet werden: M für Maria Magdalena.

Die wichtigsten Szenen von Dan Browns Roman spielen im Pariser Louvre. Vielleicht hätten sich Browns fiktive Gestalten dort ein wenig genauer umsehen sollen. Denn dann wären sie auf eine weitere Darstellung des Abendmahls gestoßen. Philippe de Champaigne (1602 bis 1674) hat es 1662 gemalt. Das Werk des französischen Barockmalers ist keine Kopie von Leonardos Original. Es entstand als Pastell auf Leinwand. Im Format (320 Zentimeter mal 230 Zentimeter) ist es wesentlich kleiner. Die Bildaufteilung ist eine ganz andere als bei Leonardo. Die Jünger sitzen nunmehr alle auf nur einer Seite des langen Tisches. Bei Leonardo sind alle Personen, vom Bildbetrachter aus gesehen, an der breiten Rückseite der langen Tafel positioniert. Bei de Champaigne haben sie zum Teil auch an den schmalen Seiten oder auch an der Vorderseite Platz genommen. So unterschiedlich aber Leonardo da Vinci und Philippe de Champaigne das Geschehen kurz vor Jesu Tod auch gestalteten, so gibt es auch eine erstaunliche Übereinstimmung: Wieder sind es zwei Menschen, die im Zentrum des Bildes sitzen: Jesus und direkt neben ihm wieder eine feminine Gestalt.

Noch viel deutlicher als Leonardo da Vinci hat Philippe de Champaigne Jesus und die junge Frau als sofort ins Auge springendes großes M gestaltet: M wie Maria Magdalena. Angenommen, beide Künstler setzten auf ihren Darstellungen des Abendmahls Maria Magdalena ins Bild, dann ergibt sich eine wichtige Frage: Wenn neben Jesus Maria Magdalena sitzt und nicht Johannes, welcher Jünger aus der Schar der

Zwölf wurde dann weggelassen? In beiden Darstellungen sehen wir Jesus und zwölf Jünger. Wenn Maria Magdalena eine von ihnen ist, fehlt zwangsläufig einer der zwölf männlichen Jünger. Wer sollte das sein? Ist es vielleicht Petrus, zu dessen Gunsten Lukas die biblischen Texte manipuliert hat?

Weit aussagekräftiger als die Abendmahldarstellungen von Leonardo da Vinci und Philippe de Champaigne ist eine selbst Insidern kirchlicher Kunst unbekannte religiöse Darstellung aus dem Weserbergland. Wer von Bodenwerder kommend die Bundesstraße 240 verläßt, muß nur der Kreisstraße folgen. Nach wenigen Kilometern zeigt sich dann das idyllisch von waldigen Höhen umgebene Kirchbrak.

Die Tatsache, daß der Ortsname einen Hinweis auf die Kirche enthält, weist auf die besondere Bedeutung des Gotteshauses hin. Bis heute nicht sprachwissenschaftlich abgeklärt ist die Herkunft des »brak« im Ortsnamen. In Hans Hölschers interessantem Heftchen »Sankt Michael Kirchbrak im Weserbergland«(2. Auflage 1984, S.1) heißt es: »Es bieten sich dafür an: brak = umgebrochenes Neuland; brach = Brachland; brak = Bruch (sumpfiges Gelände).«

Bereits um 800 n.Chr. taucht der Name Kirchbrak erstmals in einem amtlichen Dokument auf. Er wird in einer Urkunde des Klosters Fulda genannt. In heidnischen Zeiten gehörte das Gebiet von Kirchbrak zum Gau Tilithi. Gibt es einen Bezug zwischen Kirchbrak und Tilithi? Wurde die Kirche im unwegsamen Brachland errichtet, um dort eine alte heidnische Kultstätte in Vergessenheit geraten zu lassen? Es ist ja allgemein anerkannt, daß die ältesten Kirchbauten nicht ohne Hintergedanken angelegt wurden. Oft wurden auch nach der Christianisierung alte sakrale Stätten von der einheimischen Bevölkerung weiter besucht und genutzt. Wenn es den frühen Geistlichen nicht gelang, die Erinnerung an diese Plätze auszulöschen, dann bauten sie genau dort Kapellen oder Kirchen. War dies auch so in der idyllisch nahe der Weser gelegenen Gemeinde? Läßt der uralte Name auf einen alten Kult schließen?

Tilithi könnte sehr wohl an eine der ältesten Göttinnen der Menschen erinnern: an Lilith! Die jüdische Tradition machte aus der Heiligen Frau von einst die böse Erstfrau Adams. Später wurde sie noch weiter degradiert und zur Dämonin herabgewürdigt! So wie Lukas Maria Magdalena durch Textmanipulationen nachträglich aus dem Umfeld Jesu vertreiben wollte, so wurde schon im Alten Testament Lilith mit Erfolg verbannt: durch eine falsche Übersetzung!

Lilith kommt im Alten Testament ein einziges Mal vor, allerdings nur im hebräischen Original. Da heißt es bei Jesaja (Kapitel 34, Vers 14), wörtlich vom Verfasser aus dem Hebräischen übersetzt: »Und sie begegnen Wüstentieren, den Wüstenhunden, und ein Bocksfüßiger ruft nach seinem Genossen. Nur dort macht sie Rast, die Lilit(h), und sie findet zu einem Ruheplatz.«

Aus Lilith wird in allen gängigen Übersetzungen der letzten Jahrhunderte meist das »Nachtgespenst«. Nach Sprachforschern wie König (*Hebräisches und aramäisches Wörterbuch*, Leipzig 1922) geht Lilit(h) auf das hebräische Wort »lil« zurück. Lil bedeutet Nacht. Steckt also hinter dem Personennamen Lilith ein Hinweis auf nächtliches Treiben?

Ist Lilith kein Eigenname, sondern eine Gattungsbezeichnung, die irgend etwas mit Nacht zu tun hat? So wie Göttinnen des Alten Testaments schon Jahrtausende vor der Zeit der Pharaonen angebetet wurden, so ist Lilith ebenso viel älter als die Bibel. Schon im dritten Jahrtausend vor Christus wurden Liliths die Nachfolger babylonischer Gottheiten. Und welche unbekannten Heiligen Frauen waren denen vorausgegangen? Eher ist zu vermuten, daß sie nur die Namen änderten, ansonsten aber die alten Götter blieben. Wo aber die allererste Lilith, die »Urlilith« sozusagen im Zentrum eines längst vergessenen Kults matriarchalischer Prägung stand, vermag heute niemand mehr zu sagen! Professor Hans Schindler-Bellamy vermutet, daß die Liliths im vorgeschichtlichen Babylon als Steine verehrt und angebetet wurden. Später wurden die sakralen Darstellungen regelrecht feminin.

Man zeigte sie als sehr attraktive Frauen mit deutlichen weiblichen Formen.

Maria Magdalena wurde durch Manipulationen aus dem Umfeld Jesu verdrängt, widerfuhr der Lilith von Tilithi Ähnliches? Man mag es als einen heimlichen Triumph der uralten Heiligen Frau ansehen, daß im Zentrum des Allerheiligsten der Kirche von Kirchbrak auch heute noch – Maria Magdalena steht!

Kirchenschiff und Turm, aus Sandstein gebaut, machen einen wehrhaften Eindruck. Bei schlechtem Wetter kann der massive Bau etwas düster wirken, bei Sonnenschein hingegen scheint er ein seltsam geheimnisvolles Leuchten zu verbreiten. Geht man um das sakrale Gebäude herum, so denkt man zwangsläufig an eine mittelalterliche Wehrkirche. Und in der Tat: In Kriegszeiten suchten die Menschen im Gotteshaus letzte Zuflucht, wenn Haus und Hof längst schon aufgegeben waren. Die über einen Meter dicken Steinmauern der Kirche hätten gewiß so manchem Angriff standgehalten. Kaum jemand vermutet im Inneren der so trotzig und schlicht erscheinenden Kirche ein Geheimnis der faszinierenden Art.

Hans Hölscher nimmt den Besucher in seinem Heft »Sankt Michael Kirchbrak im Weserbergland« (2. Auflage 1984, S. 13) förmlich an der Hand und führt ihn ins Innere: »Wir betreten den Raum durch eine romanische Türe in der Südwand. Die Bogenfläche darüber ist mit einem Kreuz über einem Bogen ausgefüllt. Seit einigen Jahren liegt diese Darstellung dem Wappen der Gemeinde Kirchbrak zu Grunde ... Wenden wir uns nach rechts zum Chor, wird unser Blick von dem farbenfreudigen barocken Kanzelaltar gefangen. Der vielgliedrige Aufsatz mit reicher Holzschnitzerei zeigt in Reliefdarstellung die Geburt Christo, das Abendmahl, die Kreuzigung und die Himmelfahrt Christi. Neben der dreiseitigen Kanzel stehen die vier Evangelisten, unten beginnend, von links nach rechts: Johannes, Matthäus, Lukas und Markus ...«

Mehr ist über den Altar nicht zu lesen, der in ansprechender Weise im positiven Sinne zwei Widersprüche vereint. Er ist prunkvoll und dezent zugleich gestaltet. Er ist ein echter Beweis dafür, daß auch kleine Dörfer ungeahnte Schätze bieten können! Hans Hölscher verweist nun auf die hölzernen Pfeiler neben der Kanzel. Dort sind »aus vollem Holz je vierundzwanzig Wappen aus der Ahnenreihe der Familie von Grone geschnitzt. Unter den Wappenleisten zeigen zwei Bilder links Georg und Simon von Grone und rechts die Witwe mit ihren Kindern.« Ausführlich wird man über das Schicksal von Mitgliedern dieser adeligen Familie informiert und auf allegorische Darstellungen aufmerksam gemacht.

Dann wendet Hölscher sich wieder dem Kanzelaltar und seiner zentralen Darstellung des letzten Abendmahles zu. Sie ist sorgsam als hölzerne Reliefarbeit gestaltet. Die von künstlerischer Hand sorgfältig herausgearbeiteten Teilnehmer am Gedächtnismahl Jesu sind bunt bemalt. Ungewöhnlich für eine solch fromme Darstellung sind zwei Hunde im Vordergrund. Sie tragen goldene Schmuckstücke. Dahinter befindet sich ein relativ kleiner Tisch. Jesus sitzt auf einem goldenen Thron, die rechte Hand zum Friedensgruß erhoben. Es mutet seltsam an, daß er als eigentliche Hauptperson so weit in den Hintergrund gerückt wurde. Um den Tisch haben sich die Jünger Jesu versammelt. Wie auf den Darstellungen von Leonardo da Vinci und von Philippe de Champaigne bilden sie eine kleine Gruppe, die miteinander in Gespräche vertieft ist. Jesus wirkt allein gelassen, ja einsam.

Wie viele Personen nehmen am Abendmahl teil? Man erwartet deren dreizehn: Jesus und seine zwölf Gefährten. Man zählt und kommt jedoch zu einem verblüffenden, unerwarteten Resultat. Es gibt keinen Zweifel: Jesus sitzt in Gesellschaft von dreizehn, nicht von zwölf Jüngern. Wer ist der dreizehnte Jünger? Kann man ihn ausfindig machen? Gibt es eine Person auf dem Abendmahlsrelief, die sich von allen übrigen unterscheidet?

Der »dreizehnte Jünger« fällt sofort auf. Bei Leonardo da

Vinci und auch noch bei Philippe de Champaigne mag man darüber streiten, ob die Frau zu Jesu Seite nicht vielleicht doch ein Mann mit ausgeprägt femininen Zügen ist. Der »dreizehnte Jünger« des Abendmahles von Kirchbrak ist aber ganz sicher eine Frau.

Gibt es in der Bibel einen Hinweis, der das dargestellte Szenario erklärt? Im Evangelium des Lukas (Kapitel 8, Verse 1 bis 3) wird man rasch fündig. Hier erfährt man, daß Jesus nicht alleine oder nur von seinen Jüngern begleitet durch das Land zog, wenn er predigte und Wunderheilungen vollbrachte. Seine getreuen Jünger begleiteten ihn als verschworene Gemeinschaft. Zusätzlich waren da noch, so läßt Lukas verlauten, »etliche Frauen, die er gesund gemacht hatte von bösen Geistern«. Eine dieser Frauen, so zählt Lukas auf, war Maria Magdalena. Maria Magdalena verschwindet zwischen anderen Namen, erhält schon so rein formell eine untergeordnete Position. Sie und andere Frauen, denen Jesus ebenfalls geholfen hatte, waren scheinbar eine Art Dienstpersonal. Sie »taten Handreichungen«. In der Darstellung des Abendmahls in der Kirche von Kirchbrak steht vorne rechts im Bild eine sehr junge Frau, man könnte auch von einem jungen Mädchen sprechen. Beflissen schenkt sie einem der Jünger ein: aus einer goldenen Flasche in ein goldenes Glas. Wer mag diese dienstbeflissene Frau sein?

Könnte es sich um Maria Magdalena handeln, die aus Dankbarkeit für die Heilung durch Jesu diesem und seinen Jüngern als eine Art Magd einfache Handreichungen tut? Diese Vorstellung wäre gewiß so recht nach dem Gusto von Evangelist Lukas. Doch vorsichtig: Lukas schreibt nicht objektiv, sondern degradiert Maria Magdalena, um sie zu erniedrigen und Petrus zu erhöhen. Er hetzt gegen Maria Magdalena als potentielle direkte Nachfolgerin Jesu.

Die Theologin Jane Schaberg, Professorin für religiöse Frauen-Studien an der Universität von Detroit, veröffentlichte in der Fachzeitschrift »Bible Review« (8/1992, S. 30 bis 37 und S. 51 und 52) einen wichtigen Artikel, der leider viel zu wenig Beachtung fand: »How Mary Magdalene Became a Whore« (»Wie Maria Magdalena zur Hure gemacht wurde«). Kein Wunder: Für so manchen Theologen sind die Erkenntnisse, zu denen die Theologin kommt, auch heute noch ein Sakrileg. Unterstellt Jane Schaberg doch letztlich, daß Maria Magdalena die Primär-Zeugin für die fundamentalen Daten des frühen christlichen Glaubens ist und daß sie wegen theologischer Machtspielchen zur Hure herabgewürdigt wurde. Es galt, die Frauen in Jesu Gefolgschaft klein zu schreiben. Speziell für Lukas hieß es: Frauen hatten untergeordnete Funktionen auszuüben. Sie wurden als dankbare Geheilte oder als finanzielle Wohltäter geduldet, aber nicht als starke Frauen in Führungspositionen.

Betrachtet man das Abendmahl in der Kirche von Kirchbrak oberflächlich, so könnte man in der Tat voreilig jenes weibliche Wesen als Maria Magdalena in einer dienenden Rolle identifizieren. Sieht man sich das kunstvolle Schnitzwerk indes genauer an, so werden zwei Dinge deutlich: Die junge Frau vorne rechts gehört nicht in den Kreis der Jünger. Sie ist eine Außenstehende. Während alle anderen Personen – Jesus wie seine Getreuen – um den Tisch herum sitzen, steht sie.

Studiert man das Altarrelief noch gründlicher, entdeckt man eine echte Sensation: Links hinten, diametral entgegengesetzt, sitzt eine zweite, ebenfalls eindeutig weibliche Gestalt. Sie gehört in den Kreis der Jünger. Sie ist im Gegensatz zur Dienerin voll integriert und unbestreitbar in der Gruppe um Jesus eine Gleichberechtigte. Vordergründig mag man das Schnitzwerk von Kirchbrak als kunstvoll gestaltete Illustration zu Lukas und seinen Herabwürdigungen der Maria Magdalena sehen. Man kann aber auch die dienende Frau als Antipode zur ihr diametral entgegengesetzt plazierten »Jüngerin« verstehen.

Wer schuf das Abendmahl von Kirchbrak? Welcher Schule gehörte der Künstler an? Niemand weiß es, aber man kann aus der so diametral entgegengesetzten Positionierung der beiden Frauen eine Aussage des unbekannten Künstlers erkennen. Seine klare Positionierung der beiden Frauen kann mit Fug und Recht als Protest gegen Lukas angesehen werden: Maria Magdalena war keine Dienerin, sie gehörte dem inneren Kreis der Menschen an, die sich um Jesus zusammengeschart hatten. Doch war sie nur eine gleichberechtigte Frau in der Gruppe? Oder war sie vielleicht mehr?

Nach dem Lukas-Evangelium (Kapitel 8, Vers 3) diente Maria Magdalena Jesus und seinen Jüngern. Sie tat »ihnen Handreichungen aus ihrer Habe«. Wir verstehen Bibeltexte stets entsprechend einer gewissen Voreingenommenheit. Gerade bei der Lektüre der Bibel neigen wir dazu, uns vorgefaßte Meinungen bestätigen zu lassen. Aber entspricht immer das, was man aus biblischen Texten herauslesen zu können meint, tatsächlich dem wirklichen Inhalt?

Zu Zeiten Jesu kann von einer Gleichberechtigung zwischen Mann und Frau nicht die Rede sein. Das Israel zu Jesu Lebzeiten war patriarchalisch geprägt. In geschäftlichen Dingen bestimmte in der Regel der Mann. Bei Lukas liest man nun von einigen Frauen, die – wie einige andere auch – »ihnen Handreichungen tat aus ihrer Habe«. Dieser kurzen Anmerkung ist zu entnehmen, daß zum Troß Jesu einige wenige Frauen gehörten, die nicht nur über eigenes Vermögen verfügten, sondern die über dieses Vermögen frei verfügen konnten. Das war damals keineswegs eine Selbstverständlichkeit. Diese Frauen schlossen sich also der Jesus-Gruppe an und unterstützten sie.

Man kann nun endlos darüber streiten, was genau gemeint ist: Waren die Frauen nur spendable Mäzene von Jesus und seinen Jüngern? Als solche hätten sie sich nicht dem Troß anschließen müssen, der mit Jesus durch die Lande zog. Oder waren es dankbare Dienerinnen, die Jesus und seinen Jüngern das Leben erleichterten? Ihnen war von Jesus – etwa durch Geisteraustreibungen, also Exorzismus – geholfen worden. Wie auch immer: Bei Lukas standen die Damen – so auch Maria Magdalena – Jesus und den Jüngern zur Verfügung. Parallelstellen zu diesem Lukas-Passus lassen sich nicht finden. Es wird aber in ganz anderem Zusammenhang in den Evangelien nach Markus (Kapitel 15, Vers 41) und Matthäus (Kapitel 27, Vers 55) auf Maria Magdalena und weitere Frauen hingewiesen. Sie werden als Zeugen von Jesu letzten Stunden aufgelistet, die Jesus auch in der schlimmsten Not folgen. Die Herren Jünger sind hingegen entsetzt geflohen. Ausdrücklich heißt es fast wortwörtlich bei Markus und Matthäus, daß sich der Dienst – wie auch immer er ausgesehen haben mag – nur auf Jesus selbst, nicht aber auf seine Jünger bezog.

Maria Magdalena war also keine Frau, die eine diffus definierte Beziehung zur Jesus-Gruppe hatte, sondern ausschließlich und direkt zu Jesus selbst. Es gab ganz offensichtlich mehrere Frauen, die Jesus besonders nahe standen. Lukas (Kapitel 8, Vers 3) nennt Maria Magdalena, Johanna, Frau des Chusa, Susanna. Matthäus (Kapitel 27, Vers 56) und Markus (Kapitel 15, Vers 40) bestätigen Maria Magdalena, ergänzen aber noch Maria, Mutter des Jakobus und des Josef und Salome. Während wir aus den Evangelien des Neuen Testaments nur spärliche oder verfälschte Informationen über Maria Magdalena erhalten, schweigen sie sich über die anderen Frauen faktisch völlig aus. Wir wissen auch nicht, wie viele Frauen Jesus nahe waren. Lukas, Matthäus und Markus sprechen übereinstimmend von »vielen« Frauen, die Jesus folgten und ihm hilfreich zur Seite standen.

Aus dem Rahmen aber fiel eine: Maria Magdalena. Das koptische Thomas-Evangelium besteht aus 114 Worten Jesu. Auch wenn es nach Teilen der theologischen Wissenschaft erst im zweiten Jahrhundert nach Christus verfaßt wurde, so dürfte es tatsächlich wesentlich früher entstanden sein. Theologen wie Helmut Koester gehen davon aus, daß das Thomas-Evangelium vor den vier biblischen Evangelien niedergeschrieben wurde. Vermutlich kursierten schon bald nach Jesu Tod Manuskripte, in denen verschiedene Aussagen, die er getan hatte, festgehalten wurden. Danach entstanden religiöse Briefe, die der Missionierung neuer Christen dienen sollten. Später erst wurden Versuche unternommen, die Biografie für die Nachwelt festzuhalten. Je mehr Jahre seit dem Tod Jesu verstrichen waren, desto mehr Menschen wollten möglichst viel über ihn in Erfahrung bringen.

Das koptische Thomas-Evangelium dürfte eine der frühesten Sammlungen von Jesusworten überhaupt sein. Deshalb muß man es, will man das Leben Jesu ernsthaft erforschen, als eine der zentralen Quellen heranziehen. Wie kein zweites altes Dokument beweist das heute nur noch Experten bekannte Evangelium, daß Maria Magdalena eine ganz besonders wichtige Rolle im Leben Jesu gespielt hat. Allem Anschein nach wurden die Jünger eifersüchtig auf Maria Magdalena. Fühlten sie sich durch Jesus vernachlässigt? Widmete er sich mehr Maria Magdalena als ihnen? Jedenfalls sahen sich die Jünger offensichtlich genötigt, einen »Aufstand« gegen Maria Magdalena anzuzetteln. Sie schickten schließlich Simon Petrus zu Jesus. Der forderte: »Marijham (Maria Magdalena) soll aus unserer Mitte fortgehen!«

Wie Jesus reagierte und handelte, verschweigt das koptische Thomas-Evangelium. Der Protest der Männer gegen Maria Magdalena unterstreicht jedoch, welch bedeutende Rolle sie im Leben der Gemeinschaft um Jesus gespielt hat. Wie wichtig war Maria Magdalena für Jesus?

8.
WAREN JESUS UND MARIA MAGDALENA VERHEIRATET?

»Es handelt sich um eine historisch verbürgte Tatsache, die Leonardo da Vinci mit Sicherheit bekannt war. Daß Jesus und Maria ein Paar waren, schleudert da Vinci dem Betrachter in seinem Abendmahl geradezu ins Gesicht.« Das sind starke Worte, die Dan Brown in den Raum stellt (Kapitel 58, S. 335). Die These vom »Paar Jesus und Maria Magdalena« ist als hypothetische, vielleicht sogar wahrscheinliche Interpretation von Leonardos Meisterwerk durchaus denkbar. Man kann im berühmten Abendmahlsbild Leonardos Jesus und Maria Magdalena sehr gut als Paar dargestellt sehen. Folgt man dieser Interpretation, dann bleibt eine wesentliche Frage offen. Die Frage, die es noch zu beantworten gilt, lautet: Auch wenn Leonardo davon überzeugt war, daß Jesus und Maria ein Paar waren, hatte er auch im Hinblick auf den historischen Sachverhalt wirklich recht? Und wie eng war die Beziehung zwischen Jesus und Maria Magdalena? Hatten sie »nur« eine intime Affäre? Oder waren Jesus und Maria Magdalena verheiratet?

Bibelfreunde wie Bibelgegner unterliegen oft einem gemeinsamen Irrtum: Sie meinen, daß die Bibel weitaus mehr über Jesus verrät, als dies in Wirklichkeit der Fall ist. Das Neue Testament bietet nur spärliche Informationen – etwa über die Eltern Jesu. Man möchte annehmen, daß die ältesten Textdokumente des Neuen Testaments die meisten Informationen über Jesus bieten. Je weniger Zeit seit Jesu Tod verstrichen war, desto mehr Erinnerungen müssen noch präsent gewesen sein. Doch die Briefe des Paulus, so zeitnah zu den Geschehnissen wie kein zweiter Text des Neuen Testaments entstanden, bieten keinerlei Informationen über die Eltern Jesu. Man findet nicht einmal ihre Namen. Das Evangelium nach Matthäus (Kapitel 13, Vers 55) läßt einen Zeitgenossen Jesu immerhin fragen: »Ist das nicht der Sohn des Zimmermanns? Ist nicht Maria seine Mutter?« Bei Markus taucht die gleiche Frage, leicht variiert, auf (Kapitel 6, Vers 3): »Ist das nicht der Zimmermann, der Sohn Marias?«

Beide Evangelien verweisen auf Maria als Mutter Jesu. Den Namen des Vaters erwähnen sie nicht. Bei beiden klingt jahrtausendealtes Mutterrecht durch. Zu Zeiten der Heiligen Frauen war es wichtig, wie die mütterliche Seite der Vorfahren aussah. Die männlichen Ahnen hingegen waren von untergeordneter Bedeutung. Der Evangelist Lukas, der durch Manipulationen Maria Magdalena so weit wie möglich in die Bedeutungslosigkeit verdrängen wollte, läßt anders fragen (Kapitel 4, Vers 22): »Ist das nicht Josefs Sohn?« Selbst diese spärlichen Informationen sind – zumindest in der Übersetzung – teilweise irreführend. Den Beruf des Zimmermanns, so wie wir den Begriff heute verstehen, gab es zu Jesu Zeiten in seiner Heimat gar nicht.

Holz war in Judäa ein teures Material. Es wurde im Hausbau so gut wie nicht verwendet. Weite Teile der Bevölkerung konnten sich Holz überhaupt nicht leisten. Die spärlichen Holzarbeiten wurden im Hausbau in der Regel von Maurern mit übernommen. Zudem waren die meisten Menschen zu Jesu Zeiten – schon aus Gründen der Sparsamkeit – Selbstversorger. Stühle oder Türrahmen aus Holz wurden, so man sich das Material überhaupt leisten konnte, selbst gefertigt. Oder man half sich von Nachbar zu Nachbar aus.

So wissen wir über Jesu Vater nur, daß er einen handwerklichen Beruf ausübte und vermutlich mit dem Bau von Häusern zu tun hatte. Aus dieser Ungewißheit wird beim Historiker Tertullian (160 bis etwa 220 n. Chr.): »Hic est ille fabri et quaestuariae filius!« Wieder bleibt die Berufsbezeichnung des Vaters allgemein, um so drastischer und konkreter ist die Aussage über die Mutter: »Hier ist der Sohn eines Handwerkers und einer Hure.« Die beleidigende Bezeichnung verdeutlicht, wie so mancher Nichtchrist über Jesus und seine Familie dachte. Was für einen »Heiden« eine naheliegende Vermutung war, das war für den Christen ein schlimmes Sakrileg. Für den profanen Nichtchristen war Jesus ein außereheliches Kind Marias, die ihren Mann betrogen hat. Alle möglichen Mutmaßungen wurden kolportiert. So unterstellte man Maria außereheliche intime Kontakte mit einem römischen Soldaten. Schon in der frühen Gemeinschaft der jungen christlichen Kirche wurde ein Informationsdefizit als unangenehm empfunden: Wie mag die Mutter Jesu mit dem Knaben umgegangen sein? Was mag sie mit dem kleinen Jesus erlebt haben?

Vollbrachte er, der er als Erwachsener Wunder wirkte, schon als Kind wundersame Taten? Zumindest entstanden zahlreiche Kindheitsevangelien, die sich offenbar in der frühen christlichen Kirche großer Beliebtheit erfreuten.

So wie die junge Christenheit die fehlenden Informationen über Jesus und seine Eltern als Mangel empfand, so störte man sich offensichtlich an der Präsenz von Maria Magdalena in den Texten der Evangelien des Neuen Testaments. So spärlich eigentlich die Berichte über Maria Magdalena waren, so wurde offensichtlich die schon in diesen knappen Texten deutlich zutage tretende Nähe zwischen Jesus und Maria Magdalena als unangenehm empfunden. Die Lücken in Sachen »Jesus und seine Kindheit bei den Eltern« wurden durch Kindheitsevangelien geschlossen, in denen man Jesus als mit großen magischen Kräften ausgestatteten, unberechenbaren Jungen zeichnete.

Die Manipulationen des Lukas zuungunsten der Maria Magdalena wurden fortgesetzt. Der angewandte Trick ist einfach und wirkungsvoll zugleich: In apokryphen Schriften, die nicht in das Neue Testament aufgenommen wurden, die aber dennoch oftmals eine wichtige Rolle in der

Glaubenswelt der frühen christlichen Kirche spielten, wurde Maria Magdalena verdrängt, indem man sie nicht etwa herausstrich, sondern ersetzte. Manche Manipulationen mögen sogar in gutem Glauben erfolgt sein. Oft war Glaube wichtiger als Texttreue.

Erinnern wir uns: Im Evangelium des Johannes (Kapitel 20, Verse 1 bis 18) sieht man Maria Magdalena am leeren Grab Jesu. Sie fand es leer vor und sah die zwei »Engel«. Doch Gewißheit über Jesu Auferstehung erhielt sie von ihm selbst! Der Auferstandene zeigte sich Maria Magdalena leibhaftig vor dem leeren Grab. Maria Magdalena wurde somit die erste Zeugin für die Auferstehung Jesu. Sie ist damit der erste Mensch überhaupt, dem sich der von den Toten auferstandene Jesus zeigte, lange vor den Jüngern, lange vor Petrus! Es war Maria Magdalena, die einen Sendungsauftrag von Jesus selbst erhielt. Somit gab es keinen Zweifel. Maria Magdalena war es, die vor allen anderen beide Bedingungen für das Apostelturn erfüllte. Sie hatte damit mehr als jeder andere Mensch Anspruch auf dieses so bedeutsame Amt.

Jeder weiß, wie die Geschichte verlaufen ist und wer der erste Papst wurde. Eine rein patriarchalische Kirche entstand, die zunächst von den Heiligen Frauen der Vergangenheit nichts wissen wollte. Die Geschichte des Christentums hätte indes ganz anders verlaufen können, wäre Maria Magdalena die direkte Nachfolgerin Jesu geworden und hätte sie eine ganz andere katholische Kirche begründet.

Einige Textverfälscher, allen voran Lukas, haben das zu verhindern gewußt. Der apokryphe Text »Die griechischen Thaddaei Akten« (*Bibliotheca Hagiographica Graece*, Brüssel 1977, 1702 und 1703) übernehmen die Geschichte, die sich am leeren Grab Jesu abgespielt haben soll. Allerdings hat der unbekannte Autor Maria Magdalena durch Maria, die Mutter Jesu, ersetzt. Nun heißt es, Jesus »erschien zuerst seiner Mutter und der anderen Frau, und dem Petrus und dem Johannes, dann auch den Zwölfen, die mit ihm aßen und tranken für viele Tage nach seiner Auferstehung von den Toten«.

Genauso geht es Maria Magdalena in verschiedenen Apokryphen aus dem altsyrischen Bereich. Besonders eifrig manipuliert Ephrem die biblischen Vorgaben. Er hatte offenbar eine klare Vorstellung von Jesus: Jesus war ein der Welt entrückter Mann, stets nur auf fromme Lehren bedacht und allen irdischen Genüssen abhold. Jesus als normaler Mann mit Freundin oder gar Frau konnte der berühmte Prediger nicht dulden. Wo immer ihm Maria Magdalena seinem Geschmack nach zu nahe kam, ersetzte er sie durch Maria, die Mutter Jesu.

Theodoret von Kyros, Kirchenlehrer im 5. Jahrhundert nach Christus, predigte über die wichtigsten biblischen Texte des Neuen Testaments, die er freilich vorher gezielt manipulierte – zuungunsten der Maria Magdalena. Wenn im Evangelium des Johannes (Kapitel 20, Verse 1 bis 18) Jesus nach der Auferstehung als erstem Menschen der Maria Magdalena erscheint, dann verwandelt Theodoret sie in Jesu Mutter Maria. Dann untersagt Jesus nicht, so wie es im Original bei Johannes steht, Maria Magdalena, ihn zu berühren, sondern seiner Mutter.

In den folgenden Jahrhunderten waren diese Manipulationen zuungunsten der Maria Magdalena den Abschreibern der Texte des verehrten Kirchenlehrers häufig peinlich. Sie korrigierten und verwandelten die Mutter Maria in die Maria Magdalena zurück, die sie im Original des Evangeliums nach Johannes auch war. Der Theologe Robert Murray läßt in seiner Abhandlung über die frühen syrischen Traditionen (*Symbols of Church and Kingdom*, Cambridge 1975) keinen Zweifel daran aufkommen, warum der Kirchenvater die sinnentstellenden Verfälschungen vornahm: Er wollte es nicht dulden, daß Maria Magdalena in zu große Nähe von Jesus rückte. Dabei ging es ihm keineswegs nur um Passagen aus den Evangelien des Neuen Testaments. Offensichtlich gab es apokryphe Schriften, die zwar nicht in den

Text-Kanon des Neuen Testaments aufgenommen wurden, die aber ganz offen Jesus und Maria Magdalena als intime Partner sahen. Offensichtlich wurde der Kirchenlehrer immer wieder nach diesen als anrüchig empfundenen Beziehungen gefragt. Damit die frommen Schäflein nicht auf dumme Gedanken kamen, wurden geschickt Texte ausradiert, die eine enge Beziehung zwischen Jesus und Maria Magdalena nahelegten.

Nicht nur in altsyrischen Texten wurde manipuliert, mindestens genauso dreist ging man auch bei der Erstellung koptischer Texte vor. Besonderer Beliebtheit bei den Textverfälschern erfreute sich die Grabszene. Das Opfer war immer das gleiche: Maria Magdalena. Ein typisches Beispiel ist »Fragment 14« (Mario Erbetta: *Vangeli, Gli Apocrifi del Nuovo Testamento*, vol. 1/2, Turin 1981, S. 329). Statt Maria Magdalena ergreift nun Maria, die Mutter Jesu, das Wort: »Sie sprach zu ihm: ›Rabbi, Lehrer, mein Herr und mein Gott, und mein Sohn, du bist auferstanden!‹ Sie wollte ihn ergreifen und zur Begrüßung küssen. Aber er ließ sie innehalten und forderte von ihr: ›Meine Mutter, berühre mich nicht ... (Warte?) eine Weile, oh meine Mutter ... Schau genau meine Hände an und meine Füße! O Maria, meine Mutter, wisse, daß ich es bin, den du genährt hast. Zweifle nicht daran, oh meine Mutter, daß ich dein Sohn bin! ... Nun denn, meine Mutter, eile, berichte meinen Brüdern ... gemäß der Worte, die ich dir mitgeteilt habe ...‹«

Aus Maria Magdalena ist Maria, die Mutter Jesu geworden. Der Verfasser des koptischen Textes hat sich aber nicht damit begnügt, einfach die beiden Frauen auszutauschen. Er hat ganz massiv Textergänzungen vorgenommen, um eine der wichtigsten Geschichten überhaupt verfälschend umzuschreiben, so daß es eben nicht mehr Maria Magdalena war, die Jesus als erste sah und der er einen Sendungsauftrag gab. Es geht hier nicht um Äußerlichkeiten, sondern um die zentrale Frage der Ära nach Jesus! Es geht darum, daß der wichtigste Beleg für die berechtigte Anwartschaft Maria Magdalenas auf die Nachfolge Christi zum Verschwinden gebracht wird.

Mit der Verdrängung von Maria Magdalena war ein Problem gelöst: Sie besaß nun kein Anrecht mehr auf die Nachfolge Christi. Indem man aber Maria Magdalena durch Maria, Jesu Mutter, ersetzte, tauchte ein neues Problem auf. Dann wäre ja Jesu Mutter zur Anwärterin auf die Nachfolge Jesu geworden. Man muß bedenken: Inzwischen waren Jahrhunderte seit Jesu Tod verstrichen. Petrus war der erste Papst geworden und hatte Geschichte geschrieben, doch auch rückwirkend durfte es keine Zweifel an der berechtigten Autorität Petri geben. Niemand durfte auch nur mit dem Gedanken spielen, daß ja eigentlich Maria Magdalena oder Maria, Jesu Mutter, als erste den Papststuhl hätten besteigen müssen. Maria Magdalena wurde mit Erfolg durch Maria, Jesu Mutter, ersetzt. Die mußte folglich Petri absolute Autorität als erster und oberster Apostel absegnen.

Das geschieht in besonders deutlicher Form im apokryphen Bartholomäus-Evangelium, »Fragen des Bartholomäus« genannt. Von diesem apokryphen Text existieren fünf Fassungen in verschiedenen Sprachen. Alle Kopien befinden sich in einem sehr schlechten Zustand. Viele Beschädigungen der Manuskripte dürften weite Textpassagen für immer unleserlich gemacht haben. Wann genau das »Bartholomäus-Evangelium« als Urtext entstanden ist, läßt sich nur noch schätzen. Die Version in griechischer Sprache dürfte zwischen dem zweiten und dem sechsten Jahrhundert nach Christus geschrieben worden sein.

Der Verfasser des »Bartholomäus-Evangeliums« packt viel Zündstoff in wenige Worte. In seinem Text anerkennt die Mutter Jesu Petrus als den höchsten Apostel, und sie stellt klar, daß die Frau in der Kirche nichts zu sagen hat. Hoffnungen auf das höchste Amt darf sie sich dann schon gar nicht machen (Wilhelm Schneemelcher: *Neutestamentliche Apokryphen*, 6. Auflage, Band I, Evangelien, Tübingen 1990, S. 429): »Da sprach diese (Maria, die Mutter Jesu) zu Petrus:

›Petrus, Oberster der Apostel, stärkste Säule ... Hat nicht unser Herr gesagt: Des Mannes Haupt ist Christus, aber das des Weibes ist der Mann.‹«

Das angebliche Zitat, das der Mutter Jesu in den Mund gelegt wurde, ist von größter Bedeutung – und natürlich rein fiktiv. Kein Zeuge, der es wirklich glaubhaft würde bekunden können, ist greifbar. Kein Zeuge kann genannt werden, der es schriftlich niedergelegt haben könnte. Dem unbekannten Verfasser schien es aber wichtig zu sein, Maria in Glaubensfragen als Autoritätsperson darzustellen. Ihr Wort sollte jeden Versuch, eine Nachfolgerin Jesu auf den apostolischen Papststuhl zu setzen als gegen Jesus selbst gerichtetes Sakrileg verdeutlichen.

Man muß sich fragen, ob es in den ersten nachchristlichen Jahrhunderten immer noch starke Tendenzen gegeben hat, eine weibliche Nachfolgelinie von Jesus aus über Maria Magdalena zu installieren. Und wenn gar Jesus mit Maria Magdalene verheiratet gewesen sein sollte, hätte diese Überlegung eine fundierte Berechtigung gehabt.

Auf der einen Seite wurde die Heilige Frau Maria Magdalena verbannt. Auf der anderen Seite wurde sie aber durch eine andere Heilige Frau ersetzt, nämlich durch Maria. Man kann also feststellen: Ohne Heilige Frauen scheint Religion nicht zu funktionieren.

Doch schon eine mögliche Nähe zwischen Jesus und Maria Magdalena war dem Evangelien-Fälscher Lukas und späteren Verfassern diverser apokrypher Texte ein Dorn im Auge. Sie manipulierten, um Maria Magdalena so weit wie nur irgendwie möglich aus dem Umfeld des Jesus von Nazareth zu entfernen. Um die Frage, ob Jesus verheiratet war, beantworten zu können, muß man sich dieser Manipulationen bewußt sein – und bei der Suche nach aussagekräftigen Informationen so vorsichtig wie nur möglich sein. Wichtig für diese Frage ist auch das Umfeld, in welchem Jesus aufwuchs. Wie sah seine Familie aus, in der er lebte?

So wie in Sachen Maria Magdalena manipuliert wurde,

wurden auch biblische Texte verändert, wenn es um Jesu Familie ging. Im Vordergrund stand nicht die Suche nach dem historischen Jesus. Vorrang hatte die theologische Lehrmeinung, der sich die Tatsachen zu unterwerfen hatten. Auch wenn sich kein echter Hinweis auf die jungfräuliche Geburt Jesu im Neuen Testament finden läßt, steht dieses wundersame Geschehen im Zentrum des katholischen Glaubens. Der »Katechismus der Katholischen Kirche« (München 1993, S. 158) postuliert: »Ein vertieftes Verständnis ihres Glaubens an die jungfräuliche Mutterschaft Marias führte die Kirche zum Bekenntnis, daß Maria stets wirklich Jungfrau geblieben ist, auch bei der Geburt des menschgewordenen Gottessohnes. Durch seine Geburt hat ihr Sohn ihre jungfräuliche Unversehrtheit nicht gemindert, sondern geheiligt. Die Liturgie preist Maria als die ›allzeitlich Jungfräuliche‹.«

Wenn nun Jesus jungfräulich geboren wurde und wenn Maria bis ans Lebensende in diesem Zustand blieb, dann ergibt sich eine klare Konsequenz: Eigentlich müßte Jesus dann Einzelkind geblieben sein. Denn sonst wäre ja nicht nur Jesus dieses Wunder zuteil geworden, sondern auch seinen Geschwistern. Aber das Neue Testament läßt keinen Zweifel daran aufkommen, daß Jesus kein Einzelkind war, sondern Brüder und Schwestern hatte, so wie dies in einer normalen Familie im Heiligen Land zu Lebzeiten Jesu allgemein üblich war.

So heißt es im Evangelium nach Matthäus (Kapitel 13, Verse 55 und 56): »Ist dies nicht der Sohn des Zimmermanns? Heißt nicht seine Mutter Maria, und seine Brüder Jakobus und Josef und Simon und Judas? Und seine Schwestern, sind sie nicht bei uns?« Auch im Evangelium nach Markus wird auf Jesu Geschwister hingewiesen (Kapitel 6, Vers 3): Demnach hatte Jesus Brüder und Schwestern. Die aufgelisteten Namen seiner Geschwister stimmen bei beiden Evangelisten überein. Nur eine kleine Abweichung gibt es: Bei Matthäus finden wir einen Bruder Josef, bei Markus einen Bruder Joses. Man darf wohl davon ausgehen, daß damit ein und derselbe Knabe gemeint ist.

Mehr als merkwürdig mutet der Versuch an, die Geschwister Jesu wegzuerklären. Im »Katechismus der Katholischen Kirche« (München 1993, S. 158) liest man: »Die Kirche hat diese Stellen immer in dem Sinn verstanden, daß sie nicht weitere Kinder der Jungfrau Maria betreffen. In der Tat sind Jakobus und Josef, die als ›Brüder Jesu‹ bezeichnet werden, die Söhne einer Maria, welche Jüngerin Jesu war und bezeichnender Weise ›die andere Maria‹ genannt wird.«

Nachvollziehbar ist diese theologische Erklärung kaum: Die von der Bibel ganz klar als Geschwister Jesu bezeichneten Kinder sind nach dem Katechismus der katholischen Kirche nicht die Kinder der Mutter Jesu (Maria), sondern von einer anderen Maria, die in der Bibel gelegentlich auch als andere Maria tituliert wird. Sollte das zutreffen, dann wären Jesus und die angeblichen Geschwister in der Tat gar keine. Sie hätten unterschiedliche Mütter und auch keinen gemeinsamen Vater. Dann aber wäre zu Lebzeiten Jesu kein Mensch auf die Idee gekommen, Jakobus, Josef, Simon und Judas als Jesu Geschwister zu bezeichnen. Auch vor rund zweitausend Jahren reichte es nicht aus, daß Kinder zufällig Mütter mit gleichem Vornamen hatten, um als Geschwister tituliert zu werden. Keine wie auch immer geartete Verwandtschaft zwischen Maria, Jesu Mutter, und der anderen Maria würde die Bezeichnung Brüder und Schwestern rechtfertigen.

Indes läßt die Bibel nicht den geringsten Zweifel daran aufkommen, daß Jesus vier Brüder und mindestens zwei Schwestern hatte. Während die Namen der Brüder aufgezählt werden, werden die der Schwestern nicht genannt. Es findet sich auch kein Hinweis auf die genaue Zahl der Schwestern Jesu. Man muß aber davon ausgehen, daß Jesus mindestens sechs Geschwister hatte.

Jesus wuchs also in einer normalen jüdischen Familie auf. Sein Vater war ein Handwerker, der mit dem Häuserbau zu tun hatte. Arm war Josef wohl nicht, er konnte seiner Familie einen etwas besseren Lebensstandard bieten als zum Beispiel ein Landarbeiter oder ein Knecht. Von Wohlstand kann aber auch nicht die Rede sein. Als Jesus nach der Beschneidung in den Tempel gebracht wurde, war eine rituelle Gabe für Gott Jahwe fällig. Jesu Eltern mußten kein Lamm, sondern nur (Evangelium nach Lukas Kapitel 2, Vers 24) »nach der Bestimmung im Gesetz des Herrn ein Paar Turteltauben oder zwei junge Tauben« opfern. Danach hat Jesus mit großer Wahrscheinlichkeit den Beruf des Vaters erlernt. Welche Schulbildung er genoß, erfahren wir nicht aus den Texten des Neuen Testaments.

Jesus sprach einen aramäisch-galiläischen Dialekt. Ob er eine Fremdsprache beherrschte, ist umstritten. Manche Gelehrte meinen nachweisen zu können, daß Jesus auch des Griechischen mächtig war. Das Hebräisch des Alten Testaments war schon zu Lebzeiten Jesu eine tote Sprache, vergleichbar mit Latein in unseren Tagen. Im Gottesdienst wurde aber aus den hebräischen Schriften der Thora gelesen, was viele Zeitgenossen Jesu nicht mehr verstanden. Deshalb gab es am Tempel zu Jerusalem spezielle Dolmetscher, die für das Volk die Schriftsprache der Thora in das Aramäisch des Alltags übertrugen.

Ein zweites Mal brachten seine Eltern Jesus als Zwölfjährigen in den Tempel. Es zog ihn, wie wir vom Evangelisten Lukas erfahren (Kapitel 2, Verse 41 bis 52), zu den Schriftgelehrten, mit denen er offenbar angeregt über religiöse Themen diskutierte. »Und alle, die ihm zuhörten, verwunderten sich seines Verstandes und seiner Antworten.« Mag auch diese Jerusalem-Episode von Lukas übertrieben dargestellt sein, um die Göttlichkeit des jungen Knaben zu unterstreichen, kann man diesen Textpassus aber schon als einen wichtigen Hinweis auf Jesu Erziehung auslegen. Es erscheint durchaus möglich, daß Maria und Josef ihrem Sohn privat eine gewisse religiöse Bildung angedeihen ließen. Für eine religiöse Vorbildung spricht auch die Tatsache, daß Jesus als Wanderprediger meist als »Rabbi« angesprochen wurde. Ein Studium, so wie wir es heute kennen, gab es damals nicht, aber Rabbis gaben ihr Wissen gern an aufmerksame Schüler weiter, die dann selbst als Rabbis predigten und lehrten.

Alles in allem erlebte Jesus eine normale Kindheit in einer gewöhnlichen jüdischen Familie. Seine Eltern waren fest verwurzelt im jüdischen Glauben und lebten nach den Vorschriften der Thora. Deshalb kann man eigentlich auch erwarten, daß Jesu Leben zunächst in ganz normalen Bahnen verlaufen ist. Zur normalen Vita eines jüdischen Mannes gehörte die Heirat. Eine Ehe zu schließen war fast schon die Norm. Wer zölibatär lebte, wie etwa die Angehörigen des Mönchsordens der Essener, stand außerhalb der Gesellschaft. Hat also auch Jesus geheiratet?

Es läßt sich quer durch die Evangelien des Neuen Testaments nachweisen: Jesus wurde von Anhängern wie Gegnern ehrerbietig als Rabbi angesprochen. Allerdings war dieser jüdische Ehrentitel den Übersetzern zu jüdisch und zu unchristlich. Also ließen sie ihn verschwinden. So kommt es, daß man in unseren Bibelausgaben vergeblich nach diesem ehrenden Titel sucht. Da wandte sich ein trauernder Mann mit der Bitte um Hilfe an Jesus. Seine Tochter sei gestorben. Ob Jesus sie ins Leben zurückrufen könne? Selbst Jesu Jünger scheinen das nicht für möglich zu halten. So versuchen sie, den verzweifelten Mann abzuwimmeln. Das Evangelium nach Markus (Kapitel 5, Vers 35) läßt die Jünger fast empört sagen: »Deine Tochter ist gestorben. Was bemühst du weiter den Meister?«

Mit dem Titel, den wir heute nur noch aus dem Handwerk kennen, redeten die Jünger Jesus keineswegs nur vor Fremden an. Sie, die sie doch tagtäglich mit ihm lebten, sprechen Jesus ebenfalls so an. Wiederum mag ein Beispiel genügen (Evangelium nach Markus Kapitel 4, Vers 38): »Meister, fragst du nicht danach, daß wir verderben?« Auch Fremde griffen zum Terminus Meister, wenn sie zum Beispiel eine Frage an Jesus richteten (Evangelium nach Matthäus Kapitel

19, Vers 16): »Und siehe, einer trat zu ihm und sprach: ›Meister, was soll ich Gutes tun?‹«

Die Schriftgelehrten standen Jesus größtenteils ablehnend gegenüber. Bei aller Skepsis zollten aber auch sie Jesus durch die Anrede Respekt (Evangelium nach Matthäus Kapitel 8, Vers 19): »Und es trat zu ihm ein Schriftgelehrter und sprach zu ihm: ›Meister, ich will dir folgen!‹« So verwundert es kaum noch, daß auch die verachteten Zöllner Jesus respektvoll »Meister« nannten (Evangelium nach Lukas Kapitel 3, 1 Vers 12): »Meister, was sollen wir denn tun?«

Die Reihe ließe sich fast beliebig fortsetzen. Doch noch so viele »Meister« in den Bibelübersetzungen ändern nichts an der Tatsache, daß es sich um eine falsche Übersetzung handelt. Die korrekte Ansprache, mit der Jesus tituliert und beschrieben wurde, lautete schlicht und einfach Rabbi! Das Evangelium nach Johannes (Kapitel 1, Vers 38) versucht zu erklären: »Sie aber sprachen zu ihm: ›Rabbi (das ist übersetzt „Meister“), wo bist du zu Hause?‹«

Jesus wurde also als Rabbi bezeichnet und als Rabbi angesprochen. Er predigte und lehrte auch wie ein Rabbi. Er interpretierte die heiligen Schriften und verdeutlichte die Konsequenzen, die ein Glaube an die heilige Schrift für das alltägliche Leben nach sich zog. Mit Fug und Recht kann man also feststellen: Jesus war ein predigender Rabbi. Während für römisch-katholische Priester das Pflichtzölibat gilt, war das bei den jüdischen Amtskollegen ganz anders. Ein Verbot für Rabbis, sich zu vermählen, existierte niemals. Im Gegenteil: Auch wenn kein Rabbi per Gesetz zur Heirat gezwungen war, so war es doch eher die Norm, daß ein Rabbi verehelicht war. Jesus lebte in einer normalen jüdischen Familie, mit seinen Eltern und Geschwistern. Seine Eltern waren sehr darauf bedacht, alle religiösen Regeln einzuhalten. Geradezu peinlich genau erfüllten sie die rituellen Vorschriften. Ein jüdischer Mann, von jüdischen Eltern fromm erzogen, heiratete in der Regel, besonders wenn er ein Rabbi wurde. Man muß deshalb davon ausgehen, daß auch Jesus nicht ledig blieb und schon gar nicht zölibatär lebte.

Ereignisse wie Jesu Geburt, seine Beschneidung, die folgende erste Darstellung im Tempel, sein Besuch im Tempel als Zwölfjähriger werden in den Schriften des Neuen Testaments beschrieben. Dann klafft eine Lücke in der Biografie. Wir begegnen Jesus erst rund zwanzig Jahre später. Als junger, aber erwachsener Mann beginnt sein öffentliches Wirken als Wanderprediger. Allerdings ist es schwierig, eine wirklich belegbare Chronologie einzelner Ereignisse nur auf Grund der Evangelien zu erstellen.

Auf die Chronologie kommt es indes auch gar nicht immer an. Wichtig ist: Jesu Hochzeit wird ebenfalls ausführlich geschildert – auch wenn der Text offensichtlich teilweise manipuliert wurde. Im Evangelium des Johannes findet sich die Passage (Kapitel 2, Verse 1 bis 11): »Und am dritten Tage war eine Hochzeit in Kana in Galiläa, und die Mutter Jesu war da … Und als der Wein ausging, spricht die Mutter Jesu zu ihm: Sie haben keinen Wein mehr. Jesus spricht zu ihr: Was geht's dich an, Frau, was ich tue? Meine Stunde ist noch nicht gekommen. Seine Mutter spricht zu den Dienern: Was er euch sagt, das tut. Es standen aber dort sechs steinerne Wasserkrüge für die Reinigung nach jüdischer Sitte, und in jeden gingen zwei oder drei Maße. Jesus spricht zu ihnen: Füllt die Wasserkrüge mit Wasser! Und sie füllten sie bis obenan.

Und er spricht zu ihnen: Schöpft nun und bringt's dem Speisemeister! Und sie brachten's ihm. Als aber der Speisemeister den Wein kostete, der Wasser gewesen war, und nicht wußte, woher er kam (die Diener aber wußten's, die das Wasser geschöpft hatten), ruft der Speisemeister den Bräutigam und spricht zu ihm: Jedermann gibt zuerst den guten Wein und, wenn sie betrunken werden, den geringeren; du aber hast den guten Wein bis jetzt zurückbehalten. Das ist das erste Zeichen, das Jesus tat, geschehen in Kana in

Galiläa, und er offenbarte seine Herrlichkeit. Und seine Jünger glaubten an ihn.«

Das so genannte »Weinwunder« gehört zu den bekanntesten Episoden des Neuen Testaments. Selbst bibelunkundige Zeitgenossen meinen zu wissen, daß nach biblischen Aussagen Jesus durch ein Mirakel einfaches Wasser in Wein verwandelte. Doch das vermeintliche Wunder basiert auf Übersetzungsfehlern, und der vermeintliche Zaubertrick verstellt den Blick auf den Kern des Geschehens: Bei der Hochzeit zu Kana handelte es sich um Jesu eigene Hochzeit.

So hat es sich zugetragen, wie man im griechischen Text nachlesen kann: Die Hochzeitsfeierlichkeiten sind in vollem Gange. Da geht der Weinvorrat zur Neige. Maria, Jesu Mutter, erzählt Jesus: »Sie haben keinen Wein mehr!« Ihr Sohn antwortet barsch: »Was geht's dich an, Frau, was ich tue? Meine Stunde ist noch nicht gekommen.« In diese rüde Antwort wird seit Generationen von Theologen etwas hineingeheimnist, was im realen Text gar nicht steht und was auch keinerlei Bezug zur Hochzeit hat. Jesu Bemerkung wirkt seltsam deplaziert, allerdings lediglich in der falschen Übersetzung!

Im Griechischen steht »ora«. Das kann in der Tat auch Stunde heißen, bedeutet aber auch »Sorge, Befürchtung«. Die Antwort läßt sich also sinnvoller übertragen: »Meine Sorge ist nicht gekommen.« So ergibt die Antwort erst wirklich einen Sinn: So, der Wein ist alle? Deswegen mache ich mir keine Sorgen! Warum reagiert Jesus aber so ablehnend und unhöflich auf die nervöse Sorge seiner Mutter? Warum schleudert er ihr förmlich sein »Was geht's dich an, Frau, was ich tue?« entgegen? Die Unhöflichkeit ist wieder die Folge eines Übersetzungsfehler. Im griechischen Original stellt Jesus keine Frage. er versucht vielmehr seine Mutter zu beruhigen, indem er – wortwörtlich übersetzt – antwortet: »Etwas ist mir, etwas ist dir, Frau, schon möglich.«

Bringt man die korrigierte Fassung des kurzen Dialogs

zwischen Jesus und seiner Mutter in den Zusammenhang des Geschehens, wird verständlich, was der Text wirklich aussagt. Der Wein neigt sich dem Ende zu. Maria ist besorgt. Jesus besänftigt sie: »Ich mache mir keine Sorgen. Etwas wird uns schon noch einfallen!« Dann folgt das sogenannte Weinwunder. Zaubert Jesus wie ein Magier? Beherrscht er wirksame magische Sprüche? Oder trickst er? Verwandelt er einfaches Wasser tatsächlich oder nur zum Schein in köstlichen Wein?

George M. Lamsa hat sich große Verdienste um das Verständnis biblischer Texte erworben. Er geht dabei stets auf die Originaltexte zurück. Allerdings zieht er nicht die griechischen Übersetzungen des Neuen Testaments heran, sondern die aramäische Fassung, die bis in unsere Zeiten erhalten geblieben ist. Leider wird sie immer noch sträflich vernachlässigt. Durch George M. Lamsas Erkenntnisse könnte so manches Mißverständnis christlicher Bibelinterpreten vermieden werden – wenn man dessen Arbeiten nur stärker berücksichtigt würde.

Jesus sprach Aramäisch. Wenn jemals Worte Jesu von Anhängern notiert wurden, dann geschah dies durch Menschen, die wie Jesus Aramäisch redeten. Mit Sicherheit haben sie ihre Aufzeichnungen in aramäischer Sprache vorgenommen. Will man ergründen, was Jesus wohl wirklich gesagt hat, muß man zu den Quellen zurückkehren: zu den Evangelien in aramäischer Sprache. Berücksichtigen muß man dabei auch, daß es nicht immer möglich ist, durch noch so richtige Übertragung aus der aramäischen in eine andere Sprache den wirklichen Sinn zu übermitteln. Manchmal bleibt etwas auf der Strecke, auch wenn die Übersetzung korrekt erfolgte, wenn dabei aber der tiefere Sinn, den die oft bildhafte Sprache des Aramäischen auszudrücken vermag, unberücksichtigt blieb. Hinter manchmal alltäglich erscheinenden Symbolen werden tiefere Wahrheiten versteckt.

Ein solcher Fall liegt bei der bekannten Hochzeit zu Kana vor. George M. Lamsa schreibt (*Die Evangelien in aramäi-*

scher Sicht, Gossau 1963, S. 366): »Dieses erste Wunder Jesu hat geistige Bedeutung. Seine Lehre war die beste, welche die Galiläer bisher je gekostet hatten. Sollte Jesus die Kraft, die er besaß, wirklich dazu gebraucht haben, um Menschen, die schon zu viel getrunken hatten, noch mehr von dem berauschenden Getränk zu verschaffen? Die Heilige Schrift verurteilt die Betrunkenheit: ›Lasset euch nicht irreführen! Weder die Unzüchtigen noch die Götzendiener noch die Trunkenbolde werden das Reich Gottes ererben.‹ (1. Brief des Paulus an die Korinther Kapitel 6, Verse 9 und 10).«

Man stelle sich vor, jemand schmückt im nächtlichen winterlichen Wald einen Tannenbaum mit Glaskugeln, Engelshaar und bringt schließlich unzählige elektrische Kerzen an. Starke Batterien bringen die Lichterketten zum hellen Strahlen. Sie spiegeln sich in den glänzenden Kugeln wider. Der Weihnachtsbaum ist so grell, daß man den restlichen Wald kaum noch wahrnimmt. Bei der Hochzeit zu Kana ist es das angebliche Weinwunder, das die gesamte Aufmerksamkeit beansprucht. Dabei gerät die eigentliche Hochzeit in Vergessenheit.

Was wissen wir über Braut und Bräutigam? Wir nehmen an, daß Jesus als Gast anwesend ist. Seine Mutter ist auch auf dem Fest. Bei einer Hochzeit im Heiligen Land waren die Rollen und Aufgaben klar verteilt. Der Bräutigam war es, der zusammen mit seiner Mutter die Hochzeitsfeier ausrichtete. Selbstverständlich gehörte es zu den Pflichten des Bräutigams, dafür zu sorgen, daß ausreichend Wein für die Gäste zur Verfügung stand. Gewiß konnte er auch einen Speisemeister einsetzen, der für die Verteilung von Essen und Trinken zuständig war. Der aber arbeitete im Dienst des Bräutigams. Wenn bei einer Hochzeit zum Beispiel der Wein zur Neige ging, konnte man sich als Gast an die Mutter des Bräutigams wenden oder an den Bräutigam selbst. Wäre Maria, Jesu Mutter, nur ein normaler Gast gewesen, so hätte es keine Veranlassung gegeben, sie auf knapp werdenden Wein hinzuweisen. Im Gegenteil: Einem Gast hätte man den für die Ausrichter der Hochzeit peinlichen Engpaß verschwiegen!

Demnach ergibt sich eine logische Erklärung für den von Johannes geschilderten Sachverhalt. Jesus war der Bräutigam auf der Hochzeit zu Kana. Deshalb waren er und seine Mutter die richtigen Ansprechpartner, was die Versorgung der Gäste betraf. Und deshalb war Jesus auch verantwortlich für die Lösung des Problems. Verändert wurde der Text durch die Übersetzer, die ein Wunder herbeischrieben, das es gar nicht gegeben hat. Manipuliert wurde der Text vermutlich aber schon viel früher, als man Hinweise auf Jesus als Bräutigam und auf die Braut weitestgehend verschwinden ließ.

Jesus hat also in Kana geheiratet. Aber wen? Maria Magdalena? Der Hochzeitsbericht läßt keine Rückschlüsse auf den Namen der Braut zu. Warum nicht? Könnte es einen Grund dafür geben, daß die Braut verschwiegen wird? Ein triftiger Grund für die Verschwiegenheit wäre die Hochzeit mit einer Nicht-Jüdin. Wenn Jesus verheiratet war – mit welcher Frau mag er den Bund der Ehe geschlossen haben? Welche Frau stand ihm besonders nahe?

Dan Brown läßt zu diesem vielen Theologen zu pikanten Thema aus dem »Evangelium des Philippus« zitieren (Kapitel 58, S. 337): »Und die Gefährtin des Erlösers war Maria Magdalena. Christus liebte sie mehr als seine Jünger und küßte sie auf den Mund. Die Jünger waren darüber erzürnt und verliehen ihrer Enttäuschung Ausdruck. Sie sprachen zu ihm: Warum liebst du sie mehr als uns?«

Das Evangelium des Philippus unterscheidet sich vom Aufbau und von der Art der Wiedergabe sehr stark von den Evangelien des Neuen Testaments. Die biblischen Evangelien bemühen sich, ihre Informationen über Jesus in Form erzählender Berichte zu vermitteln. Sie kommen seit vielen Jahrhunderten dem Bedürfnis der Menschen entgegen, unterhaltsam informiert zu werden. So erfährt man von Jesu Leben und Schicksal in Form von durchaus spannenden, manchmal anrührenden oder auch schockierenden Schilderungen.

Ganz anders ist das »Evangelium des Philippus« aufgebaut. Es besteht aus einer auf Dauer doch etwas ermüdenden, langatmigen Aneinanderreihung von theologischen Erklärungen zu religiösen Themen, etwa über die Bedeutung der Heiligen Sakramente. Gelegentlich finden sich zwischen Aphorismen, Dialogen und Polemiken auch einige Geschichten über Jesus, die an Texte der biblischen Evangelien erinnern. Der oftmals dröge wirkende Stil mag dafür in starkem Maße verantwortlich sein, daß das »Evangelium des Philippus« zu keinem Zeitpunkt auch nur annähernd die Bedeutung der biblischen Evangelien erreichte.

Das »Evangelium des Philippus« soll gelegentlich dadurch entwertet werden, daß eine relativ junge Entstehungszeit geschätzt wird. Tatsächlich ist es aber wohl bereits im zweiten Jahrhundert n.Chr. entstanden und somit nicht wesentlich älter als viele der »ältesten« Evangelien-Texte. Vermutlich gab es zunächst eine griechische Fassung, die aber leider nicht mehr erhalten ist. Davon dürfte dann eine koptische Übersetzung angefertigt worden sein. Von dieser koptischen Fassung ist ein einziges Exemplar erhalten, das anno 1945 in der ägyptischen Wüste bei Nag Hammadi gefunden wurde. Leider ist dieses Exemplar in keinem guten Zustand. Der Text weist teilweise erhebliche Beschädigungen auf. Im Verlauf der letzten Jahrzehnte ist es theologischen Spezialisten trotzdem gelungen, den Textcorpus zu rekonstruieren.

Es kursieren einige Übersetzungen des »Evangeliums des Philippus«, die naturgemäß leicht variieren. Brown zitiert den interessanten Text leicht gekürzt. Vollständig lautet der wichtige Passus in der seriösesten Ausgabe von Wilhelm Schneemelcher (*Neutestamentliche Apokryphen*, 6. Auflage, Evangelien, S. 161): »Die Sophia ... ist die Mutter der Engel und die Gefährtin des Soter (Heilands/Erlösers). Der Soter liebte Maria Magdalena mehr als alle Jünger und er küßte sie oftmals auf ihren Mund. Die übrigen Jünger gingen zu ihnen, um Forderungen zu stellen. Sie sagten zu ihm: ›Weswegen liebst du sie mehr als uns alle?‹«

Interessanterweise nimmt der unbekannte Verfasser des apokryphen »Evangeliums des Philippus« die deutlichen Worte über die erotische Beziehung zwischen Jesus und Maria Magdalena zum Anlaß, um wenige Zeilen später auf das Mysterium der Hochzeit hinzuweisen: »Denn der Bestand der Welt sind die Menschen. Der Bestand des Menschen aber ist die Hochzeit.«

Jesus, dargestellt als Mann, der häufig Maria Magdalena küßte? Diese Behauptung empfinden auch heute noch viele Christen als skandalös. Sie stellen sich Jesus als schönen Jüngling mit wallendem Haar oder als ernsten, älteren Mann mit Bart vor – aber daß Jesus ein Verhältnis mit Maria Magdalena hatte oder gar mit ihr verheiratet war, ist für viele Christen nicht akzeptabel.

Vor fast dreißig Jahren sprach ich in Erlangen mit einem Professor, damals schon im Ruhestand, der weit über die Grenzen Deutschlands als Luther-Kenner bekannt war. Als es um die Frage ging, ob Luther weltfremd war oder nicht, wurde der Professor Dr. M. regelrecht ärgerlich: »Martin Luther war ein Mensch, der mit beiden Beinen im Leben stand. Nichts Menschliches war ihm fremd, auch wenn es um Jesus ging!« Luther, so raunte mir der Professor zu, sei »davon ausgegangen, daß Jesus ein intimes Verhältnis mit Maria Magdalena hatte«. Als ich den Gelehrten fragte, ob er denn dieses »heiße Eisen« in einem Buch oder zumindest in einem Artikel publik machen werde, hob er abwehrend die Hände und lachte schallend.

Wesley W. Isenberg, der das Philipp-Evangelium aus der Originalsprache ins Englische übersetzt hat, wundert sich nicht darüber, daß Jesus Maria Magdalena angeblich oft küßte. Als das apokryphe Evangelium entstand, sei es »eine anscheinend wohlbekannte Tatsache gewesen, daß Jesus Maria oft auf den Mund küßte«. Eben dieses Evangelium nennt

Maria Magdalena auch den »Gefährten« Jesu. Es gibt keinen Zweifel: Damit kann sehr wohl gemeint sein, daß Maria Jesu ständige Begleiterin war – oder seine Ehefrau.

Dan Brown führt ein weiteres apokryphes Evangelium an. Es wurde nach Maria Magdalena benannt. Auch das »Evangelium der Maria Magdalena« gehört zu den ältesten außerbiblischen Texte. Vermutlich entstand es im zweiten nachchristlichen Jahrhundert. Möglicherweise ist es sogar noch älter. Theologen, wie der Apokryphen-Experte Professor Bammel, gehen davon aus, daß zwei ursprünglich eigenständige Texte zu einem neuen zusammengefügt wurden. Tatsächlich unterscheiden sich die erste und die zweite Hälfte deutlich. Im ersten Teil spielt Maria Magdalena fast eine untergeordnete Rolle. Wilhelm Schneemelcher (*Neutestamentliche Apokryphen*, 6. Auflage, Band 1, Evangelien, Tübingen 1990, S. 315): »In der Tat besteht ein Gegensatz zwischen der beherrschenden Rolle, die diese heilige Frau im zweiten Teil spielt, und dem bescheidenen Platz, den sie im ersten Teil einnimmt.«

Der in koptischer Sprache erhaltene Text belegt die enge persönliche, ja intime Verbindung zwischen Jesus und Maria Magdalena. Es werden zudem die Eifersüchteleien der männlichen Jünger Jesu auf Maria Magdalena mehr als deutlich. Petrus selbst wendet sich an die Rivalin (*Apokryphe Evangelien aus Nag Hammadi*, Andechs 1988, S. 258): »Petrus sprach zu Maria: ›Schwester, wir wissen, daß der Erlöser dich mehr liebt als die anderen Frauen. Sage uns daher die Worte des Erlösers, an die du dich erinnerst, die du kennst, wir aber nicht, und die wir auch nicht gehört haben.‹«

Nach dem Philippus-Evangelium liebte Jesus Maria mehr als seine übrigen Jünger. Nach dem Evangelium der Maria Magdalena liebte Jesus Maria mehr als alle anderen Frauen. Er vertraute ihr Geheimnisse an, die er selbst seinen engsten männlichen Vertrauten vorenthielt. Auf sein Drängen hin weiht Maria Magdalena nun auch Petrus in die geheimen Botschaften Jesu ein.

Leider fehlen mehrere Seiten im für die christliche Theologie so entscheidenden Textdokument. Wurden sie anno 1945 im ägyptischen Nag Hammadi nicht gefunden? Tatsächlich sind viele der Evangelien aus dieser sensationellen Quelle nur in Bruchstücken erhalten. Andere Kodizes befinden sich in einem erbärmlichen Zustand. Die fast zwei Jahrtausende gingen nicht spurlos an ihnen vorüber. Oder lag anno 1945 das apokryphe Evangelium der Maria Magdalena doch komplett vor? Ließen die theologischen Wissenschaftler, die das umfangreiche Textmaterial bearbeiteten, die entscheidenden Seiten verschwinden, weil sie Aussagen enthielten, die die gängigen theologischen Lehrmeinungen ad absurdum führten?

Die Jünger jedenfalls reagierten verblüfft, ja vielleicht sogar entsetzt auf die Worte Marias (*Apokryphe Evangelien aus Nag Hammadi*, Andechs 1988, S. 260): »Als Maria das gesagt hatte, schwieg sie. Denn dies war alles, was der Erlöser mit ihr besprochen hatte. Andreas aber hatte Einwände und sprach zu den Brüdern: ›Sagt an, was meint ihr zu dem, was sie gesagt hat? Ich jedenfalls glaube nicht, daß der Erlöser so gesprochen hat. Seine Lehren haben sicher ganz andere Bedeutungen.‹ Da machte auch Petrus Einwände zu dem Gesagten und fragte seine Brüder nach ihrer Meinung über den Erlöser: ›Sollte er wirklich mit einem Weibe unter vier Augen gesprochen haben und uns davon ausgeschlossen haben? Sollen wir uns etwa ihr zuwenden und alle auf sie hören? Hat er sie uns gegenüber bevorzugt?‹«

Verkürzt läßt Dan Brown diesen Passus zitieren (Kapitel 58, S. 339): »Und Petrus sagte: ›Hat der Heiland wirklich ohne unser Wissen mit einer Frau gesprochen? Sollen wir uns ihr zuwenden? Sollen wir auf ihre Worte hören? Zieht Jesus sie vor?‹«

Im Original des Evangeliums ist eindeutig die Vergangenheitsform gewählt, auch in der US-Ausgabe von Browns Bestseller: »Zog Jesus sie vor?« Die Situation ist eindeutig: Jesus weilte zum Zeitpunkt des Gesprächs nicht mehr unter den Jüngern. Petrus erkundigte sich danach, was Jesus der Maria Magdalena insgeheim anvertraut hat. Was er ihr sagte? Wir wissen es nicht. Es muß so revolutionär gewesen sein, daß die Jünger sich fragten, ob sie denn nun der neuen Lehre folgen sollten.

Die privaten Offenbarungen von Jesus für Maria Magdalena waren in Dialogform festgehalten worden. Heute liegen uns nur noch der Anfang und der Schluß des Gesprächs zwischen Jesus und Maria Magdalena vor. Was hat Jesus Maria Magdalena anvertraut? Es läßt sich nicht sagen. Vier ganz entscheidende Seiten fehlen. Möglicherweise hätten diese vier Seiten den Verlauf der Kirchengeschichte, noch bevor sie wirklich begonnen hatte, in ganz andere Bahnen lenken können. Die Jünger erkannten die Brisanz der Situation.

Es ging damals ganz offensichtlich um die Nachfolge-Frage. Wer vertrat Jesu wahre Lehre? Waren es die Jünger, mit Petrus an der Spitze, die die verborgene Lehre Jesu gar nicht kannten? Oder war es Maria Magdalena, der Jesus die wahren Glaubensinhalte enthüllt hatte? Die Zweifel des Petrus verletzten Maria Magdalena zutiefst (*Apokryphe Evangelien aus Nag Hammadi*, Andechs 1988, S. 261): »Da weinte Maria und sprach zu Petrus: ›Mein Bruder Petrus, was glaubst du denn? Meinst du, ich habe das alles ersonnen in meinem Herzen oder ich lüge über den Erlöser?‹«

Levi ergriff Partei für Maria Magdalena: »›Petrus, du bist schon immer aufbrausend gewesen. Und auch jetzt sehe ich, wie du dich gegen diese Frau ereiferst, als wärest du ihr Widersacher. Wenn aber der Erlöser sie gewürdigt hat, wer bist du, daß du sie verwerfen dürftest? ... Wir sollten uns schämen ... und das Evangelium verkünden, wie er es uns aufgetragen hat, ohne daß wir ein weiteres Gebot oder Gesetz erlassen außer dem, worin uns der Erlöser unterwiesen hat.‹ Als Levi das gesagt hatte, machten sie sich bereit, zu verkündigen und zu predigen.«

Levi setzte sich zwar für Maria Magdalena ein, denn Jesus, so hielt er dem Petrus entgegen, habe sie »durch und durch«

gekannt und mehr geliebt als alle anderen, eine Konsequenz aber scheint er aus seinen Worten nicht zu ziehen. Denn gelehrt wurde dann offensichtlich nur, was den Jüngern bekannt war. Die Geheimnisse Maria Magdalenas, die Jesus ihr enthüllt hatte, werden auch im Evangelium als »die Fragen Maria Magdalenas« geschildert. Wiederum wird behauptet, daß Jesus und Maria sehr eng miteinander vertraut waren. Wieviel von den »Fragen Maria Magdalenas« erhalten geblieben ist, bleibt unklar. Offenbar war den Theologen, die sich mit den Texten auseinandersetzten, der Inhalt viel zu pikant.

Hinter vorgehaltener Hand wurde auch noch 1979 an theologischen Fakultäten deutscher Universitäten von »obszönen Praktiken« berichtet. Sollte es tatsächlich »Evangelien« gegeben haben, die das Intimleben von Jesus und Maria Magdalena thematisierten? So umstritten das Evangelium der »Fragen Maria Magdalenas« auch ist, es belegt die Partnerschaft von Maria Magdalena und Jesus: Beide waren offensichtlich ein Liebespaar. Jesus vertraute Maria Magdalena Geheimnisse an, die er nur ihr und sonst niemandem offenbarte. Was Jesus Maria Magdalena insgeheim verriet, wurde nicht verkündet. Und Petrus, nicht Maria Magdalena, wurde nach Jesus die Nummer eins in der christlichen Gemeinschaft. Maria Magdalena trat nicht Jesu Nachfolge an. Sie wurde nicht die erste Päpstin. Die aus dem Neuen Testament bekannte »Hochzeit von Kana« zwischen Jesus und Maria Magdalena wurde so umgedeutet, daß nur noch das angebliche Weinwunder von Bedeutung war.

Warum sollte aber Jesu Hochzeit verschwiegen worden sein? Zwei Gründe sind denkbar. Zu Jesu Zeiten gab es in Judäa keine Ortschaft namens Magdala, wohl aber ein Magdolum in Ägypten. Uralte Volksüberlieferungen beschreiben Maria Magdalena als schwarzhäutige Frau. Kam sie gar nicht aus Israel? Ist das ägyptische Magdolum ihre Heimat? Dann war Maria Magdalena keine Jüdin. Die Hochzeit Jesu, der als Rabbi verehrt und tituliert wurde, mit einer Nicht-

Jüdin wäre ein schlimmer Tabubruch gewesen. Wurde Jesu Hochzeit, für die so viele Indizien sprechen, so gut wie möglich vertuscht, weil Maria Magdalena aus Sicht des orthodoxen Judentums als Frau absolut inakzeptabel war?

Die Autoren des Neuen Testaments betonen, daß Jesus der Messias war, ein direkter Nachkomme von König David. Damit wird behauptet, daß Jesus der rechtmäßige Anwärter auf den Königsthron von Israel war. Als solcher hätte er aber eine Jüdin heiraten müssen. Maria Magdalena wäre ein absoluter Fehlgriff gewesen. Möglicherweise wurde auch deshalb die Hochzeit totgeschwiegen.

Fakt ist: Die apokryphen Evangelien von Nag Hammadi sprechen immer wieder von der heiligen Hochzeit. Ohne diese Hochzeit ist – so das Evangelium des Philippus – die Menschheit in ihrer Existenz bedroht. Die heilige Hochzeit wurde von christlichen Kirchenlehren und Theologen extrem tabuisiert und als unsittliches Relikt aus heidnischen Zeiten verdammt. Theologen taten so viel sie konnten, um die Vermählung in Vergessenheit geraten zu lassen.

Dabei findet sich im Neuen Testament eine starke Erinnerung an diese mystische Eheschließung. Die heidnischen Heiligen Frauen suchten einen Mann, den sie als Partner auserwählten – für die heilige Hochzeit. Sie salbten ihm Haupt und Füße – und die Genitalien. So taten sie kund, mit wem sie die sakrale Zeremonie der heiligen Hochzeit feiern wollten. Genau das tat auch Maria Magdalena laut den Evangelien des Neuen Testaments. Sie verwendete das teuerste Öl, um ihn zu salben. Aus heidnischer Sicht setzte sie damit ein klares Zeichen: Das ist mein Partner für die heilige Hochzeit. Wurde die Hochzeit von Maria Magdalena und Jesus deshalb so weit wie möglich verdrängt, weil es um viel mehr als um eine normale Eheschließung, sondern um die heilige Hochzeit ging?

Die Vorstellung einer heiligen Hochzeit zwischen Maria Magdalena und Jesus mag einem Christen als befremdlich erscheinen. Religionsgeschichtlich betrachtet wäre die Vereinigung der beiden jedoch ein Widerhall aus uralten Zeiten. Im Alten Israel existierte ein sehr alter Glaube, dessen Wurzeln sich in grauer Vorzeit verlieren. Mars-El war die Vereinigung des männlichen Gottes (El) mit seiner Partnerin (Mars). In Ägypten wurde diese Verbindung als Kombination des weiblichen Prinzips des Wassers mit dem männlichen Prinzip der Sonne verehrt. Die Geschichte beginnt nach ägyptischer Urmythologie mit der heiligen Hochzeit zwischen Osiris und Isis. Osiris kann man als ägyptischen Vorgänger von Jesus sehen. Die Übereinstimmungen sind verblüffend. Osiris wurde am 25. Dezember in einer schlichten Höhle geboren. Er war der fleischgewordene Sohn Gottes. Seine Mutter soll eine sterbliche Jungfrau gewesen sein. Er versprach seinen Anhängern: Durch die Taufe werdet ihr wiedergeboren.

Osiris starb für die Sünden der Welt. Nach seinem Opfergang stieg er in die Hölle hinab, um am dritten Tage wieder zum Himmel emporzusteigen. Seine Anhänger sind überzeugt: Am Ende der Zeiten wird Osiris wiederkommen. Er wird in den letzten Tagen als Richter über die Menschen urteilen. Und Isis? Isis war in Ägypten die Heilige Frau, die um den toten Gatten trauerte.

Die frühen Kirchenväter Justin Martyr, Tertullian und Irenaeus waren entsetzt: Wie konnte es sein, daß Jesus so sehr den Gottheiten uralter »heidnischer Zeiten« entsprach? Jesus durfte keine Kopie der vorchristlichen Götter sein. Also unterstellten sie ein merkwürdiges Prinzip: das teuflische Plagiat durch Vorwegnahme. Diabolische Kräfte kopierten Jesus. Sie schufen das Bild der antiken Gottheiten nach dem Vorbild Jesu. Sie wollten Jesus schaden, indem sie vor Jesus jesusähnliche Gottheiten kreierten. So kraus diese Logik dem heutigen Zeitgenossen auch erscheinen mag, so ist doch klar: Schon die alten Kirchenväter sahen, daß Jesus das Abbild uralter Gottheiten war.

Es scheint eine uralte Glaubensvorstellung zu geben: In

der Heiligen Hochzeit vereinen sich das männliche und das weibliche göttliche Prinzip. Stellt die Hochzeit zwischen Maria Magdalena und Jesus eine Wiederholung dieses uralten religiösen Rituals dar? Jesus und Maria Magdalena sind das Abbild einer uralten praktizierten Glaubensvorstellung – von der Vermählung des männlichen mit dem weiblichen Göttlichen!

Die Evangelien von Nag Hammadi vertraten ein Weltbild, das sich in Teilen stark von dem der übrigen christlichen Bewegung unterschied. Sie interpretierten besonders grundsätzliche Texte des Alten Testaments völlig anders als die übrige Christenheit. So glaubten sie, daß es in Urzeiten keine Geschlechtertrennung zwischen Mann und Frau gab. Bevor der Mensch aus dem Paradies vertrieben wurde, war er männlich und weiblich zugleich. Der »Schöpfungsakt« der Genesis stellt ihrer Ansicht nach die Teilung dar, durch die aus dem einen Menschen erst Mann und Frau wurden.

Die Konsequenz: Ziel des Menschseins ist die Rückkehr zum paradiesischen Urzustand. In der göttlichen Hochzeit wird diese Einswerdung des männlichen mit dem weiblichen Prinzips zelebriert. Dieses Einswerden beschreibt auch die göttliche Hochzeit zwischen Maria Magdalena und Jesus.

Kehren wir noch einmal in die Kirche von Kirchbrak an der Weser zurück. Betreten wir noch einmal das Gotteshaus. Wir stehen vor dem Kanzelaltar. Unsere Aufmerksamkeit richten wir aber nicht auf die geheimnisvolle Darstellung des Abendmahls. Ganz oben im Schnitzwerk des Altars werden wir fündig. Da wurde ein ganz besonderer Engel aus dem Holz gearbeitet. In der Regel wird er wohl übersehen, dabei liegt in ihm das zweite Geheimnis der Kirche von Kirchbrak: Der Engel, ausgestattet mit typischen Flügeln, ist männlich und weiblich zugleich. Seine Haartracht, der Schnurrbart und der Bart weisen ihn ganz eindeutig als Mann aus. Seine Brüste aber lassen auch an seiner weiblichen Seite keinerlei Zweifel aufkommen.

Der Engel von Kirchbrak stellt den Menschen vor dem

»Sündenfall« dar – und das Menschenbild, das die Verfasser der Evangelien von Nag Hammadi anstrebten: das Wieder-Eins-Sein der Geschlechter, die göttliche Hochzeit und also auch Maria Magdalena und Jesus.

Die Rückkehr zum Menschen vor der Trennung in Mann und Frau ist zugleich eine Heimkehr in die Urzeiten des Matriarchats. Barbara G. Walker faßt in ihrem Lexikon »Das geheime Wissen der Frauen« (Frankfurt 1983, S. 662) zusammen: »Mari – ein Grundname der Großen Göttin; sie war bei den Chaldäern als Marratu bekannt, bei den Juden als Marah, die Perser kannten sie als Mariham, und bei den Christen hieß sie Maria.«

9.

LÜGEN ÜBER LAZARUS UND MARIA MAGDALENA FLIEHT NACH MARSEILLE

Zu den dramatischsten Szenen, die das Neue Testament beschreibt, gehört ohne Zweifel die Verhaftung Jesu. Liest man im Evangelium nach Markus, so entdeckt man einen geheimnisvollen »jungen Mann«, über den so gut wie nie ein Wort im Gottesdienst verloren wird. Wer ist er? Ein namenloser Jünger? Bei Markus heißt es (Kapitel 14, Verse 48–52): »Und alsbald, während er noch redete, kam herzu Judas, einer von den Zwölfen, und mit ihm eine Schar mit Schwertern und mit Stangen, von den Hohepriestern und Schriftgelehrten und Ältesten. Und der Verräter hatte ihnen ein Zeichen genannt und gesagt: Welchen ich küssen werde, der ist's; den ergreift und führt ihn sicher ab. Und als er kam, trat er alsbald zu ihm und sprach: Rabbi! Und küßte ihn. Die aber legten Hand an ihn und ergriffen ihn. Einer aber von denen, die dabeistanden, zog sein Schwert und schlug nach dem Knecht des Hohepriesters und hieb ihm ein Ohr ab. Und Jesus antwortete und sprach zu ihnen: Ihr seid ausgezogen wie gegen einen Räuber mit Schwertern und mit Stangen, mich zu fangen. Ich bin täglich bei euch im Tempel gewesen und habe gelehrt, und ihr habt mich nicht ergriffen. Aber so muß die Schrift erfüllt werden. Da verließen ihn alle und flohen. Ein junger Mann aber folgte ihm nach, der war mit einem Leinengewand bekleidet auf der bloßen Haut; und sie griffen nach ihm. Er aber ließ das Gewand fahren und floh nackt davon.«

Wir erinnern uns: Jesus hatte den Abend in Gethsemane zusammen mit Jüngern und Anhängern verbracht. Zu seinem Umfeld gehörte ein namentlich nicht genannter »junger Mann«. Jesus wurde soeben abgeführt. Da zog sich der Jüngling rasch etwas über. Er wollte seinem Meister folgen und setzte dabei sein Leben aufs Spiel. Nur mit knapper Not kam er davon: Als römische Soldaten auch ihn – so wie Jesus – verhaften wollten, ließ er ein Kleidungsstück fallen. In manchen Übersetzungen heißt es »Leinwand«, in anderen »Leinengewand«.

Offensichtlich wußten die Übersetzer nicht, was sie von dem seltsamen Vorfall halten sollten. Denn das Original ist seltsam eindeutig: Der junge Mann floh nackt und ließ ein »sindon« zurück. Ein »sindon« aber ist kein alltägliches Kleidungsstück. Es ist ein Leichentuch!

Was geschah da in der Nacht der Verhaftung? Wer war der Jüngling? Und warum hüllte er sich in ein Leichentuch? Das Neue Testament bietet keine Antworten auf diese Fragen. Die entscheidenden Verse, die zur Klärung des Sachverhaltes wesentlich beitragen könnten, wurden nicht in die Bibel aufgenommen. Beide Szenen scheinen zunächst nichts miteinander zu tun zu haben.

Im »Geheimen Evangelium des Markus« heißt es: »Und sie kamen nach Bethanien, und eine gewisse Frau, deren Bruder gestorben war, war dort. Und herzukommend, warf sie sich vor Jesus nieder und sagte zu ihm: ›Sohn Davids, habe Erbarmen mit mir!‹ Aber die Jünger wiesen sie zurück. Und Jesus, der in Wut geriet, ging hin mit ihr in den Garten, wo das Grab war, und zugleich wurde ein lauter Schrei aus dem Grab gehört. Und näher tretend, rollte Jesus den Stein vom Eingang des Grabes weg. Und sogleich ging er hinein, wo der Jüngling war, streckte seine Hand aus und zog ihn hoch, indem er dessen Hand ergriff. Aber der Jüngling, als er ihn ansah, liebte ihn und fing an, ihn anzuflehen, daß er bei ihm sein möge. Und sie gingen aus dem Grab heraus und kamen in das Haus des Jünglings, denn er war reich. Und nach sechs Tagen sagte ihm Jesus, was er tun solle, und am Abend kam der Jüngling zu ihm, ein leinenes Tuch über seinem nackten Körper tragend. Und er blieb diese Nacht bei ihm, denn Jesus lehrte ihn das Geheimnis des Reiches Gottes.«

Das »Geheime Evangelium des Markus« (Zitat aus: *Der Brief des Clemens von Alexandrien an Theodorus in der von der Universität Bremen per Internet veröffentlichten Fassung.* http://www-user.uni-bremen.de/~wie/Secret/secmark.html) ist weitestgehend verlorengegangen. Oder wurde es vernichtet, weil es Aussagen enthielt, die von der jungen christlichen Kirche als peinlich empfunden wurden?

Zum historischen Hintergrund: 1958 entdeckte der Bibelforscher Professor Morton Smith im Kloster Mar Saba in der Nähe von Jerusalem ein bemerkenswertes Dokument. Dabei handelte es sich um die handschriftliche Abschrift eines Briefes von Clemens von Alexandrien an einen Theodorus. In diesem Brief zitierte Clemens aus dem »Geheimen Evangelium nach Markus«. Clemens kam um 175 n. Chr. nach Alexandria. Das »Geheime Evangelium des Markus« soll aber damals schon alt gewesen sein. Bereits um 125 n. Chr. soll es existiert haben.

Zwei Szenen, die – so unterschiedlich sie zu sein scheinen – doch etwas Gemeinsames haben. Kurz vor Jesu Verhaftung flieht ein junger Mann nackt, er läßt ein »Leichentuch« zurück. Jesus erweckt im »Geheimen Evangelium des Markus« einen Toten – und weist ihn in Geheimnisse ein. In welche Geheimnisse?

Jacques Bergier, ein grenzwissenschaftlicher Sachbuchautor, zum Verfasser: »Zu Jesu Zeiten gab es im Heiligen Land eine Reihe von Geheimkulten, in denen geheimnisvolle Zeremonien praktiziert wurden. Manchmal wurden Zeugen zugelassen, wenn die Rituale gefeiert wurden. Die Bedeutung der Rituale wurde strikt geheimgehalten. Es war so, wie wenn man einem Uneingeweihten einen Text in Geheimschrift zeigt. Er sieht ihn wohl, versteht ihn aber nicht. Genau so verhielt es sich mit so manchem Ritual: Der Uneingeweihte sah das äußerliche Geschehen, verstand aber nicht seinen tieferen Sinn. Im Zentrum standen aber stets mysteriöse Geheimnisse. Oftmals stand die Vermittlung verborgenen Wissens an die Eingeweihten im Zentrum der geheimen Gesellschaft. Man trat ihr bei oder wurde eingeladen, um Wissen zu erlangen, das den übrigen Menschen zugänglich war.«

Wer in so einen mystischen Kreis aufgenommen wurde, machte eine Initiation durch. Immer wieder stieg er eine Stufe empor. Jede höhere Einweihung war wiederum mit einem Ritual verbunden. Dabei wurde der Abschied vom alten Leben wie ein Tod symbolhaft-rituell erlebt. Oftmals wurden »Totenfeiern« abgehalten, die den Abschied von einer alten Lebensstufe verdeutlichen sollten. Dabei wurden realistisch wirkende Szenen gespielt, etwa Umwickelung des »Toten« mit dem Leichentuch und »Bestattung«. In manchen Fällen – so Bergier – kam er in ein rituelles Grab. Die Aufnahme in den neuen Kreis der mystischen Gemeinschaft wurde dann als »Auferweckung« von den Toten gefeiert.

Solche Zeremonien gehören auch heute noch zu Geheimgesellschaften wie den Freimaurern. Die Geheimbündler sehen es als das wahre Leben an, wenn man in die Geheimnisse der Existenz eingeweiht ist. Es gibt feste Strukturen und Hierarchien. Je höher man aufsteigt, desto größere Geheimnisse werden offenbart. Bis heute werden in diesem Zusammenhang Zeremonien praktiziert, die an Totenauferweckungen erinnern. Das neue Mitglied in der Gruppe verabschiedet sich vom »alten Leben«. Der Tod wird rituell zelebriert. Die Aufnahme in die geheime Gesellschaft oder die Beförderung in eine höhere Stufe bedeutet: Erst muß Abschied vom alten Zustand genommen werde – in Form eines rituellen Todes. Dann erfolgt nach einem symbolischen Stadium des Todes, das durchaus Stunden oder Tage andauern kann, die Auferweckung. Der alte Mensch ist tot. Er hat somit sein unwissendes Leben verlassen. Der neue Mensch lebt wieder, in der neuen Welt, mit mehr Wissen – nach einer Einweihungszeremonie.

Verräterisch ist ein Satz bei Johannes, der meist überlesen wird (Kapitel 11, Vers 16): »Da sprach Thomas, der genannt ist Zwilling, zu den Jüngern: ›Laßt uns mitziehen, daß wir mit ihm sterben!‹« Der Kontext ist klar: Es geht um die »Auferweckung« des Lazarus. Thomas, der Zwilling (Bruder Jesu), möchte mit zu Lazarus, um »mit ihm zu sterben«. Der leibliche, physische Tod kann damit nicht gemeint sein. Lazarus lebt also noch, sein Tod ist nur ein symbolischer Übergang in eine andere Bewußtseinsebene – oder das Aufnahmeritual in eine mystische Geheimgesellschaft.

Drei solcher Rituale scheinen mehr oder minder deutlich beschrieben zu sein: beim Jüngling, der, nur mit einem Leichentuch bekleidet, offenbar seinen rituell-symbolischen Tod erlebte, beim Jüngling im »Geheimen Evangelium des Markus« und bei Lazarus, beschrieben im Evangelium des Johannes.

Es ist für alle wie auch immer gearteten Geheimgesellschaften typisch, daß ihre Geheimnisse eben nicht an Unwissende weitergegeben werden. Zu den mit am strengsten gehüteten Geheimnissen gehören die Riten und Rituale, die nur den Menschen bekannt sind, an denen sie auch vollzogen wurden. Das galt gewiß auch für Jesu symbolhafte »Totenauferweckungen«. Offenbar wurden diese Rituale so geheim nicht praktiziert. Wurden sie für die staunende Masse als geheimnisvolles Schauspiel vorgeführt, die dann tatsächlich an echte Auferstehungen glaubte? Im Kapitel 11 bei Johannes heißt es: »Viele nun von den Juden, die zu Maria (Magdalena) gekommen waren und sahen, was Jesus tat, glaubten an ihn.«

Die Ausgangslage nach Jesu Tod war mehr als brisant: Petrus wollte, unterstützt vom Textverfälscher Lukas, die Nachfolge Jesu antreten. Er fürchtete die Rivalin Maria Magdalena, die Jesus offensichtlich als seine Nachfolgerin gewünscht hat – im Amt der Apostolin. Da spielten uralte

Eifersüchteleien und eiskaltes Kalkül mit hinein. Langsam entwickelte sich aus der ursprünglich kleinen Gemeinschaft von wenigen Anhängern eine größere Gruppe. Immer mehr Menschen schlossen sich der neuen Glaubensgemeinschaft an, nicht zuletzt dank der glühenden Werbebriefe Petri.

In dieser Situation war Maria Magdalena eine wirkliche Gefahr für Petrus. Sie mußte verschwinden. Was wäre wohl geschehen, wenn Maria Magdalena öffentlich verkündet hätte, daß die angeblichen Auferweckungen keine Wunder, sondern Rituale waren, in denen ein Mensch nur symbolisch starb und wiederauferstand? Was wäre geschehen, wenn sie gar zugegeben hätte, die Auferstehung sei ein abgekartetes Spiel gewesen, eine perfekt inszenierte Lüge für die staunende Volksmenge? Derlei Enthüllungen hätten das Aus für die Glaubensgemeinschaft bedeuten können, noch bevor sie wirklich entstanden war. Der Wunder wirkende Jesus war ein gutes Zugpferd in der Missionsarbeit. Wenn die Auferweckungen als »Lügen« und »Theater« verpönt worden wären, hätten Missionsbemühungen für das Christentum kaum noch Erfolg haben können!

Maria Magdalena wußte dies selbst. Sie hatte Angst vor Petrus, den sie einen Frauenhasser nannte und der als jähzornig bekannt war. Von Petrus ging also Gefahr für sie aus, ebenso für Lazarus. Maria Magdalena floh also. Was nahm sie mit? Schon um Aufsehen zu vermeiden, mußte die Abreise ohne nennenswerte Vorbereitungen erfolgen. Viel Gepäck wäre schon in den Tagen oder Stunden zuvor verdächtig gewesen.

Da sich Maria Magdalena als Nachfolgerin Jesu sah, gab es für sie nur ein Objekt materieller Art, das unglaublich wertvoll für sie war. Und das war jener Kelch, den Jesus beim letzten Abendmahl benutzte. Dieser Kelch stand symbolisch für die neue Glaubensgemeinschaft der Christen. Dieser Kelch war ein Zeichen: Der wahre Nachfolger Jesu mußte ihn haben, so wie ein Kaiser seine Krone trug.

Man findet im Neuen Testament keinen konkreten Hinweis, der Maria Magdalena mit einer Reise in Verbindung bringt, wohl aber in einem der »verbotenen Evangelien«. In den »Akten des Philippus« ist von einer geheimnisvollen Reise die Rede. Gefahren müssen gemeistert werden. Wer alles zur kleinen Gruppe gehört, wird nicht klar. Mit dabei ist aber der legendäre Kelch. Diesem als heilig angesehenen Symbol Christi schlechthin wird wundersame, ja magische Wirkung zugesprochen.

Es könnte sich bei der Reise auch um Maria Magdalenas Flucht gehandelt haben. Offenbar brachten schlimme Unwetter die Gruppe immer wieder in höchste Gefahr. Aber wenn es ganz besonders schrecklich wurde, dann hatte man ja den Abendmahlskelch. Die entscheidende Passage lautet: »Und sie fielen zu Boden, sie alle beteten Gott an ... Philippus und Bartholomäus und Maria Magdalena. Und Philip sprach: ›Nun ist es an der Zeit, daß wir uns der Worte des Herrn erinnern: Fürchtet nichts, weder Verfolgung noch die Schlangen auf dem Land noch den schwarzen Drachen. Laßt uns fest stehen und seine Stärke wird versagen.‹ ... So nahmen sie den Kelch und beteten ... Und er sagte: ›Nun erhebt euch und hebt hoch euere Hände, mit dem Kelch ...‹« Mit dem legendären Kelch machten sie, stolz die Arme hoch in den Himmel gereckt, das Zeichen des Kreuzes. Sie besiegten den grauenerregenden Drachen.

Über den genaueren Sinn der Drachenepisode läßt sich streiten. Wichtig ist aber: Der verbotene Text stellt aber eindeutig einen Zusammenhang zwischen Maria Magdalena und dem Kelch her. Wann mag sie ihn an sich genommen haben? Nach der Verhaftung Jesu, als fast alle seine Jünger in Panik verfielen und flüchteten, während sie fast allein zurückblieb und zu Jesus stand? Anders als die meisten Jünger bekannte sie sich schließlich noch zu Jesus, als er schon sterbend am Kreuz hing.

Die fromme Mär von Jesu »Totenauferweckung« entpuppt sich als Lügengespinst. Jesus war kein Zauberer, der Leichen wiederbelebte. Er war ein Wissender, der einige wenige, enge Vertraute einweihte – in die Geheimnisse des Lebens.

Keinen Zweifel an der hohen, ja überlegenen Position der Maria Magdalena läßt das apokryphe Philippus-Evangelium. Sie wird keineswegs von Jesus den Jüngern nur gleichgestellt, sondern steht mehr oder minder gleichberechtigt neben Jesus über den Jüngern. Wenn Jesus seinen Jüngern Befehle erteilt, dann befindet sich Maria Magdalena nicht in ihrer Gruppe. Sie ist an Jesu Seite, als seine Partnerin. Sie hält das »Verzeichnis der Jahrhunderte« in ihren Händen. Zu ihr spricht Jesus: »Ich weiß, daß du gut und mutig bist und gesegnet unter den Frauen.«

»Gesegnet unter den Frauen« spricht auf Marias Schwangerschaft an – mit denselben Worten wird bei Maria, Jesu Mutter, die Schwangerschaft umschrieben.

Die hohe Position jedoch mußte Maria Magdalena aufgeben, wenn sie sich nicht in Gefahr bringen wollte. Sie entschied sich, zu fliehen, vermutlich mit dem Kelch. Nach einigen Überlieferungen wurde sie auch von ihrem Bruder Lazarus begleitet. Welches geheime Wissen, vermittelt von Jesus, vereinte die beiden? Verband sie eine rituelle Einweihung durch Jesus? Wohin floh die kleine Gruppe? Altehrwürdige Volkstraditionen sagen übereinstimmend: nach Frankreich!

Les-Saintes-Maries-de-la-Mer ist ein kleines, ja verschlafenes Fischerdörfchen in der französischen Camargue. Der Name des malerisch-idyllischen Fleckchens läßt aufhorchen. Man kann ihn mit »die heiligen Marien vom Meer« übersetzen. Welche Marien sind gemeint? Und welche Beziehung haben sie zu Frankreich?

Nach einem Text aus dem 13. Jahrhundert der Diözese Aix soll mit der Ortsbezeichnung der heiligen Marien gedacht werden, die im Jahre 45 nach Christus in einem eigentlich gar nicht seetüchtigen Schiff nach Frankreich kamen. Schreckliche Stürme sollen sie wie von himmlischen Mächten beschützt überstanden haben.

Maria Magdalena sei in der Nähe von Marseille zusammen mit Maria Kleophas, Maria Salome, Martha und Lazarus an Land gegangen. Von dort aus, so heißt es in der alten Überlieferung, haben sie und ihre kleine Gesellschaft Frankreich missioniert.

Maria Magdalena hatte, so berichtet es die Überlieferung, mit Jesus Kinder. Offensichtlich waren es mehrere. Schenkte sie nach der chaotischen Seereise von Israel nach Frankreich einem Kind das Leben? Mehrere Kinder müssen noch zu Jesu Lebzeiten geboren worden sein. Wie viele es waren, läßt sich nicht mehr genau ermitteln. Da gibt es Unterschiede zwischen den einzelnen Überlieferungen, aber in der Tatsache als solche herrschte Einigkeit.

Den heiligen Marien zu Ehren wurde in Les-Saintes-Maries-de-la-Mer die größte Wallfahrtskirche Südfrankreichs geweiht. Erst seit 1862 zelebriert man am 25. Mai ein ganz besonderes Pilgerfest. Schon am Vorabend wird ein Vespergottesdienst gefeiert. Der Schrein mit angeblichen Marien-Reliquien wird aus der Hochkapelle herabgelassen. Lautstark begrüßen fromme Pilger die Marien mit »Es leben die heiligen Marien!«.

Am Hauptfeiertag folgt dem kirchlichen Hochamt um zehn Uhr eine feierliche Prozession – zum Meer. Man erinnert sich der Ankunft Maria Magdalenas, wie sie vom Meer her an Land ging. Das Meer hat ihr die Rettung gebracht, und daran will auch die Kirche dankbar erinnern: Alljährlich segnet der Bischof von einem Boot aus das Meer. Marien-Statuen, festlich gekleidet, werden auf ein Boot hinaus auf das Meer gebracht. So soll die Geschichte vom guten Ausgang von Marias Flucht aus dem Heiligen Land förmlich nachgespielt werden. Die theatralische Darstellung am Originalschauplatz geht mehr zu Herzen als jede Lesung aus einer frommen Heiligenlegende. Die Menschen, die an den Zeremonien teilnehmen, erleben nochmals leibhaftig nach, was anno 45 nach Christus geschah. Sie sehen, riechen, ja sie spüren das Meer. Fromme Pilger waten ein Stück ins Meer hinaus, schreiten so Maria Magdalena und ihrer Gefolgschaft entgegen.

Doch was geschah nach der Landung bei Marseille? Maria Magdalena ging mit der kleinen Schar ihrer Getreuen an Land. Sie machte sich sofort daran – so wie von Jesus befohlen –, zu missionieren. In Lübeck wird ein priesterliches Festgewand aus dem 15. Jahrhundert aufbewahrt. Darauf sind zehn Szenen aus dem Leben der Maria Magdalena dargestellt. Drei zeigen sie eindeutig beim Predigen, zwei auf der Kanzel. Eines der Bilder läßt uns Maria Magdalena vor einer großen Zahl von »Heiden« in Marseille erleben. Offensichtlich beeindruckt sie die Menschen, die in großer Zahl zusammengekommen sind, um sie sprechen zu hören. Wie lange Maria Magdalena als Missionarin in Frankreich agierte, läßt sich indes nicht ermitteln.

Maria Magdalena und Jesus gleichen dem Paar der göttlichen Hochzeit. Bewußt oder nicht verhielt sich Maria Magdalena wie das älteste Urbild der Himmlischen Frau, wie die ersten Göttinnen Ägyptens lange vor der Zeit der Pharaonen. Alten Legenden zufolge ging Maria Magdalena ins Hinterland von Marseille. Im Massif de la Sainte-Baume fand sie eine bemerkenswerte Höhle. So wie Höhlen die Heiligtümer der Göttinnen der Vorzeit waren, so wird für Maria Magdalena eine Höhle Zufluchtsort und Wohnstätte. Hauste Maria Magdalena schon darin, als sie im Umland des heutigen Marseille predigte? Oder zog sie sich erst in die Grotte zurück, nachdem sie ihre anstrengende Tätigkeit als Missionarin aufgegeben hatte? Wir wissen es nicht. Dessenungeachtet gilt die Höhle der Maria Magdalena als einer der wichtigsten religiösen Orte Frankreichs überhaupt.

Die Höhle macht alles andere als einen gastlichen Eindruck. Sie gleicht eher einer kargen mönchischen Einsiedelei. Platz für eine kleine Menschengruppe bot sie allemal: Sie ist neunundzwanzig Meter lang, vierundzwanzig Meter breit und zwischen vier und sechs Meter hoch. Viele Jahrhunderte schon ist die Höhle Ziel so mancher Pilgerreise, und der fromme Volksglaube hat Namen gesucht und gefunden. »Grotte Pleureuse«, »Weinende Höhle«, wird Maria Magdalenas Zufluchtsstätte genannt. Auf der linken Seite des Raums befindet sich eine Art natürlicher Steinsims. Man nennt ihn »Rocher de la pénitence«, also »Sühnefels«. Hier soll Maria Magdalena lange gekniet und gebetet haben. Gemütlich ist diese Bleibe nicht. Es tropft von der Decke. Wasser spendet die »source de Sainte-Madeleine«, die »Maria-Magdalena-Quelle«. Heilsame Wirkung soll sie haben.

Haß und Liebe hat die mystische Stätte ausgelöst. Antireligiöse Skeptiker verübten Brandanschläge, verwüsteten die Höhle. Doch die friedlichen, frommen Besucher waren schon immer in der Überzahl. Acht Päpste, elf Könige und vier Herrscher Frankreichs suchten in stiller Andacht die Höhle der Maria Magdalena auf, und von dem berühmten Dichter Petrarca heißt es, er habe mehrere Tage darin verbracht. Das soll um 1350 gewesen sein. Mit gemischten Gefühlen erinnerte er sich später an die ganz besondere Zeit: »Drei Tage und drei Nächte habe ich also ununterbrochen in jener heiligen, aber schauerlichen Höhle gewohnt.«

Es ist eigenartig, wie langlebig jahrtausendealtes Glaubensgut ist. Schon die Höhlen der Heiligen Frauen galten Jahrtausende vor den Pharaonen als besondere Plätze der Fruchtbarkeit. Der Pfingstmontag soll der ideale Tag schlechthin sein, um in der Höhle ein Kind zu zeugen. Man muß einige Anstrengungen auf sich nehmen, um die »Weinende Grotte« zu erreichen. Der direkteste Weg: Man folgt der Paßstraße zum Col de l'Espigoulier bis zur Hostellerie Saint-Maximin-Baume. Dort erkundigt man sich nach dem kleinen Fußweg hinauf zur Grotte.

Ungefährlich ist ein Besuch freilich nicht. Die Region ist wegen immer wieder auftretender Steinschläge gefürchtet. Schon wiederholt soll es vorgekommen sein, daß ein frommer Pilger von einem herabstürzenden Steinbrocken nur knapp verfehlt wurde. Das hindert die Menschen aber nicht daran, an jenem mystischen Ort die Nähe zu Maria Magdalena zu suchen. Am 22. Juli, also am Tag »Sankt Magdalena«, gibt es alljährlich eine feierliche Prozession zur Höhle. Man sieht: Die katholische Kirche hat die verstoßene Tochter zurückgeholt, fast zwei Jahrtausende nach ihrem Tod fern der Heimat.

Wo aber wurde Maria Magdalena begraben? Was wurde aus ihren Gebeinen? Um ihr angebliches Grab streiten sich gleich drei französische Orte. Sie behaupten alle, über den Leichnam der verehrten Maria Magdalena zu verfügen: Zum einen ist es Vézelay in Mittelfrankreich, das für seine beeindruckende romanisch-gotische Kathedrale berühmt ist. Zum anderen ist es das Dörfchen Saint-Maximin-la-Sainte-Baume in der Provence. Vézelay, an der Pilgerstraße nach Santiago liegend, wurde im Mittelalter durch Wallfahrten bedeutend und zeigt heute in der Krypta von Sainte-Madelaine Reliquien der Heiligen in einem etwas groß ausgefallenen Schrein. In Saint-Maximin wurde eigens eine gotische Basilika für die vermeintlichen Überreste der Heiligen errichtet. Aber auch Senigallia bei Ancona beansprucht für sich, die allerheiligste Reliquie Maria Magdalenas zu besitzen.

Damit nicht genug: So sind allein acht Arme bekannt, die an verschiedenen Orten als echte Reliquien der Maria Magdalena verehrt werden. Weitaus größer ist noch die Zahl der Finger der Heiligen, die in diversen Schreinen aufbewahrt werden. Die Vielzahl der Reliquien belegt, wie groß die Beliebtheit der Maria Magdalena war – und noch immer ist.

Wenn es nach kirchlicher Autorität geht, dann muß man Vézelay den höheren Kredit einräumen. Immerhin haben drei Päpste, nämlich Lucius III. (verstorben 1185), Urban III. (verstorben 1187) und Clement III. (verstorben 1191) durch eigens erlassene Bullen erklärt: Maria Magdalenas sterbliche Hülle ruhe in Vézelay und nirgendwo sonst.

Was aber wurde aus den Kindern Maria Magdalenas und

Jesu? Erinnern wir uns: Kaum eine Aussage über Jesus wird so massiv im Neuen Testament vertreten wie die der Abstammung Jesu. Es wird allerhöchster Wert darauf gelegt, daß er in direkter Linie ein Nachkomme des legendären Königs von Israel, von David war. Als Erbe des Königsthrons hatte Jesus nach jüdischer Vorstellung die Pflicht, Kinder in die Welt zu setzen. Nur so konnte Gewähr dafür geboten werden, daß die für die Bibel so wichtige Blutlinie von David nicht unterbrochen wurde.

Gibt es in Frankreich Hinweise auf ein wichtiges Geschlecht, das auf die direkten Nachkommen Jesu zurückgeführt werden könnte? Ja, es gibt sie! Eines der wichtigsten Königshäuser Europas überhaupt waren die Merowinger. Sie bestimmten die Geschicke großer Teile Europas. Ihnen unterstanden vom fünften bis zum siebten Jahrhundert weite Teile vom heutigen Deutschland und Frankreich. Ihr Name läßt sich auf Mérovée, Merovech und Meroveus zurückführen. Im Kern enthält der berühmte Name zwei französisch-lateinische Wort, nämlich Mutter und Meer.

Maria Magdalena wurde auch als eine der drei Marien vom Meer bezeichnet. Als Mutter der Kinder Jesu war sie die Mutter vom Meer. War also Maria Magdalena auch die direkte Vorfahrin der Merowinger? Über Jahrhunderte hinweg wurde ein Merowinger mit dem Erreichen des zwölften Geburtstages zum König. Regiert haben die »Meier«, die jeweiligen Könige waren lediglich Repräsentanten. Ihre Aufgaben ähnelten vor rund 1 500 Jahren jenen der Königinnen und Könige europäischer Monarchien von heute. Das Königtum war erblich.

Erblich war auch eine ganz besondere Eigenschaft der Merowinger. Man sagte ihnen nach, daß sie von Geburt an eine geheimnisvolle, geradezu magische Kraft hatten: Sie konnten Kranke heilen. Ihre heilenden Kräfte sollen sehr stark gewesen sein und bis in ihre Kleidung, bis in die Quasten gereicht haben. Darüber hinaus sagte man den Merowingern Beziehungen zum Übernatürlichen und Geheimnisvollen nach. Sie wurden als Priester-Könige gesehen, ähnlich wie die Herrscher der Pharaonen.

Im Jahre 496 n. Chr. gab es eine zum Teil geheime Absprache zwischen dem Merowinger Clovis – oder Chlodwig – und der Heiligen Römischen Kirche, vertreten durch den später heilig gesprochenen Rémy. Was im einzelnen vereinbart wurde, ist nicht wirklich bekannt. Die Kirche jedenfalls räumte den Merowingern das Recht ein, von nun an über das einstige Reich Konstantins zu bestimmen. Clovis trat zum christlichen Glauben über. Geschah dies freiwillig? Es muß auch hinterfragt werden, ob die Kirche freiwillig handelte. Oder ließ sie sich von Clovis dazu zwingen, die Merowinger zur mächtigsten Macht Europas zu machen? Hatte diese Entscheidung mit dem Stammbaum der Merowinger, sprich mit ihrer direkten Verwandtschaft zu Maria Magdalena und Jesus zu tun? Darüber kann man lediglich spekulieren. Konnte Clovis die Kirche unter Druck setzen, etwa durch Beweise dafür, daß er ein direkter Nachkomme Jesu war?

Der Historiker Martin Lunn bestätigt (*Da Vinci Code Decoded*, New York 2004, S. 59 und 60): »Die römische Kirche schloß einen Pakt mit Clovis, mit einem der Merowinger-Könige im Jahre 496 n. Chr … in welchem sie sich auf alle Zeiten auf die merowingische Blutlinie festlegte. Dies geschah vermutlich, weil sie die wahre Natur der merowingischen Blutlinie erkannte. Clovis hat den Titel des Herrschers des Römischen Reiches angeboten bekommen. Deshalb wurde er nicht König, obwohl er gemäß merowingischer Nachfolge-Traditionen als ein solcher anerkannt wurde.«

Ging es der Kirche zu weit, was sie Clovis zugesagt hatte? Wollte sie gegebene Versprechen später wieder rückgängig machen? Fühlte sie sich vielleicht sogar erpreßbar? Allem Anschein nach war die Kirche an der Planung der Ermordung von Dagobert, dem Sohn Clovis', beteiligt. Konnte der damalige »Vatikan« die Vorstellung nicht ertragen, daß es einen weltlichen Herrscher auf einem irdischen Königsthron gab, der direkt von Jesus und Maria Magdalena abstammte?

Wenn es in Frankreich ein Königsgeschlecht gab, das einen auf Jesus und Maria Magdalena zurückreichenden Stammbaum hatte, dann waren es die Merowinger. So verlockend dieser Gedanke auch sein mag, beweisen läßt er sich indes nicht! Doch halt: Erwähnt nicht Dan Brown in seinem Bestseller »Sakrileg« geheimnisvolle Dokumente, welche die Blutlinie von Jesus und Maria Magdalena bis in die Gegenwart verfolgen? Ist damit der Beweis erbracht – für das Fortbestehen einer Jesus-Dynastie bis in die Gegenwart?

Quer durch Dan Browns Roman zieht es sich wie ein roter Faden: Die Bruderschaft von Sion ist im Besitz geheimer Dokumente, welche die wahre Geschichte von Jesus und Maria Magdalena offenbaren, die bis in die Gegenwart reicht. Brown behauptet (Kapitel 48, S. 285): »Jeder, der sich aus Berufsgründen oder aus Leidenschaft für die Prieuré de Sion oder den Heiligen Gral interessierte, hatte die Dossiers gelesen.« Sie seien von »vielen Sachverständigen als echt« eingestuft worden. Diese Behauptung ist falsch: Die angeblich echten Dokumente sind von keinem seriösen Wissenschaftler jemals ernst genommen worden. Man geht davon aus, daß es sich um Fälschungen handelt.

Es stimmt: Die Dokumente wurden im Jahre 1967 in der Nationalbibliothek in Paris entdeckt Bei den Dokumenten handelte es sich aber nicht, wie man vermuten möchte, um jahrhundertealte Urkunden, sondern in erster Linie um Texte, die mit Schreibmaschinen getippt wurden. Die Tatsache, daß sie in einer so angesehenen Bibliothek verwahrt wurden, besagt nichts über ihren Wert oder gar über ihre Echtheit. Die Nationalbibliothek in Paris verfügt, wie viele andere Bibliotheken auch, über kostbare Bücher, Urkunden und Dokumente. Wie alle großen vergleichbaren Institute ist man sehr darauf bedacht, daß so wenig wie möglich Dokumente aus den Beständen gestohlen werden. Absolute Sicherheit kann es natürlich nicht geben. Worauf die

Sicherheitsexperten wohl bei ihren Überlegungen erst gar nicht gekommen sind, ist, daß jemand nichts aus der Bibliothek herausholen, sondern hineinbringen würde.

Das aber geschah vermutlich im Falle von Pierre Plantard. Die angeblich echten und uralten Geheimdokumente wurden entweder von ihm selbst oder von Personen aus seinem unmittelbaren Umfeld geschaffen. Unklar ist, ob es sich bei den Papieren um reine Phantasieprodukte des 20. Jahrhunderts oder des 19. Jahrhunderts handelt. Ende des 19. Jahrhunderts gab es eine unseriöse Gesellschaft namens »Order of the Rose-Croix of the Temple of the Grail«. Diese Gesellschaft dürfte Schrifttum hinterlassen haben, das von Plantard und einigen wenigen Vertrauten als Vorlagen für die »Geheimdokumente« benutzt wurde.

Angesichts dieser dubiosen Umstände verwundert es nicht mehr, daß sich die Geschichte von der Bruderschaft im Laufe der Jahre in ganz entscheidenden Punkten änderte. Ursprünglich hatte Plantard behauptet, die mysteriöse Bruderschaft sei 1099 von Gottfried von Bouillon gegründet worden, kurz nachdem er die Heilige Stadt Jerusalem eingenommen habe. Diese Fassung wurde von Dan Brown für seinen Roman bis ins letzte Detail übernommen (siehe: Brown, S. 218). Davon rückte Pierre Plantard aber ab. 1989 erklärte er, die Bruderschaft sei keineswegs schon Ende des 11. Jahrhunderts entstanden, sondern erst am 19. September 1738. In der neuen Fassung hütete die Bruderschaft einen »schwarzen Stein«, der eine schier unvorstellbare Menge Energie enthält. Dan Brown blieb für seinen Roman bei der Urfassung, von der der Erfinder der Story aber selbst wieder vollkommen abwich.

Den Rest an Glaubwürdigkeit verlor Pierre Plantard im Jahr 1993. Da fand er sich nämlich vor Gericht wieder, als der Tod von Roger-Patrice Pelat untersucht wurde. Dieser Mann, ein enger Freund des französischen Präsidenten François Mitterrand, war in den Dokumenten der Bruderschaft als einer der Großmeister geführt worden. In die

Enge getrieben, gestand Pierre Plantard ein, »alles erfunden« zu haben. Bei einer gerichtlich angeordneten Hausdurchsuchung fanden sich in seinem Heim weitere »Dokumente« der »Bruderschaft von Sion«. Sie wiesen Herrn Plantard als den »wahren König von Frankreich« aus. Einer Verurteilung entging er. Richter Jean-Pierre Thierry erklärte, Pierre Plantard sei wohl nur ein harmloser Spinner. Er ermahnte ihn allerdings, in Zukunft auf »derlei Spielchen« zu verzichten. Sonst müsse er, machte der Richter deutlich, mit einer Haftstrafe rechnen.

Zurück zu den Fakten: Gottfried gründete um 1099, unmittelbar nach den militärischen Siegen der »christlichen Truppen«, keine Geheimgesellschaft, keine geheime Bruderschaft, sondern ein Kloster. Es hieß »Unserer Dame von Zion«. Erst sechshundert Jahre später existierte eine Verbindung zwischen diesem Kloster und den Kreuzrittern. Anno 1698 notierte Pater Vincent: »Es waren da in Jerusalem ... während der Kreuzzüge ... Ritter, verbunden mit dem Kloster ›Unsere Mutter von Sion‹, die den Namen ›Ritter vom Orden unserer Dame von Zion‹ annahmen.« Wem fühlten sich diese Ritter verpflichtet, welcher Maria? Maria Magdalena? Oder Maria, der Mutter Jesu? Wichtiger ist: Die von Dan Brown behauptete Verbindung zwischen der Geheimgesellschaft von Sion und den Kreuzrittern hat es nicht gegeben.

Was aber hätte es für Konsequenzen, wenn man – so wie bei Brown fiktiv geschehen – tatsächlich einen Menschen auffinden würde, der ein direkter Nachkomme Jesu ist? Nun, dieser Mensch hätte theoretisch einen Anspruch auf den Königsthron von Israel. Doch dieser Thron ist nicht nur vakant, er existiert schon rund zwei Jahrtausende nicht mehr.

Wichtiger als Erörterungen, ob es noch heute leibliche Nachkommen von Jesus und Maria Magdalena gibt, ist eine ganz andere Frage. Es geht um andere »Nachkommen« Jesu, um Jesu Nachfolge auf theologisch-kirchlich-politischer Ebene! Wir denken, daß Jesus Maria Magdalena in geheime Mysterien einweihte und sie sich als Nachfolgerin wünschte. Wäre diesem Wunsch Rechung getragen worden, hätte sich die Kirchengeschichte völlig anders entwickelt. Da aber weltliche und kirchliche Politik über viele Jahrhunderte nicht voneinander zu trennen waren, hätte Maria Magdalena als erste Päpstin womöglich eine weitaus bessere Weiterentwickelung in den letzten zwei Jahrtausenden ermöglicht.

Jesus als Ehemann von Maria Magdalena mit Kindern – ein Sakrileg? Genau das behauptet Dan Brown (Kapitel 55, S. 322): »Der Haken an der Sache war, daß Konstantin Jesus erst vier Jahrhunderte nach der Kreuzigung zum Gottessohn erhoben hat. Deshalb existierten bereits Tausende von Niederschriften, in denen Jesus als normaler Sterblicher geschildert wird. Konstantin wußte, daß nur mit einem kühnen Handstreich dagegen anzukommen war ... Konstantin gab eine neue Evangeliensammlung in Auftrag, die er obendrein finanzierte. In dieser Sammlung durfte keine jener Darstellungen aufgenommen werden, in denen Jesus als Mensch angesehen wurde, während alles, was ihn in ein göttliches Licht rückte, besonders hervorzuheben war. Die frühen Evangelien wurden geächtet, konfisziert und verbrannt.«

Jesus wurde schon in den ersten Jahren nach seinem Tode als göttlich verehrt. Konstantin mußte ihn deshalb nicht erst drei Jahrhunderte nach der Kreuzigung zum Sohn Gottes erheben. (Nebenbei: Vier Jahrhunderte nach der Kreuzigung war Konstantin längst tot.) Evangelien, in denen Jesus als »Nur-Mensch« beschrieben wird, hat es mit an Sicherheit grenzender Wahrscheinlichkeit nie gegeben. »Tausende Niederschriften«, in denen Jesu Vita dargestellt wurde, gab es zu keinem Zeitpunkt. Konstantin ließ auch keine frühen Evangelien verbrennen.

Dan Brown entwirft ein in allen Punkten falsches Bild von Konstantins Wirken in Sachen Bibel und Christentum. Die dem Herrscher unterstellte Zensur hat es nie gegeben. Die

Auslöschung des Menschen Jesu zugunsten des Gottessohnes Jesu ist frei erfunden. Und das genau behauptet Dan Brown: Nach Konstantins Verfälschung der Wahrheit galt ausschließlich der göttliche Jesus, der wahre, rein menschliche war verschwunden.

Kein seriöser Theologe wird das so sehen. Im Gegenteil: Eine der wirklich zentralen Botschaften des Neuen Testaments ist die Doppelnatur von Jesus: als wahrer Mensch und Gott zugleich. Jesus wirkte, wie schon die ersten Christen glaubten, Wunder. Er heilte Kranke und speiste unzählige Menschen wie durch Zauberei. Er konnte den Sturm zum Schweigen bringen. Das wurde als Teil seiner göttlichen Natur angesehen.

Jesus litt aber auch, hatte entsetzliche Angst – etwa in der Nacht vor seiner Verhaftung. Er flehte Gott an, er möge den »Kelch« (der Kreuzigung!) an ihm vorübergehen lassen. Er litt grauenhafte Qualen, bei der Folterqual der Geißelung ebenso wie bei der Tortur der Kreuzigung, die schließlich zu seinem Tod führte. Die Kreuzigung war von den Römern keineswegs nur als Hinrichtung gedacht, die möglichst schnell zum Tode führen sollte. Das qualvolle Sterben am Kreuz war als Teil der Bestrafung einkalkuliert. Die Angst und das Leiden Jesu waren schon für die frühe, junge Christenheit der menschliche Aspekt Jesu.

Zu diesem Aspekt Jesu gehört auch, daß er Maria Magdalena liebte und Kinder mit ihr hatte. Seine Zuneigung zu einer Frau und sein Wunsch, Kinder zu zeugen, stehen nicht im Widerspruch zu den Aussagen der Bibel. Sie sind Teil der von den Schriften des Neuen Testaments vehement vertretenen Doppelnatur Jesu – und alles andere als ein Sakrileg!!

Der Mann und Familienmensch Jesus stellte keine Gefahr für die Kirche dar, aber für die frühen Christen der ersten Jahrhunderte war Maria Magdalena mehr als nur Geliebte oder Frau Jesu. Die Maria-Magdalena-Expertin Margaret Starbird weist auf einen wesentlichen Aspekt der Verbindung zwischen Maria Magdalena und Jesus hin, den die

Kirche tatsächlich als gefährliches Sakrileg empfinden mußte. Diese Bedrohung der Kirche erkennen wir heute nur nicht mehr, weil uralte heidnische Rituale weitestgehend in Vergessenheit geraten sind.

Margaret Starbird erinnert daran, daß es einst uralte heidnische Rituale um die Heilige Frau, um die Göttin gab. Die Heilige Frau sucht das Grab des toten Bräutigams auf. Sie beweint herzerweichend seinen Tod – und entdeckt zu ihrer unbeschreiblichen Freude, daß er wiederauferstanden ist. Stellt also das Drama von Jesus und Maria Magdalena, von der Kreuzigung Jesu, von seinem Sterben und von seiner Wiederauferstehung ein uraltes vorchristliches Motiv dar? Fürchtete die frühe christliche Kirche, daß es zu einem Rückfall in heidnische Zeiten kommen könnte, in denen die Heilige Frau, die mächtige Göttin, das religiöse Leben bestimmte? (Siehe hierzu Margaret Starbird: *The Goddess in the Gospels*, Rochester 1998)

Die Expertin Margaret Starbird sieht aber Maria Magdalena nicht als Gefahr, sondern als Chance für das Christentum: »Zwei Jahrtausende haben Christen Gott ausschließlich mit männlichen Bildern umschrieben. Sie benützten männliche Begriffe, wenn sie vom Schöpfer sprachen. Vom Intellektuellen her erkennen wir, daß Gott nicht männlich ist. Gott steht über den Geschlechtern. Wir grenzen Gott ein, wenn wir ihm bestimmte Attribute zuordnen ... Die Heilige Frau ist das andere Gesicht Gottes, das die letzten zwei Jahrtausende nicht geehrt wurde.«

Für die frühen Christen, so Margaret Starbird, war Maria Magdalena nicht irgendeine Frau aus dem Gefolge von Jesus von Nazareth. Sie verkörperte vielmehr die Rückkehr der Heiligen Frau, der Göttin in die Welt der christlichen Kirche, in das Reich des Glaubens der Evangelien.

Die anhaltende Verehrung der Maria Magdalena, die es immerhin zur Heiligen gebracht hat, verdeutlicht eine offensichtlich tief im menschlichen Bewußtsein verankerte Sehnsucht nach der verdrängten Heiligen Frau. Vermutlich hat sie das religiöse Leben der Menschheit so lange bestimmt, daß sich ihr Bild stark eingeprägt hat, auch wenn wir die Urgöttin längst vergessen zu haben meinen! Gemessen an der langen Regierungszeit der Heiligen Frau am Götterhimmel ist das Christentum heutiger Prägung ein sehr junges Phänomen.

Die Menschen, so sagt man, haben Angst vor der Zeit. Die Zeit aber hat Angst vor den Pyramiden. Und die Göttinnen und Heiligen Frauen haben für die Pyramiden nur ein mildes Lächeln übrig.

10.
DIE TEMPELRITTER UND DAS GROSSE GEHEIMNIS BAPHOMET

Man schreibt das Jahr 1128 nach Christus. Auf der Synode von Troyes wird der Orden der Tempelritter gegründet. Die strengen Vorschriften sehen für die Ordensbrüder ein schlichtes Leben bei karger Kost vor. Von dem wenigen, was sie haben, sollen sie auch noch einen Zehnt an Arme und Bedürftige verteilen. Im Vordergrund der Gemeinschaft steht aber nicht frommer Lebenswandel bei Gebet und Andacht, sondern kriegerisches Handwerk. Das zumindest wird in der wissenschaftlichen Literatur behauptet. Aber war der echte Ursprung der Templer wirklich militärischer Art?

Es herrschte Krieg zwischen den »Guten« und den »Bösen«. Erstere waren aus europäischer Sicht natürlich die christlichen Truppen, letztere die Araber, die man aus dem Heiligen Land vertreiben wollte. Die Aufgabe der Tempelritter sollte darin bestehen, die Pilgerwege nach Jerusalem zu schützen und die Christen, die die heiligen Stätten besuchen wollten, vor Übergriffen durch arabische Truppen zu bewahren. Jeder Christ sollte zumindest die theoretische Möglichkeit besitzen, Jesu Wirkungsstätten im Heiligen Land zu besuchen. Praktisch konnten sich damals nur wenige so eine weite und teure Reise überhaupt leisten.

Wegen ihres schlichten, bescheidenen Lebenswandels hießen die schlagkräftigen Militärs »Arme Ritterschaft vom Salomonischen Tempel«, kurz auch Templer. Arm blieb der Orden allerdings nicht lange. Es herrschte großer Andrang: Männer aus den wichtigsten und vornehmsten Adelsfamilien Europas wollten der Gemeinschaft beitreten. Nur ein

Jahr nach der Gründung, anno 1129, war die ursprünglich kleine Schar auf dreihundert streitbare Ritter angewachsen, von zahllosen Gefolgsleuten ganz zu schweigen.

Papst Innozenz II. (1130 bis 1134 im Amt) machte den Anfang. Er garantierte den Templern ein jährliches finanzielles Fixum. Papst Eugen III. (1145–1153) förderte die Spendierfreudigkeit der Bürger. Wer die Templer finanziell unterstützte oder sich gar dazu entschloß, ihnen beizutreten, bekam eine geringere Kirchensteuer auferlegt. Papst Hadrian IV. (1154–1159) drehte ebenfalls deutlich an der Steuerschraube, zugunsten der Templer. Papst Alexander III. (1159–1181) machte ein weitreichendes Versprechen. Er sicherte dem Orden den »immerwährenden Schutz« durch den Papst zu. Das angeblich für alle Ewigkeiten gültige Versprechen hielt aber nicht sehr lange. Papst Innozenz III. (1198–1216) schenkte den Templern eine ganz besondere Form der Immunität: Bischöfe durften keinen der Ritter mehr exkommunizieren. Innozenz IV. (1243–1254) ging noch einen Schritt weiter: Von nun an unterstanden die Templer nur noch dem Großmeister des Ordens und dem Papst. Niemand sonst durfte sie noch zur Verantwortung ziehen.

Diese Privilegien für den Orden der Templer machte die Gemeinschaft sehr anziehend für mehr oder minder bemittelte Adelige. Längst war die Gemeinschaft viel zu groß geworden, um lediglich die Pilgerwege zu sichern. Man griff nun auch in die Kämpfe um Jerusalem selbst ein. Der Orden wuchs und wuchs, entwickelte sich zu einer für Außenstehende nicht mehr zu durchschauenden Organisation. Wie viele Ritter dem Orden schließlich angehört haben, wissen selbst Experten nicht. Mal ist von dreitausend, mal von mehr als zwanzigtausend Rittern die Rede. Arm war der Orden auch längst nicht mehr. Jahr für Jahr flossen gewaltige Summen in die Kassen der Templer.

Der Orden war zu einem Megakonzern europäischen Ausmaßes geworden, dessen Verflechtungen bis heute nur bruchstückhaft bekannt sind. Riesige Vermögen gingen in den Erwerb von Grundstücken, die äußerst geschickt ausgewählt worden waren. So entstand schnell ein Straßennetz der Templer. Eigene Warenlager wurden an Verkehrsknotenpunkten eingerichtet. Die Templer – ursprünglich doch auf finanzielle Armut bedacht – kreierten das System des Wechselbriefs. Ein Handelsreisender war jetzt nicht mehr darauf angewiesen, sein Geld in Münzen mit sich herumzutragen, in steter Angst vor dem damals weitverbreiteten Berufszweig der Räuber. Er zahlte sein Geld bei der einen Dependance der Templer ein, erhielt einen Wechselbrief, den er, am Ziel seiner Reise angekommen, bei einer anderen Dependance der Templer wieder einlösen konnte. Unterwegs war er dann zudem auf militärisch abgesicherten Templer-Straßen.

So wurde aus einem kleinen Häuflein von einzelnen Rittern die reichste »Bank« Europas. Die Kaufleute hatten die Sicherheit der Templer-Dependancen schätzen gelernt. Dort hinterlegtes Geld war dem Zugriff von Räubern entzogen. Bald beschränkten sich die Geldhinterlegungen nicht nur auf Reisende, die kein Bargeld mit sich tragen wollten. In Paris etwa übertrug das Königshaus den Templern den Schatz des Monarchen, und da sich die Templer so gut mit Geld auskannten und als harte Burschen bekannt waren, mit denen nicht zu spaßen war, machte der Staat sie auch noch zu Geldeintreibern und Steuereinziehern.

Der Orden der vormals armen Ritter wurde immer reicher. Der Reichtum machte ihn zum Geldverleiher, was wiederum den Reichtum mehrte. Denn es wurden ordentlich Zinsen verlangt und eingetrieben. Säumige Zahler mußten nicht mit umständlichen Mahnschreiben rechnen. Die Ritter hatten eine überzeugende Art, die Zahlungsbereitschaft der Schuldner zu erhöhen.

Enorme Geldmengen flossen in den »Betrieb Orden«. Neue Grundstücke wurden erworben, weitere Straßen kamen ins Templer-Straßennetz, neue Filialen wurden eröffnet. Größere Warenlager entstanden, was zu immer höheren

Einnahmen führte. So hoch die Einnahmen waren, so waren dennoch keine Steuern zu entrichten. Es war nur noch eine Frage der Zeit: Bald würde Europa der Organisation der Templer gehören. Bald würden die Königshäuser von Templern regiert werden, denn die Mächtigen Europas wurden in immer stärkerem Maße abhängig von den Finanzen des Ordens.

Wohin gingen die kaum noch überschaubaren finanziellen Reichtümer? Die Templer-Experten Dr. Johannes und Peter Fiebag sind davon überzeugt, daß es die Templer waren, die zum Beispiel die »Kathedralen von Paris und Chartres, von Straßburg und Metz, von Reims und Toulouse« finanzierten. Doch der Reichtum des Ordens schaffte den Rittern nicht nur Freunde, sondern auch mächtige Neider, die schließlich zu Gegnern wurden.

Kein Geringerer als der König von Frankreich, Philipp IV., genannt »der Schöne« (1268–1314), wollte den mächtigen und reichen Orden der Templer mit dem der Johanniter zusammenführen – und sich selbst zum Oberhaupt des Machtkonzerns machen. Seinen Thron hätte er dann aufgegeben, um »König von Jerusalem« zu werden. Wäre sein Plan geglückt, so wie der König sich das vorstellte, wäre er zum mächtigsten und reichsten Mann Europas geworden. Der Plan scheiterte, hatte aber die vollständige Zerstörung des so mächtigen Ordens der Templer zur Folge.

So rätselhaft wie die Geldgeschäfte der Templer waren, so mysteriös mutet auch der Anfang ihrer Geschichte an. Wann zogen die ersten Tempelritter ins Heilige Land? Was taten sie in Jerusalem? Allem Anschein nach waren es neun Ritter, die schon vor der offiziellen Ordensgründung in Jerusalem wirkten. Das kleine Häuflein wäre schwerlich dazu in der Lage gewesen, die weiten Pilgerwege im Heiligen Land zu schützen, worin ja die ursprüngliche Aufgabe bestanden haben soll. Auch wenn die offizielle Geschichtsschreibung auf dieser Behauptung beharrt, so gibt es nicht den Hauch eines Hinweises, der diese »Schutzfunktion« bestätigt. Was auch immer die ersten Templer in Jerusalem taten, mit Pilgerschutz hatte es überhaupt nichts zu tun. Auch ist in den Ordensregeln, die doch die Aufgaben der Templer festlegen sollten, nichts von solcher Protektion zu finden.

Was besonders merkwürdig anmutet: Um 1105 machte sich ein kleines Häuflein von Rittern nach Jerusalem auf. Bis 1128 blieben die Männer im Heiligen Land, und als der Orden offiziell gegründet wurde, schrieb der Zisterzienser-Mönch Bernhard von Clairvaux gleich zu Beginn der Ordensregeln etwas Merkwürdiges: »Mit Gottes Hilfe ist das Werk vollendet worden ...« Mit anderen Worten: Als der Orden offiziell seine Arbeit aufnahm, da war bereits etwas vollendet worden. Als die Geschichte der Templer begann, beendeten die neun Gründer der Gemeinschaft ihre Aufgabe. Sie kehrten aus der heiligen Stadt Jerusalem nach Frankreich zurück.

Die ursprüngliche Aufgabe der Templer bestand demnach also gar nicht im Schutz der Pilgerwege. So konstatiert der Historiker Louis Charpentier (*Macht und Geheimnisse der Templer*, Olten 1978): »Die neun Ritter sind nicht nur gekommen, um die Pilger zu schützen, sondern um etwas Wichtiges zu finden, zu schützen und mitzunehmen, etwas besonders Heiliges, das sich im Tempel Salomos befindet.« Was aber suchten sie? Suchten sie gezielt? War die Behauptung, man müsse doch die heiligen Stätten des Neuen Testaments in Jerusalem für die frommen Gläubigen frei halten, nur ein Vorwand?

Ganz offensichtlich wurde nicht ohne Ziel gesucht. Man folgte einer Spur, auf die vermutlich Hugo de Payens bereits während des ersten Kreuzzugs in den Jahren von 1096 bis 1099 stieß. De Payens wurde um 1080 in der Champagne geboren, ganz in der Nähe von Troyes. Hier lebte der mittelalterliche Dichter, (etwa bis 1136), auf den die älteste Erzählung um die Suche nach dem Gral zurückgeht. Von Hugo de Payens ist wenig bekannt. Er gehörte zum mittleren französischen Adel, war Herr von Montigny-Lagesse und hatte

Besitzungen im Gebiet von Tonnerre. Er nahm am ersten Kreuzzug 1096 bis 1099 teil und gilt als treibende Kraft bei der Gründung des Templer-Ordens. Bei seinem ersten Besuch dürfte er dem Heer von Gottfried von Bouillon angehört haben. Um 1100 kehrte er nach Frankreich zurück, nur um wenige Jahre später als Pilger wieder Jerusalem aufzusuchen. Mit von der Partie war Hugo von der Champagne, einer der mächtigsten Männer seiner Zeit.

Hugo de Payens wurde in Jerusalem seßhaft. Graf Hugo von der Champagne wollte sich angeblich auch in Jerusalem niederlassen, kehrte aber 1115 wieder nach Paris zurück. Ist es ein Zufall, daß Philippe de Champaigne (1602–1674) 1662 ein großformatiges Gemälde vom letzten Abendmahl Jesu schuf? Enthält das Bild etwa verborgenes Wissen? Erkennt man den versteckten Hinweis erst, wenn man das verschlüsselt dargestellte Wissen bereits hat?

Hugo de Payens jedenfalls scheint geradezu von Reisefieber befallen worden zu sein. Offiziell versuchte er, Mitglieder für den Orden anzuwerben, der angeblich die Pilgerwege sichern sollte. Schier rastlos eilte er von Land zu Land. Er wurde in den wichtigsten Adelshäusern empfangen. Da und dort schlossen sich ihm Söhne aus vornehmen Familien an. Fast überall löste er Begeisterung aus, und fast überall wollte man seine Mission mit großen Zuwendungen unterstützen. So mancher Adelige schickte Gold direkt nach Jerusalem, um die dortigen Aktivitäten zu unterstützen. Aber um welche Aktivitäten ging es?

Ein Großteil der umfangreichen Reisen, die für die damalige Zeit schon allein wegen der Beschwerlichkeit höchst ungewöhnlich waren, läßt sich auf Grund von Chroniken aus jenen Tagen nachvollziehen. So bedeutsam die Frage nach dem »Wohin?« der Reise auch ist, wesentlich wichtiger ist das »Warum?«. Aus welchem Grund nahm Hugo de Payens diese Strapazen auf sich? Darüber verraten uns keine direkten Quellen etwas, und doch gibt es in der Literatur einen erstaunlichen Hinweis.

Zwischen 1197 und 1210 verfaßte Wolfram von Eschenbach (etwa 1170–1220) sein Meisterwerk, den »Parzival«. Mit Recht gilt es als das größte Epos des deutschen Mittelalters schlechthin. Von Eschenbach hatte als umtriebiger Dichterfürst offenbar meist mehrere Eisen im Feuer. Er muß oft wie ein Besessener geschrieben haben. Sein einziges Werk, das er vollendete, war der »Parzival«. Zahlreiche wissenschaftliche Studien wurden über sein Epos verfaßt. Unzählige Wissenschaftler aller Welt vertieften sich in die Frage, aus welchen Quellen der Dichter wohl schöpfte. So gilt es heute als sicher, daß er Vorlagen hatte, etwa das Werk von Chrétien de Troyes. Man kann sprachwissenschaftlich nachweisen, daß er es als wesentliche Vorlage benutzte. Zwei Mythengeschichten wurden verwoben: einerseits die Sage von König Artus und seiner Tafelrunde und andererseits die Sage von Parzival und dem Gral.

Kurz gefaßt: Wir erleben den Parzival als heldenhafte Gestalt. Sein Lebensweg sprengt den Rahmen des herkömmlichen, des weltlichen Rittertums. Wahres Rittertum – auf geistiger Ebene – ist nur schwer zu erlangen. Parzival aber schafft es. Wohl nicht trotz, sondern wegen aller Zweifel, die ihn peinigen, wegen der Leiden, die er durchlebt, und wegen der Prüfungen, die er besteht. So erreicht er den höchstmöglichen Zenit, das geistige Rittertum, und schließlich, als Krönung seines reinen, lauteren Strebens, wird er zum Gralskönig berufen.

Wichtiger als alle sprachwissenschaftlich-historischen Untersuchungen sind aber die Angaben des Dichters selbst zu den Quellen, die er benutzte: Neben Chrétien de Troyes nennt er einen Provenzalen, einen »Kyot, den Sänger«. Wer war dieser Kyot? Nach Wolfram von Eschenbach will Kyot sein Wissen über den Gral von Flegetanis »aus Salomons Geschlecht« erhalten haben. Somit weist die Spur ins Heilige Land, nach Jerusalem.

Auch die Frage nach der Identität Kyots wird seit langem von der Wissenschaft zu ergründen versucht. War er ein Mitglied der Glaubensgemeinschaft der Katharer? Oder gehörte er dem Orden der Templer an? Dr. Johannes und Peter Fiebag meinen das Geheimnis um Kyot entschlüsselt zu haben. Ihre Argumentation ist überzeugend (*Die Ewigkeitsmaschine*, München 1998, S. 272 f.): Die Beschreibung des Kyot trifft mit erstaunlicher Genauigkeit auf Hugo de Payens zu. Besonders wichtig ist: Beide – Kyot wie Hugo de Payens – bereisten halb Europa, besuchten die identischen Reiseziele.

Die Schlußfolgerung liegt nahe: Kyot ist ein Pseudonym für Hugo de Payens. Nun wird klar, was Hugo de Payens alias Kyot suchte. Wolfram von Eschenbach verrät es uns: »Kyot, der weise Meister, begann nach dieser Überlieferung zu suchen, in lateinischen Büchern, wo gewesen wäre ein dazu geborenes Volk, daß es sich annähme des Grales Pflege, und redlich genug dazu sei. Er las in den Chroniken der Länder, zu Britannien und anderswo, zu Frankreich und in Irland …«

So wird deutlich, wonach Hugo de Payens und seine Brüder vom Orden der Tempelritter suchten: nach dem Heiligen Gral! Was aber ist der Gral?

Das große Geheimnis der Tempelritter liegt vor der eigentlichen Gründung des Ordens: Um 1105 waren neun Templer im Heiligen Land. Sie waren an keinerlei militärischen Aktionen beteiligt. Sie unternahmen nichts, um Pilger auf ihrer Reise ins Heilige Land zu schützen. Sie verschanzten sich bald auf dem Tempelberg in der einstigen Hauptstadt des Heiligen Landes. Allerdings waren es nicht fromm-theologische Erwägungen, die sie den Standort wählen ließen. Sie widmeten sich auch nicht mönchischem Klosterleben. Vielmehr fingen sie an, auf rabiate Weise zu graben. Offensichtlich vermuteten sie etwas im Tempelberg.

1170 waren die Spuren der ersten Templer noch mehr als deutlich zu erkennen. Systematisch waren sie ans Werk gegangen. Für sie bestand kein Zweifel: Es gab Wertvolles zu entdecken, man mußte nur zielstrebig und ausdauernd suchen. Sie hatten senkrechte Schächte tief in das Innere des Berges getrieben. Bei den Ausgrabungen waren sie auf unterirdische Kammern gestoßen. Später wurden diese Kammern als Vorratsräume oder Waschräume genutzt.

1127 oder 1128 jedenfalls müssen die neun Templer fündig geworden sein. Die Ur-Templer brachen ihre Zelte ab und reisten nach Frankreich zurück. Nun wurde der eigentliche Orden gegründet, und der Zisterziensermönch Bernhard von Clairvaux setzte den Ordensregeln als Präambel voran: »Mit Gottes Hilfe ist das Werk vollendet worden ...« Wie kann etwas vollendet worden sein, was erst begann? Die eigentliche Aufgabe der Ur-Templer war erfüllt. Sie hatten gefunden, wonach sie jahrelang gesucht hatten. Aber was war das?

So mächtig die »Arme Ritterschaft vom Salomonischen Tempel« auch geworden war, so war ihr Schicksal letztlich schon besiegelt, als Bertrand de Got 1305 in Lyon zum Papst Clemens V. gewählt wurde. Das Kirchenoberhaupt (im Amt von 1305 bis 1314) war ein eher schwacher Mann und dem intriganten Philipp IV., dem König von Frankreich, nicht gewachsen.

Am 6. Juni 1306 gab es eine offizielle Information an die beiden Großmeister der Johanniter und der Templer. Man müsse bereden, wie ein neuer Kreuzzug so erfolgversprechend wie nur möglich geplant werden könne. Jacques de Molay, Großmeister der Templer, hatte eine beschwerliche weite Reise zu absolvieren – von Zypern nach Frankreich. Angeblich erreichte er »schon« im Herbst des Jahres 1306 sein Ziel. Warum kam es aber erst im Frühjahr 1307 zur Begegnung mit dem neuen Papst? Der Heilige Vater trug den Wunsch des Königs vor, Templer und Johanniter zu einem neuen Orden zu vereinen. Empört lehnte dies Jacques de Molay ab.

Mit ernster Miene äußerte sich der Papst besorgt über die angeblich unmoralischen Zustände bei den Templern. De Molay scheint es aber gelungen zu sein, das Kirchenoberhaupt von der Haltlosigkeit der Vorwürfe zu überzeugen. Noch einmal sah es so aus, als hätten die Templer die Oberhand behalten. Philipp der Schöne ließ indes nicht locker. Neben unsittlichen Praktiken komme es bei den Tempelrittern auch zu Gotteslästerungen. Nun hätte eigentlich der Papst reagieren müssen: Indem er eine kirchliche Untersuchung anordnete, damit die Vorwürfe geklärt oder widerlegt werden konnten. Allerdings gab es unter den Kardinälen keine Mehrheit für die Bildung einer Kommission. Der Papst setzte sich darüber hinweg und sicherte dem König von Frankreich zu: Wir werden überprüfen, ob die Templer tatsächlich sündhaft leben und Gott lästern.

Das alles dauerte Philipp zu lange. Am 14. September 1307 war das Schicksal der Templer besiegelt. Alle Templer sollten verhaftet, ihre weltlichen Güter sollten beschlagnahmt werden. Zugeschlagen wurde aber erst in der Nacht vom 12. auf den 13. Oktober 1307. Die Templer Frankreichs wurden in einer sorgfältig geplanten Großaktion festgenommen. Am 15. Oktober wurden der Großmeister und weitere führende Ordensbrüder verhört. Nach den heute noch vorhandenen Unterlagen kam es vom 19. Oktober bis zum 24. November zu strengen Verhören, denen immerhin 138 Angehörige des Templerordens unterzogen wurden. Zunächst protestierte der Papst dagegen, schwenkte aber dann am 22. November 1307 auf die Seite des französischen Königs um. Er verfaßte eine Bulle gegen die Templer insgesamt und forderte darin alle Fürsten auf, wie der französische König Philipp jeden Templer zu verhaften und ihre Besitztümer zu beschlagnahmen.

Ein kurzer Blick zurück: Papst Alexander III. (1159 bis 1181) hatte dem Orden Großes versprochen. Er hatte »immerwährenden Schutz« gewährt. So ganz scheint Clemens V. nicht vergessen zu haben, was Papst Alexander III. so vollmundig zugesagt hatte. Galt der »immerwährende Schutz« schon nichts mehr? Papst Clemens V. scheint sich an das Versprechen seines Vorgängers im Amt erinnert zu haben, doch unternahm er recht zaghaft Rettungsversuche. Offensichtlich wurden in verschiedenen Ländern Europas Templer massiv gefoltert. Bei den »Untersuchungen« taten sich – wieder einmal – Dominikaner hervor. Im Frühjahr 1308 entzog der Papst den kirchlichen »Würdenträgern«, welche die Anschuldigungen gegen die Ordensmitglieder untersuchen sollten, wieder die Vollmacht. War das die Wende? Fast schien es so, als ob Philipp klein beigeben würde. Er mußte die unter seiner »Obhut« stehenden Templer dem Papst ausliefern. Auf dem Papier geschah das auch, doch was die Rettung der Ordensbrüder hätte bedeuten können, blieb ein Verwaltungsakt. Zwar wurden die Templer amtlich dem Papst zugestellt, gleichzeitig blieben sie aber unter der Bewachung des französischen Königs. Es änderte sich also nichts.

Im Sommer wurden dann dem Papst in Poitiers einige Mitglieder des Templerordens vorgeführt. Clemens V. befragte sie selbst. Und siehe da: Sie bestätigten die gegen den Templerorden erhobenen Vorwürfe. Allerdings handelte es sich bei den Befragten um in der Hierarchie weit unten stehende Ordensangehörige. Der französische König hatte die Männer zudem selbst ausgewählt. So bekam der Papst nur solche »Zeugen« zur Vernehmung zugeführt, die kaum etwas wußten und bereitwillig die vom König gewünschten Antworten vortrugen. Vermutlich waren auch sie zuvor gefoltert worden.

Als der Papst wünschte, die »Obrigkeit« der Templer zu befragen, wurde das abgelehnt – angeblich nicht etwa, weil man dem Papst und seinen Kardinälen die eigentlichen Zeugen vorenthalten wollte. Der König ließ vielmehr verlautbaren, die führenden Männer des Templerordens seien alle »erkrankt«. Man könne ihnen den weiten und anstrengenden Weg in die Residenz des Papstes in Poitiers nicht zumuten. Diese erstaunliche Rücksichtnahme auf die Templerherren mutet mehr als seltsam an. Der König ließ die Templer mit grausamer Härte foltern – und heuchelte dann Sorge um ihren angeschlagenen Gesundheitszustand. Wie viele Templer insgesamt systematisch gepeinigt wurden, ist unbekannt.

Fest steht allerdings, daß Dutzende von ihnen schon bei der Tortur ums Leben kamen. Befürchtete der französische König, die führenden Männer des Ordens würden den Papst von ihrer Unschuld überzeugen können? Und wenn sie tatsächlich nicht reisefähig waren, dann lag das wohl an den erlittenen Folterqualen.

Die unmenschliche Vorgehensweise des Königs erreichte bei vielen seiner Opfer das Gegenteil von dem, was man von ihnen erwartete. Vielen war klar geworden, daß sie ihr Leben verwirkt hatten. Sie beschlossen daher, durch Folter abgepreßte »Geständnisse« zu widerrufen. Mag sein, daß diese Haltung auch den Papst beeindruckte. Seine Kommission ließ schließlich verlauten, dem Orden sei keine Schuld nachzuweisen. Doch wieder setzte sich der König durch. Am 22. März 1312 wurde der Templerorden mit einer päpstlichen Bulle aufgelöst.

Tags zuvor war vor der mächtigen Kirche »Notre Dame« in Paris das Urteil über Jacques de Molay, »Großmeister des Ordens«, und über Gottfried von Charney, »Großpräzeptor der Normandie«, verkündet worden. Man ließ »Milde« walten, weil die Angeklagten – unter Folter – gestanden hatten. Sie wurden »nur« zu lebenslanger Haft verurteilt. Zum Entsetzen der Ankläger widerriefen beide Männer ihre Geständnisse. Als »Rückfällige« wurden beide zum Tode verurteilt. Sie wurden wenige Stunden später öffentlich verbrannt.

Die Zerschlagung und Vernichtung des Templerordens erfolgte auf Betreiben Philipps des Schönen. Der französische König gab an, die Kirche rein halten zu wollen, dabei hatte er es lediglich auf den Reichtum der Templer abgesehen. Papst Clemens V. hätte das staatlich sanktionierte Verbrechen abwenden können, aber er versagte. Er war ein kranker und schwächlicher Papst. Oder hatte er geheime Motive? Das Vorgehen des französischen Königs sah er als Beleidigung der katholischen Kirche an. Doch schließlich fügte er sich und unterstützte eines der großen Justizverbrechen der europäischen Geschichte. Schuldig wurde ein großer Teil der europäischen Potentaten und Fürsten. Nicht zuletzt aus Geldgier fügten sie sich Philipp. In Deutschland allerdings wurden die Templer nicht durch Folter zu absurden Geständnissen gebracht. Alle verhafteten Ordensbrüder wurden wieder freigelassen.

Papst Clemens V. setzte sich für den Schutz der Templer so gut wie nicht ein, wohl aber für die finanziellen Belange der Kirche. Ein Großteil des Templer-Vermögens wurde dem Orden der Johanniter zugeschlagen. Seinen »Triumph« konnte der Papst nicht lange auskosten. Er starb am 20. April 1314. Der französische Monarch Philipp der Schöne erhielt einen Teil des Templervermögens, konnte sich aber nur kurze Zeit des neuerworbenen Reichtums erfreuen. Er starb bereits am 29. November 1314 bei einem Jagdunfall.

Vergeblich suchten die Folterknechte des Königs in den Besitztümern der Tempelritter nach einem geheimnisvollen Schatz – nach dem Baphomet. Dabei soll es sich um das gotteslästerliche Hauptheiligtum des Ordens gehandelt haben. War es eine kostbare Statue? Doch nirgendwo fand sich eine Spur. Widersprüchliche, ja unsinnige Beschreibungen wurden zahlreichen Templern durch Folter abgepreßt. Die Protokolle verraten lediglich, daß nicht mehr als unterschiedliche Phantasien unter den meisten Ordensbrüdern kursierten. Wirklich Bescheid wußte wohl nur die »oberste Etage«, und die Anführer der Ordensgemeinschaft schwiegen sich über den Baphomet aus.

Die unteren Chargen wußten nicht einmal, ob es nur ein Baphomet gab, etwa in der Zentrale des Ordens, oder ob eine Vielzahl von Exemplaren existierte, vom äußeren Erscheinungsbild einmal abgesehen. Gefunden wurde ein Baphomet jedenfalls nie. Vielleicht weil es den Baphomet als greifbares Objekt gar nicht gab? Es gelang Dr. Hugh Schonfield, einem Experten auf dem Gebiet der Qumran-Rollen, das Geheimnis um den Baphomet zu lüften. Es war ganz einfach: Offenbar handelte es sich bei dem Terminus Baphomet um das Ergebnis einer simplen Chiffriermethode. Das System heißt Atbash und wurde häufig angewandt, um alte jüdische Geheimtexte vor uneingeweihten Kreisen zu schützen. Wendet man Atbash auf den Terminus Baphomet an, so ergibt sich ein neues Wort: Sophia, zu deutsch Weisheit.

In Dan Browns Bestseller spielt der Baphomet eine entscheidende Rolle. Auch bei Brown wird Atbash eingesetzt, um das Geheimnis zu lüften (Kapitel 76 und 77, S. 428–434). Im Roman steht der Baphomet als Chiffre für die weibliche Hauptperson, für Sophie Neveu. Von Browns amüsantem Einfall einmal abgesehen – was hat wohl Sophia für die Templer bedeutet? Was war Sophia, wenn es sich nicht um einen greifbaren Gegenstand handelte?

Sophia steht als Kürzel für eines der geheimnisvollsten Bücher religiöser Art – für Pistis Sophia, einer Übersetzung und einem Kommentar zu einer speziellen Sammlung von geheimnisvollen Manuskripten aus alten ägyptisch-koptischen christlichen Kodizes. Sie stammt aus dem weiten Umfeld der Nag-Hammadi-Texte, die vermutlich zwischen 150 und 300 n.Chr. entstanden. Worum geht es in dem Werk? Es soll sich um eine Belehrung der Jünger Jesu handeln, die er seinen Getreuen nach seiner Auferstehung zuteil werden ließ.

Der Titel »Pistis Sophia« – zu deutsch »Glaube Weisheit« – soll auf den wichtigen Inhalt hinweisen. Marco Frenschkowski weist im »Biographisch-Bibliographischen Bibellexikon« (Band V, 1993, Sp. 815 bis 819) darauf hin, daß Maria Magdalena als »geheimnisvolle Frauengestalt« und als »Offenbarungsträgerin ... alle anderen Jünger überragt« – und zwar im apokryphen Thomas-Evangelium und in Pistis Sophia. In Pistis Sophia verkündet Jesus (Kapitel 96): »Wo ich sein werde, da werden mit mir auch meine zwölf Diener sein. Aber Maria Magdalena und Johannes, der Jungfräuliche, werden überragen alle meine Jünger und die Menschen.« Für die Textsammlung Pistis Sophia gibt es keinen Zweifel: Maria Magdalena ist eine Heilige Frau. Sie steht schon als Begleiterin Jesu weit über den übrigen Jüngern. Daran wird sich auch dereinst im Jenseits nichts ändern.

Hat uns der Hinweis auf den Baphomet auf die richtige Spur gesetzt? Ging es den Templern nicht um die Anbetung eines obskuren Idols, sondern um die Rückkehr zur historischen Wahrheit? Für Clemens V. muß die Vorstellung, daß Pistis Sophia die Frau Maria Magdalena über Petrus stellt, ein entsetzliches Sakrileg gewesen sein. Maria Magdalena dominierte nach diesem uralten heiligen Text nicht nur das Zusammenleben Jesu mit seinen Jüngern, auch im Jenseits würde sie über den Jüngern stehen, also auch über Petrus!

Im schwer zugänglichen sechsten Buch von Pistis Sophia, selbst manchem Experten nicht bekannt, ist es Petrus, der sich über Maria Magdalena beschwert: Er beklagt sich darüber, daß sich Jesus von Maria Magdalena so vereinnahmen läßt! Und dauernd stellt sie Fragen! Schließlich bittet Petrus Jesus, er möge Maria Magdalena zum Schweigen bringen. Schließlich würden die Jünger selbst Jesus gern die eine oder die andere Frage stellen!

Die Sophia der Tempel-Ritter weist aber noch auf ein weiteres Werk aus der frühen christlichen Geschichte Ägyptens hin. Enthält Pistis Sophia schon schwerverdauliches Material, so muß Clemens V. das Buch »Sophia Jesu Christi« als Gift der schlimmsten Sorte empfunden haben. Denn da wird ganz massiv an den Fundamenten seines Glaubens gerüttelt.

Der Papst war von einem festen Weltbild ausgegangen, so wie es die Bibel lehrt. Gott war der Schöpfer von Himmel und Erde. Schon dieser fundamentale Glaubenssatz wird durch das Werk Sophia Jesu Christi in Frage gestellt. Denn da heißt es: »Der Herr des Alls wird nicht Vater, sondern Vorvater genannt … Der, der offenbar wurde vor dem All im Unendlichen, ist ein selbstgewachsener, selbsterschaffener Vater.« Da gab es also vor Gottvater einen Vorvater. Auf den Vorvater folgte Gott Selbstvater. Dieser Selbstvater scheint mit dem Gott des Alten Testaments identisch zu sein: Er schuf sich Götter, Engel und Erzengel als seine Dienerschaft.

Diese erhebliche Dissonanz zwischen Bibel und Sophia Jesu Christi wäre für Clemens V. vielleicht noch erträglich gewesen, wenn nicht Sophia ins Spiel gebracht würde. Demnach war der göttliche Vorvater nicht allein. Er hatte vielmehr eine Partnerin: »Seine Gemahlin aber ist die große Sophia.« Gott besaß also eine Frau.

Schließlich folgte noch Jesus Christus: »Er aber, der Erstgeborene, wird ›Christus‹ genannt.« Seltsam: Auch Christus hatte – so die Sophia Jesu Christi – eine Gemahlin/Gattin: wiederum Sophia.

Die Texte der Sophia Jesu Christi sind schwer verständlich. Vermutlich bedarf es einer Einweihung in die mysteriöse Welt der Sophia. Wie man aber auch immer den mysteriösen Text zu verstehen versucht, wie man ihn auch interpretiert, er widerspricht fundamentalen Überzeugungen, die von der Bibel über Gott, Schöpfung und Jesus Christus vermittelt werden. Nach herkömmlicher Interpretation war die Welt Gottes einseitig männlich. Gottvater schuf, Jesus predigte. Es galt das rein männliche Prinzip. Durch die Sophia Jesu Christi kommt das weibliche Prinzip hinzu. Gott hatte demnach Sophia als Gemahlin/Gattin und Christus ebenso. Einen Schritt weiter geht das Manuskript »Dialoge des Erlösers«, das aus dem direkten Umfeld von »Pistis Sophia« stammt. Da heißt es: »Als der Vater den Kosmos für sich gründete, behielt er viel übrig von der Mutter des Alls.«

Das war Sakrileg pur. Und die Ritter vom Templerorden verehrten, ja beteten Sophia alias Baphomet an! Erinnern wir uns: Kyot alias Hugo de Payens durchstreifte vor der eigentlichen Gründung des Templerordens Europa auf der Suche nach dem Gral. Was genau suchte er? Was fand er? Wir sind auf Vermutungen angewiesen. Entdeckte er auf seinen Reisen durch Europa Hinweise auf den »Schatz« im Tempelberg? Waren es seine Hinweise, welche die neun Ur-Templer in Jerusalem ans Ziel führten? Trieben sie die Schächte gezielt in den Tempelberg, zu jenen geheimnisvollen Kammern? 1128 jedenfalls hatten sie entdeckt, was sie zu finden beabsichtigten. Sie kehrten nach Europa zurück.

Vergeblich suchten Philipp der Schöne und Papst Clemens V., als der Templerorden zerschlagen war, nach ihrem »Heiligtum«, nach dem Baphomet. Ihre Motive mögen unterschiedlicher Natur gewesen sein. Der König wollte womöglich endgültig Gewalt über die Kirche gewinnen. Der Papst wollte womöglich den Baphomet vernichten. Beide fanden sie den Baphomet alias Sophia nicht.

Vieles spricht dafür, daß es sich um die Sophia-Manuskripte handelte – über Gott, Jesus und Maria Magdalena – und über Sophia. Welche Texte den Baphomet bilden, kann man lediglich vermuten. Vielleicht ist uns heute nur ein Bruchteil der Sophia-Dokumente bekannt. Diese mysteriösen Texte mögen in sich verschlüsselt sein, so daß nur ein Eingeweihter sie versteht. Klar ist aber eine ihrer zentralen Aussagen: Sie rücken das Prinzip des weiblichen Göttlichen zurück ins Christentum. Das aber gefährdete die katholische Amtskirche zu Zeiten Clemens' V. massiv. Die Kirche war ausschließlich dem männlichen Prinzip verpflichtet. Unternahm Clemens V. nicht aus Schwäche keine ernst zu nehmenden Hilfsaktionen für die Templer, die er leicht hätte retten können? War ihm die Zerschlagung und Zerstörung des Templer-Ordens mehr als nur recht, weil damit eine große Gefahr für das Bestehen seiner Kirche beseitigt wurde? Die Sophia-Texte hätten diese Kirche, wären sie allgemein bekannt geworden, in ihren Grundfesten erschüttert. Sie hätten die Autorität des Vatikans untergraben.

Wo aber blieben die mysteriösen Dokumente? Obwohl sie verzweifelt gesucht wurden, hat man sie damals nicht gefunden. Unzählige Menschen wurden zu Tode gefoltert, um das Versteck von Sophia bzw. dem Baphomet zu erfahren. Sind sie inzwischen ausfindig gemacht worden? Es gibt keinen Zweifel: Die Sophia-Papiere könnten heute noch genauso brisant wie zu Zeiten von König Philipp dem Schönen und Papst Clemens V. sein!

Der Roman »Sakrileg« beginnt mit der Ermordung des Museumsdirektors Jacques Saunière. Nach und nach wird deutlich, daß der geachtete Gelehrte Hüter eines Geheimnisses ist, das so brisant erscheint, daß damit die katholische Kirche in Bedrängnis gebracht werden kann. Sterbend hinterläßt der Museumsmann Spuren, die auf das Geheimnis hinweisen. Dan Brown hat den Namen Jacques Saunière nicht willkürlich gewählt. Es gibt ein Vorbild: Berenger Saunière!

Am 1. Juni 1883 trat Berenger Saunière im malerischen Dörfchen Rennes-le-Château sein Amt als Pfarrer an. Der hochintelligente und gebildete Theologe paßte eigentlich nicht so recht in die ärmliche Region. Auf eine Karriere im kirchlichen Bereich gab es hier keine Aussicht. Freiwillig war er allerdings nicht in die Einöde gekommen. Saunière, im Juni 1879 zum Priester geweiht, war von 1879 bis 1882 Vikar in Alet und Dekan von Clat (282 Einwohner) von 1882 bis 1885. Eine Laufbahn in der Wissenschaft bahnte sich an. Saunière wurde Professor am Seminar von Narbonne. Er wurde aber wegen Disziplinarvorfällen seines Postens erhoben, degradiert und aufs Land verbannt – nach Rennes-le-Château.

Mag sein, daß sich der Priester langweilte, jedenfalls suchte er bald nach einer sinnvollen Tätigkeit, die ihn beanspruchte. Er fing um 1891 an, die örtliche Kirche – sie ist Maria Magdalena geweiht – zu renovieren. Saunière selbst legte tüchtig mit Hand an. So entfernte er auch die Altarplatte. Dabei machte er eine seltsame Entdeckung. Eine der Säulen war hohl. Der Priester fand verschiedene auf Pergament geschriebene Texte. Jahreszahlen wiesen auf 1244, 1644 und 1780 hin.

Die Pergamente von 1780 trugen lateinische Texte. Saunière erkannte sofort, daß es sich um Passagen aus dem

Neuen Testament handelte. Irritierend waren aber weitere, scheinbar sinnlos eingefügte Buchstaben.

Rätselhafter war ein weiterer Text: »BERGERE PAS DE TENTATION QUE POUSSIN TENIERS GARDENT LA CLEF PAX DCLXXXI PAR LA CROIX ET CE CHEVAL DE DIEU J'ACHEVE DE DAEMON DE GARDIEN A MIDI POMMES BLEUES.«

Eine Übersetzung war möglich, ergab aber keinen erkennbaren Sinn : »Schäferin – keine Versuchung – daß Possin Teniers den Schlüssel besitzt – Friede 681 – beim Kreuz und diesem Pferd Gottes beende ich diesen Dämon von Wächter zu Mittag – blaue Äpfel.«

Auch entschlüsselt und übersetzt klingen diese Worte wirr und sinnlos. Dabei sind einzelne Informationen leicht als sinnvoll zu erkennen: Poussin und Teniers sind zwei Maler aus dem 17. Jahrhundert. Poussin fertigte ein mystisches Bild an, betitelt »Die Hirten von Arkadien«. Das Gemälde zeigt eine real existierende Landschaft. Das dargestellte Szenario befindet sich knapp acht Kilometer von Rennes-le-Château entfernt. Es ist eine sehr markante Felsformation naturgetreu abgebildet. Unweit davon liegt der Ort Arques. Bei Arques wiederum stellte ein steinerner Sarkophag selbst Forscher vor ein Rätsel. Diente er je wirklich als letzte Ruhestätte für die Gebeine eines Menschen? Eingeritzt in den Stein waren die Worte »ET IN ARCADIA EGO«. Sie lassen sich mit »Auch ich in Arkadien« übersetzen. Vertauscht man die Reihenfolge der Buchstaben (Anagramm), so ergibt sich »I TEGO ARCANA DEI«, zu Deutsch »Ich halte die Geheimnisse Gottes verborgen«.

Der seltsame Text verweist also auf ein Gemälde, das eine Landschaft zeigt. Bei einem markanten Fels stand ein uralter Sarkophag mit dem Hinweis auf die Geheimnisse Gottes. Pfarrer Saunière hat offensichtlich den Wink verstanden. Er kaufte im Louvre eine Kopie des Gemäldes. Entdeckte er auf dem Bild mehr als andere? Führte ihn das Bild zu den »Geheimnissen Gottes«?

Zurück zum Pergament mit dem seltsamen Text. Die Buchstaben in diesem merkwürdigen Text sind unterschiedlich groß geschrieben. Ganz offensichtlich geschah dies bewußt und nicht etwa als Folge mangelhaften Schreibvermögens. Das fiel einem Fernsehzuschauer auf, der interessiert einen Bericht über das rätselhafte Frankreich verfolgte. Die BBC zeigte in dieser Sendung auch den geheimnisvollen Text. Der Zuschauer erkannte in dem scheinbar wirren Text eine versteckte Botschaft: »A DAGOBERT II ROI ET A SION EST CE TRESOR ET IL EST LA MORT.« Die Übersetzung läßt aufhorchen. Sie könnte lauten: »Dieser Schatz gehört König Dagobert dem Zweiten und Sion. Dort liegt er tot.« Eine andere, leicht abweichende Variante heißt: »Zu König Dagobert II., König und Sion, gehört dieser Schatz, und er ist der Tod.«

Erinnern wir uns: Dagobert II. war ein König der Merowinger (Nachkomme Jesu?). Der Monarch wurde am 23.12.678 n.Chr. ermordet.

Der Fernsehzuschauer teilte seine Entdeckung dem Sender BBC mit, blieb aber anonym. Offensichtlich gelang es auch Abbé Saunière, die verborgene Botschaft zu entdecken. Was tat er dann? Darüber ist nur wenig bekannt. Offensichtlich reiste der Abbé nach Paris. Dort hatte er, der arme Dorfgeistliche, Zugang zu bedeutenden Würdenträgern. Als er wieder in Rennes-le-Château eintraf, scheint er mit fieberhaften Nachforschungen begonnen zu haben. Er war dabei sorgsam darauf bedacht, entdeckte neue Spuren zu zerstören. So zerschlug er einen geheimnisvollen Stein auf dem Friedhof, der eine verschlüsselte Botschaft trug.

Um 1900 scheint der einst in ärmlichsten Verhältnissen ein karges Dasein Fristende zu unerhörtem Reichtum gekommen zu sein. »Er baute«, so der Fachautor Thomas Ritter, »Villen und Straßen, ließ seine Kirche auf eigene Kosten renovieren, wurde Großgrundbesitzer und empfing in seiner Pfarrei so bedeutende Gäste wie den französischen Kultusminister oder Mitglieder des österreichischen Kaiserhauses sowie des Vatikans. Er tätigte undurchsichtige Geschäfte mit internationalen Banken, die alle zur einflußreichen Bankiersfamilie Rothschild gehörten.«

Der Geistliche, der wegen seines bescheidenen Einkommens eigentlich auf Zuwendungen aus der kleinen Gemeinde angewiesen war, schien plötzlich über unerschöpfliche Geldquellen verfügt zu haben. Die getätigten Ausgaben für Baumaßnahmen waren bereits immens. Die noch geplanten Projekte aber hätten astronomische Summen verschlungen. So sollte ein riesiger »Tempel« errichtet werden. Sein gewaltiges, auf neun riesigen Säulen ruhendes Dach hätte das gesamte Dorf wie ein künstlicher Himmel überspannt. Das Projekt wurde nicht verwirklicht. Am 17. Januar erlitt Abbé Saunière einen Schlaganfall. Wie konnte der Geistliche Saunière von 1896 bis 1917 eine Geldsumme im heutigen Wert von etwa viereinhalb Millionen Euro ausgeben, obwohl sich sein bescheidenes Jahreseinkommen auf umgerechnet rund 180 Euro belief?

Am 22. Januar 1917 verstarb Berenger Saunière. Der aus dem Nachbardorf herbeigerufene Geistliche soll dem befreundeten Kollegen die Beichte abgenommen haben. Die letzte Ölung verweigerte er ihm und soll entsetzt das Sterbehaus verlassen haben.

Saunière hatte nur einen Menschen, dem er vertraute: seine Haushälterin Marie Dénarnaud. Ihr vertraute er sein großes Geheimnis an und setzte sie als Universalerbin ein.

Nach dem Tod des Geistlichen freundete Marie sich mit einem gewissen Noël Corbu an. Was verriet sie dem Mann über Saunières Vermächtnis? Machte sie nur Andeutungen? Oder ging sie ins Detail? Corbu jedenfalls kaufte Marie Saunières ehemaliges Anwesen ab, das sie vom Geistlichen geerbt hatte. Marie versprach Corbu, sie werde ihm in ihrer Todesstunde »ein Geheimnis« offenbaren. »Das wird dich reich und mächtig machen!« Sie erlitt jedoch 1953 einen Schlaganfall, konnte nicht mehr sprechen. Als sie im Sterben lag, versuchte sie zwar mit schwindenden Kräften ihr gegebenes

Versprechen zu halten. Angeblich verstand Corbu ihre gekrächzten Worte aber nicht.

Mit Akribie versuchte Noël Corbu zu ergründen, was Berenger Saunière herausgefunden hatte. Er investierte viel Geld, verschuldete sich schließlich hoch. Wie besessen arbeitete er weiter. Er setzte seine Recherchen auch dann noch fort, als er aus Geldnot Saunières Anwesen veräußern mußte. Im Jahr 1968 erklärte er eines Abends, das Rätsel gelöst zu haben. »Ich werde reich und mächtig sein, mir wird Europa zu Füßen liegen!« soll er einigen engen Freunden anvertraut haben. Wenige Stunden später kam er bei einem Autounfall ums Leben. Die Umstände waren mysteriös und blieben es bis heute. »Fremdverschulden«, konstatierte damals die Polizei. Der Unfallverursacher entzog sich durch Fahrerflucht. War es überhaupt ein Unfall – oder ein Anschlag?

Noël Corbu nahm das Geheimnis Saunières mit ins Grab. Aber worin bestand es? Was hat Saunière entdeckt? Studiert man die zahlreichen Forschungsberichte zum Thema, so drängt sich ein Gedanke auf. Der Geistliche entdeckte verborgene Dokumente, doch wer soll sie versteckt haben? Wer lieferte Hinweise, die einen gewieften Schatzsucher ans Ziel führen konnten? Unweit von Rennes-le-Château gab es einst eine stolze Festung der Templer: Château Blanchefort.

Die Templer von Blanchefort wurden nach zermürbenden Kämpfen gegen eine erdrückende Übermacht von Truppen Königs Philipp des Schönen besiegt. Der französische Monarch soll selbst bei den Attacken gegen die Templer in der Nähe von Rennes-le-Château zugegen gewesen sein. Das spricht für die große Bedeutung, die er der Aktion beimaß.

Die Templer hatten aber vor ihrer Niederlage noch ausreichend Zeit, ihren wichtigsten Besitz bei Rennes-le-Château zu verstecken. Entdeckte Saunière die Sophia der Templer? Die Templer waren umsichtige Menschen. Man muß davon ausgehen, daß sie Kopien der wichtigen Dokumente anfertigten. Fand Saunière Originale oder Kopien?

Und wie kam er zu Geld? Fand er auch Kostbarkeiten der Templer, Gold vielleicht? Erpreßte er die Kirche mit seinem Wissen über die Sophia-Texte? Auf alle Fälle muß seine Suche in Rennes-le-Château einige mächtige und reiche Europäer dazu veranlaßt haben, den Priester im kleinen, abgelegenen französischen Dörfchen finanziell zu unterstützen. Ihm flossen erhebliche finanzielle Mittel zu.

Der Roman »Sakrileg« beginnt mit der Ermordung des Museumsdirektors Jacques Saunière. Die Helden des spannenden Thrillers versuchen – mit Erfolg – der Spur zu folgen, die der sterbende Museumsdirektor gelegt hat. So finden sie schließlich den »Gral«. Befindet sich der »Gral« des Geistlichen Saunière noch irgendwo in der Nähe von Rennes-le-Château? Ist es die Sophia der Templer?

Die Sophia-Texte, entstanden in den ersten Jahrhunderten nach Christus, könnten eine echte Chance für die christlichen Kirchen unserer Tage sein. Die Kirchen hätten gegebenenfalls die Möglichkeit, die immer noch als ketzerisch verunglimpften Texte in das Bewußtsein der heutigen Zeit zurückzuholen. Mit diesen Texten würde das weibliche Prinzip wieder in den christlichen Glauben zurückkehren. Das wäre die große Chance der christlichen Kirchen – speziell der katholischen – in einer Zeit der Krisen.

Nicht nur die christlichen Kirchen stecken in einer Krise. Über viele Jahrhunderte hinweg bot das Christentum vielen Menschen eine solide Lebensbasis. Das gilt heute für viele Menschen nicht mehr. Eine neue Religiosität, die die Heilige Frau nicht mehr ausklammert, die sie wieder ins Zentrum des Glaubens führt, kann den Menschen wieder bieten, was viele Zeitgenossen vermissen: religiöse Spiritualität, die dem menschlichen Wesen entspricht. Die rein maskulin ausgerichtete Religiosität des heutigen Christentums ist – im Verhältnis zur »Regierungszeit« der Heiligen Frau – eine Momentaufnahme ohne wirklichen Bestand.

11. ZWEI PÄPSTINNEN, DAS ZÖLIBAT UND EIN GEGENPAPST

Man schreibt das Jahr 1413. Johannes Hus ist zum Kirchenkonzil nach Konstanz angereist. König Sigismund hat ihm ausdrücklich »freies Geleit« zugesagt. Doch auf ihn wartet nicht ein intellektuell-wissenschaftlicher Streit unter Gelehrten über theologische Fragen. Johannes Hus wird als Ketzer angeklagt, zum Tode verurteilt und auf dem Scheiterhaufen verbrannt.

Heftig angegriffen wird Johannes Hus, weil er die Unfehlbarkeit des Papstes bestreitet. 28 Kardinäle und 260 Bischöfe und Theologen geraten in helle Aufregung, wenn Hus immer neue Belege für päpstliche Irrtümer anführt. Man schreit ihn nieder oder deklariert jede unliebsame Aussage zur Lüge.

Mit ruhiger Stimme trägt Hus seine Gedanken und sachlichen Argumente vor: »Päpste sind viele Male der Sünde und dem Irrtum anheimgefallen, so zum Beispiel, als Johanna zum Papst gewählt wurde.« Die Versammlung der Theologen reagiert nicht. Schweigend akzeptiert sie die Aussage von Johannes Hus über Johanna, die Päpstin.

Wie heiß das »Eisen« Päpstin Johanna ist, erlebte der griechische Schriftsteller Emmanuel Rhoides (1835–1904), als er 1866 seinen Roman »Papissa Joanna« veröffentlichte. Obwohl er ausdrücklich nicht das Christentum oder den Glauben an sich verspotten wollte, wurde er sofort heftig von der katholischen Kirche angegriffen. Sein Buch wurde umgehend verboten. Der Autor wurde von der griechisch-orthodoxen Kirche exkommuniziert. Dadurch wurde der Siegeszug des Romans nicht wesentlich aufgehalten. Zahlreiche

Übersetzungen, etwa ins Deutsche, Französische, Italienische, Russische und Dänische folgten.

Vielleicht hätte man Rhoides sein Buch noch als Roman durchgehen lassen, wenn er nicht beteuert hätte, daß die Geschichte eben nicht fiktiv, sondern den historischen Tatsachen entsprechend geschrieben wurde: »Nichts ist unglaubwürdig an der Geschichte der Johanna!« Ähnliches behauptet ja auch Dan Brown zu Beginn seines Romans »Sakrileg«.

Über die Biografie Johannas ist wenig bekannt. Sie soll um 818 in Ingelheim geboren worden sein. Ihr Vater war angeblich ein Priester, der für die katholische Kirche bei den Sachsen missionierte. Früh verwaist, kam Johanna in ein Frauenkloster. Dort entdeckte man ihre außergewöhnliche Intelligenz. Erfreut stellten die Nonnen fest, daß sich Johanna gut in biblischen Fragen auskannte. Ihr Vater hatte sie unterrichtet. Von Ingelheim wechselte Johanna in ein Kloster nach Fulda. Angeblich hatte sie sich in einen Mönch verliebt.

Die Beziehung blieb nicht platonisch – und wurde entdeckt. Johanna und der Mönch flohen nach Griechenland. In Athen genoß sie – schon als Mann verkleidet? – eine intensive theologische Ausbildung. Sie »verwandelte sich« in Pater Johannes und zog nach Rom. Dort fand sie wegen ihrer theologischen Brillanz ein weites Betätigungsfeld. Angeblich betraute sie der Vatikan mit wichtigen Aufgaben und Ämtern. Biografische Daten fehlen. Angeblich soll sie »Geheimsekretär« im Vatikan gewesen sein. Auch habe sie als eine Art Professor an der renommierten griechischen Schule Vorlesungen gehalten: über Grammatik, Rhetorik und Didaktik. Papst Leo IV. wurde auf sie, Johanna von Ingelheim alias Johannes Anglicus, aufmerksam und holte sie in den Vatikan. Der Heilige Vater war von dem »jungen Mann« sehr beeindruckt. Er vertraute »ihm« eine schwierige Aufgabe an. Johanna alias Johannes wurde »Armen- und Siechenbeauftragter«. So erfreute sie sich unter den Ärmsten der Armen ungeheurer Beliebtheit. Im 15. Jahrhundert schwärmte Felix Hemmerlin von ihren guten Werken. Sie hätten vor den Bedürftigen wie ein strahlendes Licht in finsterer Nacht geleuchtet. Offensichtlich waren es Leo IV. große Zufriedenheit mit Johannes' Arbeit und die Beliebtheit des »Engels« im Volk, die den Papst Johannes Anglicus zu seinem Nachfolger bestimmen ließen. So kam es: Johanna wurde zum Papst gewählt.

Martinus Polonus, auch Martin von Troppau genannt (gestorben 1274), verfaßte eine umfassende Chronik der Päpste. Darin heißt es: »Nach diesem Leo herrschte Johannes Anglicus aus Mainz zwei Jahre, sieben Monate vier Tage ... Dieser Johannes war, wie versichert wird, eine Frau, die auf verschiedenen Wissensgebieten derartig glänzte, daß sich niemand mit ihr messen konnte.«

Die ehrwürdige Chronik wird durch eine »Papststatue« bestätigt, die lange Jahre in der Kirche von Sienna gezeigt wurde – zwischen einer ganzen Reihe von plastischen Nachbildungen verschiedener Päpste. Sie war versehen mit der Inschrift »Johannes VII., Femina ex Anglia«, also »(Papst) Johannes VII., Frau aus Anglia/England«. Irritierend ist der Hinweis auf die Nationalität. Johanna stammte aus Ingelheim/Engelheim. Daraus mag lateinisierend »Anglia« geworden sein. Erst 1601 erteilte Papst Clemens VIII. den Auftrag, das Standbild der Päpstin Johanna umzuarbeiten. So wurde aus der Frau, die sich als Mann verkleidet hat, Papst Zacharias. Allerdings hat der Verwalter der päpstlichen Bibliothek Bartolomeo Platina (1421–1481) in seiner Papstgeschichte Päpstin Johanna ebenfalls als »Engländerin« bezeichnet..

Eine unliebsame Tatsache – in Gestalt einer Statue – wurde ummodelliert. Aus einer Frau, die nur als Mann verkleidet in der Hierarchie der katholischen Kirche eine Chance hatte, wurde mit Hammer und Meißel ein Mann gemacht. Der augenscheinliche Beweis dafür, daß es eine Frau bis zum Papst gebracht hatte, mußte verschwinden. Ganz aus dem

Verkehr wollte man die altehrwürdige Statue nicht ziehen, also wurde sie geändert.

Ein ähnliches Denken verrät auch Thomas of Elmhams offizielle Liste: »Anno Domini (im Jahre des Herrn) 855, Johannes. Dieser Eintrag zählt nicht. Sie war eine Frau.« Johanna war also Päpstin geworden, aber das gilt nicht. Eine Frau hat auf dem Stuhl Petri nichts zu suchen – selbst wenn das eigentlich durchaus im Sinne Jesu gewesen wäre. Johannes Duns Scotus (1265–1308) war Theologe aus Leidenschaft. So sehr er die Theologie schätzte und verehrte, so sehr war er auf logisches Vorgehen in den Wissenschaften bedacht. Es galt selbstkritisch zu überdenken, wie denn Entschlüsse entstehen und Meinungen gebildet werden. Der Franziskaner gehörte zu den großen Wissenschaftlern seiner Zeit, ja er war oft seiner Zeit voraus. Er hatte einen Lehrstuhl für Theologie und Philosophie in Oxford inne. Als Wissenschaftler machte er sich nicht nur Freunde. Die meisten seiner Kollegen sahen die Philosophie als »Magd« der Theologie an. Fast schon ketzerisch war seine These, daß der Wille das Denken dominiert. Mit anderen Worten: Bevor der Mensch denkt, entscheidet sein Wille, was richtig oder falsch ist. Johannes D. Scotus erstellte eine Chronik der Päpste. Darin heißt es kurz und bündig: »Anno Domini (im Jahre des Herrn) 854, Lotharii 14, Johanna, eine Frau, Nachfolgerin von Leo, zwei Jahre, fünf Monate und vier Tage im Amt.«

Im Quellenwerk »De Gemlours' Chronik« wird etwas mehr verraten: »Es wird berichtet, daß dieser Johannes eine Frau gewesen und von einem ihrer Diener geschwängert worden sei. Die Päpstin, in andere Umstände geraten, brachte ein Kind zur Welt, weswegen sie von einigen nicht mit zu den Pontifizes gezählt wird.«

Es gab aber auch stillschweigende Anerkennung. Anno 1276 ließ Papst Johannes XX. die päpstlichen Akten und Urkunden gründlich durchforsten. Er wollte sich vergewissern, ob er tatsächlich der zwanzigste Johannes war oder nicht. Bei diesen Recherchen wurde die Päpstin Johanna entdeckt. Johannes XX. änderte seinen Namen in Johannes XXI. So anerkannte er stillschweigend, daß Johanna tatsächlich Päpstin und seine Vorgängerin war. Damals gab es schon »Reiseführer« für fromme Touristen, in denen auch über die Geschichte der Päpste berichtet wurde. Johannes XXI. veranlaßte, daß Päpstin Johanna in die Kirchenhistorie aufgenommen wurde.

Seriöser als so eine, wenn auch altehrwürdige Zusammenstellung ist der »Liber Pontificalis«, das »Päpstliche Buch«. Es handelt sich dabei um eine chronologisch geordnete Sammlung von Papstbiografien. Die erste Ausgabe entstand bereits 530. Damals lag bereits ein Papstverzeichnis vor, das allerdings mit Papst Liberius endete. Ein unbekannter Redakteur ergänzte diese Chronik, führte sie weiter bis Papst Felix III. (526–530).

Die für die Kirchengeschichte des Papsttums so wichtige Arbeit ist im Original nicht mehr erhalten, wurde aber in Auszügen in den »Felicianischen Katalog« und in den »Kononischen Katalog« übernommen. Im »Kononischen Katalog« können wir die Papstgeschichte immerhin bis Konon (gestorben 687) verfolgen. Weitere Ergänzungen komplettieren das Gesamtwerk bis Papst Stephan V. (gestorben 891). Eine »aktuelle« Ausgabe (Duchesne, 2 Bände 1886/92, in 3 Bänden neu herausgegeben von C. Vogel 1955/57) schließt auch die wesentlich später verfaßten Papstbiografien bis Martin V. (gestorben 1431) mit ein.

Der »Liber Pontificalis« enthält einen deutlichen Hinweis auf Päpstin Johanna. Allerdings meldete bereits anno 1647 der protestantische Historiker Blondel erhebliche Bedenken an. Der Eintrag über die Päpstin sei, darauf würden Unterschiede im Stil und in der Handschrift hinweisen, erst nachträglich dem alten Text hinzugefügt worden. Blondel vermutete, dies sei »im 14. Jahrhundert« geschehen. Es stellt sich die Frage: Warum sollte ein Hinweis auf eine Päpstin, die vom katholischen Klerus mit Nachdruck verdrängt wurde, in eine Papstchronik nachträglich eingefügt worden sein? War es nicht eher so, daß man Belege für Johanna als Päpstin verschwinden ließ? Es wurde ganz offensichtlich sehr viel retuschiert und manipuliert. Wie viele Dokumente mögen im Verlauf der Jahrhunderte vernichtet worden sein, die nicht ins gewünschte Bild von der Vergangenheit der Kirche paßten? Kirchengeschichte war fast immer auch Propaganda. Sie wurde entsprechend der aktuellen Ansicht der Mächtigen manipuliert. Ein Beispiel: Der Theologe Alkuin von York (732–804) kam beim Studium alter Schriften in den Besitz eines für die Kirche peinlichen Dokuments. Der hochangesehene Papst Leo III. erschien darin in einem gar nicht günstigen Licht. Vielmehr wurde er als unkeusch und bestechlich dargestellt. Alkuin von York ließ die inkriminierenden Dokumente einfach verschwinden.

Nicht vergessen werden darf der Gegenpapst Anastasius Bibliothecarius. Der gebildete Zeitgenosse Johannas weist ausdrücklich auf seine »Kollegin« im Amte hin. Zum Glück war das Schrifttum des gelehrten Mannes weit und in zahlreichen Abschriften verbreitet. So scheiterte eine Vielzahl von Kopisten, die einfach die Passagen über die Päpstin wegließen. Es blieben immer noch unverfälschte Abschriften erhalten – mit der Darstellung von Päpstin Johanna.

Blickt man in heutige Auflistungen der Päpste, so wird man Päpstin Johanna vermissen. Sie ist verschwunden, doch wann erfolgte die »Korrektur«? Vermutlich hat man im Katholizismus des 17. Jahrhunderts versucht, möglichst alle Spuren der unerwünschten Frau auf dem Stuhle Petri zu tilgen. Damals gab es ein großes Erstarken des Protestantismus. Offenbar sah man Johanna als Fauxpas an, als einen Makel, für den man sich schämte. Diese Einstellung wirft ein bezeichnendes Licht auf die Haltung der kirchlichen Obrigkeit der Frau gegenüber.

Die Papstlisten werden stets herangezogen, um zu belegen, daß es eine Päpstin Johanna nicht gegeben haben könne. Leo IV. hatte – so steht es in den heute gängigen Chroniken – das Amt als Oberhaupt der katholischen Kirche von 847 bis 855 inne. Sein Nachfolger war Benedikt III., der 855 zum Papst gewählt wurde und 858 von Nikolaus I. abgelöst wurde. Für Päpstin Johannes gäbe es demnach also keinen Platz anno 858 n. Chr. Ist sie also doch nur eine rein fiktive Gestalt? Diese Argumentationsweise ist blauäugig! Natürlich wäre es den Kopierern der Chroniken ein leichtes gewesen, die Lebensdaten des Vorgängers und des Nachfolgers von Päpstin Johanna so zu verändern, daß nun kein Platz mehr übrigblieb für die Nachfolgerin Maria Magdalenas!

Nachdem Johanna zum Papst gewählt worden war, löste das unglaublichen Jubel bei der Bevölkerung Roms aus. Donnna W. Cross schildert, wie die Massen begeistert jubelten (*Die Päpstin*, Berlin 1996, S. 485): »In einen golddurchwirkten, scharlachroten Seidenumhang gehüllt und auf einem weißen Zelter, der ebenfalls einen Umhang sowie goldenes Zaumzeug trug, ritt Johanna in feierlichem Zug zu ihrer Weihe- und Krönungszeremonie in die Peterskirche. Aus jeder Tür, jedem Fenster entlang der Via Sacra hingen Flaggen und Banner und flatterten in einem Meer aus Farben, und der Boden war mit duftender Myrte bestreut. Dicht gedrängt säumten die jubelnden Menschen die Straßen und schubsten sich, um einen Blick auf den neuen Papst zu werfen.«

Wer denkt bei dieser Schilderung des begeisterten Empfangs der Päpstin nicht an Jesu Einritt in Jerusalem, als – so berichtet es das Neue Testament – ebenfalls die Massen die Straße säumten, laut »Hosianna« rufend? Aber die Volksmassen schrien wenig später nicht minder laut: »Kreuziget ihn!«

Päpstin Johanna, so heißt es, erlitt ein ähnliches Schicksal: Sie wurde bejubelt – und verdammt. Geschwängert von einem Diener, brach sie bei einer Prozession durch Rom auf der »Via Sacra« zusammen. Sie soll eine Fehlgeburt erlitten haben, und die Jubelschreie der Bevölkerung wandelten sich in blanken Haß. Nun schrien die Menschen »Tötet sie! Steinigt sie!«. Ingeborg Kruse schildert den gewaltsamen Tod der Päpstin poetisch verklärt (*Johanna von Ingelheim*, Berlin

2002, S. 256): »Hat sie gemerkt, daß die ersten Steine fielen? Daß ihre Füße gefesselt wurden, daß sie an das Pferd gebunden und zur Stadt hinausgeschleift wurde unter dem Gejohle der Menschen? Hat sie lange leiden müssen unter dem Steinhagel, der auf sie niederging? Man sagt, es gibt immer einen Barmherzigen unter den Menschen, der einen Stein so geschickt wirft, daß der Verurteilte rasch stirbt. Vielleicht gab es diesen einen damals auch in Rom.«

Die enge Gasse »Via Sacra« wurde nach dem gewaltsamen Tod der Päpstin Johanna zum Tabu für künftige Päpste. Viele Jahrhunderte hat man im Vatikan streng darauf geachtet, daß der Heilige Vater die Straße mied. Schließlich wurde sie in »Via San Giovanni« umbenannt.

Der Vatikan zog aber weitere Konsequenzen. Auf jeden Fall sollte vermieden werden, daß sich ein »Fall Päpstin« wiederholen würde. Es wurde aus rotem Marmor ein spezieller »Thron des Papstes« konstruiert. Die Sitzgelegenheit wirkt einerseits prunkvoll, ist aber alles andere als bequem. Die Sitzfläche liegt ungewöhnlich hoch. Sie weist eine Öffnung in Form eines Schlüssellochs auf. Die Rückenlehne dient nicht wirklich der Bequemlichkeit. Sie ist stark nach hinten geneigt. Die Stuhlbeine bestehen aus zwei massiv-kostbaren Marmorplatten. Sie führen an den Seiten nach unten und enden in Löwenklauen. Der Mittelteil, der Bereich unter dem hochliegenden »Schlüsselloch«, ist offen und unverdeckt.

Der Thron erinnert weniger an einen bequemen Prunksessel als an den Untersuchungsstuhl eines Gynäkologen. Tatsächlich hatte das kuriose »Möbelstück« ähnliche Funktion. Allerdings wurde kein Arzt benötigt, um die Untersuchung vorzunehmen. Der zum Papst gewählte Kirchenmann mußte, mehr liegend als sitzend, darauf Platz nehmen. Das strategisch richtig angebrachte Schlüsselloch ermöglichte es dann einem unter dem Stuhl liegenden Diakon, eine Untersuchung vorzunehmen und festzustellen, ob es sich beim Papst auch tatsächlich um einen Mann handelte.

Hatte die Untersuchung das erwünschte Ergebnis erbracht, verkündete der Diakon nach Beendigung seiner heiklen Aufgabe laut: »Mas nobis nominus est!«, also »Unser Erwählter ist ein Mann!« Alexander Borgia, der als Papst Alexander VI. (1492–1503) in die Geschichte einging, mußte sich dieser peinlichen Prozedur unterziehen. Dabei hatte er doch schon mit vier leiblichen Kindern, die er mit seiner Frau gezeugt hatte, hinreichend seine Männlichkeit bewiesen.

Papst Julius II. soll anno 1503 die »Papstuntersuchung« verboten haben. Der ominöse Stuhl hatte somit ausgedient. Er wurde aus dem Verkehr gezogen, allerdings nicht vernichtet. Noch heute ist er angeblich im »Vatikanischen Museum der Masken« zu sehen. Außerdem soll angeblich eine hölzerne Kopie angefertigt worden sein. Die offizielle Erklärung für den seltsamen »Papstthron« leugnet aber jede Verbindung mit der Päpstin Johanna.

Der Vatikan versuchte immer wieder, die Existenz der Päpstin Johanna zu leugnen. So wird auch heute noch gern auf das Tarot-Spiel verwiesen, das sich im 14. Jahrhundert großer Beliebtheit erfreute. Eine der wichtigen Karten dieses Spiel ist »die Päpstin«. Kann man daraus folgern, daß es Johanna im neunten Jahrhundert nicht gab, daß sie vielmehr erst rund ein halbes Jahrtausend später erfunden wurde?

Vermutlich hatte die Tarot-Karte »Die Päpstin« nicht Johanna von Ingelheim, sondern eine andere historische Gestalt als Vorbild. Im ausgehenden 13. Jahrhundert existierte in Italien eine Sekte, die sich großer Beliebtheit erfreute. Die Guglielmiten waren davon überzeugt, daß ihre verstorbene Gründerin, Guglielma von Böhmen, wiedergeboren würde, wie sie selbst prophezeit hatte. Und nicht nur das: Wenn sie wieder aus dem Totenreich zurückkehre, dann würde die Heilige Katholische Kirche von Päpstinnen regiert.

Unterstützt wurde die streitbare Frau von den mailändischen Zisterziensern. Sie trug nämlich die Wundmale Jesu. Das allein schon machte die Frau für Rom suspekt. Wie konnte eine Frau die Wunden Jesu tragen? Ob die frommen

Ordensleute auch akzeptierten, daß sich Guglielma als »Verkörperung des Heiligen Geistes« ausgab? Ihre alternative Frauenkirche fand zwar viele Anhänger, setzte sich aber nicht durch. Guglielma starb 1279. Wann würde sie in die Welt der Lebenden zurückkehren? Ungeduldig warteten ihre Anhängerinnen und Anhänger – doch vergeblich. Guglielma von Bohemia, auch Vilemina von Böhmen genannt, ließ auf sich warten. Sie blieb im Jenseits, ließ sich jedenfalls im irdischen Diesseits nicht wieder blicken. Ihre Anhängerschaft entschloß sich schließlich dazu, die Prophezeiung über das Papsttum trotzdem wahr werden zu lassen. Vielleicht würde ja Guglielma wieder auftauchen, wenn das von ihr prophezeite weibliche Papsttum begonnen hatte. Schließlich wußte man nicht mehr so recht, was denn was auslösen würde. Würde die Wiedergeburt der Sektengründerin zur Wahl der ersten Päpstin führen? Oder würde Guglielma erst dann wieder geboren werden, wenn dieser Wechsel an der Spitze der Heiligen Kirche vollzogen war?

Wie auch immer: Man entschied sich, nicht mehr zu warten. Die Guglielmiten wählten Manfreda Visconti alias Mayfreda von Pirovano zur Päpstin. Damit erfüllten sie den Wunsch der Sektengründerin, die ihre Vikarin für die neue Geistkirche als Päpstin vorgesehen hatte. 1300 wurde Mayfreda wegen Ketzerei zum Tode verurteilt und auf dem Scheiterhaufen verbrannt. Damit begnügte sich die katholische Kirche aber nicht: Sie ließ die sterblichen Überreste Guglielmas ausgraben, verurteilte die Tote posthum zum Tode und verbrannte ihre Gebeine.

Für die katholische Kirche muß die Religionsgeschichte der Welt über unzählige Jahrtausende hinweg ein einziges Sakrileg gewesen sein. Ein Sakrileg war in besonderem Maße Johanna von Ingelheims Anmaßung: Sie war zum Papst gewählt worden und saß so gesehen mit Recht auf dem Thron Petri. Für den modern denkenden Menschen mag es zu Beginn des dritten nachchristlichen Jahrtausends mehr als befremdlich wirken, wie vehement die katholische Kirche sich gegen Johanna von Ingelheim wehrt. Wäre es denn so schlimm, wenn in der jahrtausendealten Geschichte des Papsttums eine Frau für eine kurze Zeit das Oberhaupt der römisch-katholischen Kirche war?

Dem Zeitgenossen ist nicht bewußt, wie frauenfeindlich Theologie oft ist. Eine Frau kann schon deshalb nicht Papst sein, weil nur ein unversehrter Mann dieses Amt bekleiden darf. Eine Frau aber ist – so Thomas von Aquin – ein unvollständiger Mann und von Geburt an mit Mängeln behaftet. Ein gesunder, fromm lebender Mann zeugt – so Thomas von Aquin – nur Söhne. Töchter hingegen sind sozusagen Unfälle. Entweder der Vater war nicht im Besitz seiner vollen Gesundheit, oder er lebte in Sünde, als ein Kind gezeugt wurde. Wenn es also bei der Zeugung Pannen gibt, wird ein Mädchen daraus.

Thomas von Aquin (gestorben 1274), von Papst Leo XIII. 1879 zum »ersten Lehrer der Catholika« ernannt, sieht die Frau als minderwertigen Menschen an: »Das Weib verhält sich zum Mann wie das Unvollkommene und Defekte zum Vollkommenen.« Sie ist in jeder Hinsicht defekt: geistig wie körperlich. Weil sie körperlich minderwertig ist, ist sie es – so Kirchenlehrer Thomas von Aquin – auch geistig. Daraus folgert er, daß die Frau sich dem Mann unterzuordnen habe. Diese Hierarchie läßt sich biblisch belegen: Ganz oben in der Hierarchie steht Gott, darunter folgt Jesus. Eine Etage tiefer wiederum folgt der Mann, der seinerseits wiederum so hoch über der Frau steht wie Jesus über dem Mann.

Kein Wunder ist es für Thomas von Aquin, daß die Frau auf niedrigster Stufe steht: Sie ist von ihrer Entstehung her minderwertig; sie ist es in ihrem Sein und in ihrer Tätigkeit. Ist denn die Frau überhaupt zu etwas gut? Albertus Magnus (1193–1280), auch Albert der Große genannt, wird als der größte deutsche Philosoph und Theologe des Mittelalters bezeichnet. Der Gelehrte formulierte kirchliches Denken und bestimmte kirchliches Denken durch seine Werke. Auch er blickte mit Verachtung auf die Frau als solche herab. Eigentlich dürften ja Frauen nur vollkommene Menschen gebären, und das sind nach Albertus Magnus nun einmal Männer. Als Notbehelf greift die Natur dann auf die Frau zurück, wäre doch eine Menschheit zum Aussterben verdammt, wenn sie nur aus perfekten Menschen – Männern – bestünde. Die Frau dient also der Erhaltung der Spezies Mensch, die ohne die minderwertige Frau nicht überleben kann.

Franz von Assisi (etwa 1181–1226) weist beim Umgang mit Frauen auf angeblich daraus resultierende schlimme Folgen für den Mann hin. Zwangsläufig befleckt der Mann dabei seine Seele, so wie sich jemand die Füße verbrennt, wenn er durch Feuer geht.

Kirchenvater Ambrosius (etwa 339–397) wurde als Sohn des »heidnischen« römischen Statthalters für Gallien geboren. Seine Mutter hingegen war eine überzeugte Christin. Zahlreiche bildliche Darstellungen zeigen eine scheinbar gefährliche Szene. Da schwebt ein riesiger Bienenschwarm über Ambrosius im Säuglingsalter. Doch die Insekten mit dem giftigen Stachel, so weiß es eine uralte Legende, wollen dem Knaben nichts Böses antun. Die fleißigen Immen spenden den so mühsam erarbeiteten Honig. Sie lassen ihn in den Mund des kleinen Ambrosius tropfen, dann fliegen sie davon. Die Bienen sollen Ambrosius auf diese Weise nicht nur gestärkt, sie sollen ihm die »honigsüße Sprache« geschenkt haben.

Gewiß, es sind honigsüße Traktate von Ambrosius erhalten. Die Haltung des Kirchenvaters gegenüber der Frau war indes nicht mild, sondern Verachtung pur. Schon mit Adam und Eva fing es an. Adam war, so Ambrosius, gut und hochwertig. Seine Frau Eva hingegen war das glatte Gegenteil: böse und minderwertig. Ambrosius brachte es sehr knapp auf den Punkt: Adam war die edle, hochstehende Seele, Eva die primitive, tiefstehende Leiblichkeit.

Tertullian (etwa 160–220) wurde von evangelischen Theologen noch unlängst zum Wegbereiter christlichen Eheverständnisses stilisiert. Allerdings war sein Verständnis von der Rolle der Frau im Laufe der Menschheitsgeschichte alles andere als frauenfreundlich. Mag Tertullian noch so Erbauliches über die Ehe geschrieben haben, mag er auch noch so fromm fabuliert haben – seine Äußerungen über die Frau sind menschenverachtend und antifeministisch im übelsten Sinn!

Wüst sind seine Attacken nicht gegen einzelne Sünderinnen, sondern gegen die Frau ganz allgemein: »Du bist es, die dem Teufel Eingang verschafft hat. Du hast das Siegel jenes Baumes gebrochen, du hast zuerst das göttliche Gesetz im Stich gelassen. Du bist es, die denjenigen betört hat, dem der Teufel nicht zu nahen vermochte. So leicht hast du den Mann, das Ebenbild Gottes, zu Boden geworfen. Wegen deiner Schuld mußte auch der Sohn Gottes sterben, und da kommt es dir in den Sinn, über deinen Rock von Fellen Schmucksachen anzulegen?«

Kurzum: Nach Tertullian ist die Frau schuld an allem Übel und Bösen. Sie verführte Adam, den Apfel zu essen. Sie ist schuld daran, daß Jesus gekreuzigt wurde. Deshalb müßte eigentlich jede Frau ständig Trauerkleidung tragen, weil sie dem bösen Geschlecht angehört.

Der heilige Odo von Cluny, Zeitgenosse der Päpstin Johanna, begründete sein mönchisch-zölibatäres Leben so: »Warum sollte uns (Männern) danach verlangen, etwas zu umarmen, das nichts weiter ist als ein Stück Mist?«

Auf der Synode von Mâcon wurde 585 ausgiebig über die Rolle der Frau diskutiert. Da der Mann der perfekte Mensch sei, könne er mit seiner leiblichen Auferstehung rechnen. Wie aber sieht das bei Frauen aus? Wie steht es da, erörterte man, um die Aussichten der Frau. Es wurde der Einwand vorgetragen, nicht alle Frauen seien ihrem weiblichen Wesen entsprechend schlecht. Es gebe doch durchaus auch Frauen, die sich – etwa in der Missionsarbeit – Verdienste erworben hätten. Wie ist es wohl um diese Ausnahmefrauen bestellt? Mannhaft trug ein Bischof vor: Verdienstvolle Frauen haben nur eine wirkliche Chance. Sie müssen bei der Wiederauferstehung des Fleisches zunächst in Männer verwandelt werden. Erst dann können sie ins Paradies gelangen, das ihnen in Frauengestalt verwehrt bleiben müsse. Weiber seien ja keine Menschen.

Derlei Entgleisungen der mächtigen und einflußreichen Kirchenväter sind keineswegs die Ausnahme, sondern eher die Regel. Es ließen sich Bände füllen mit theologischen Herabwürdigungen der Frau, formuliert ausschließlich von Männern. Völlig zutreffend faßt der Kirchenkritiker Karlheinz Deschner in seinem Klassiker »Das Kreuz mit der Kirche – Eine Sexualgeschichte des Christentums« (2. Auflage Wien 1974, S. 208) zusammen: »Besonders in der katholischen Kirche erscheint die Frau von Anfang an nur als Hindernis in der Vollkommenheit, als fleischliches, niedriges, den Mann verführendes Subjekt, als Eva und Sünderin schlechthin.«

Bei Jesus findet sich nicht der Hauch einer Spur solcher Frauenfeindlichkeit, wohl aber bei Paulus. Der Theologe Herbert Preisker (*Das Ethos des Urchristentums*, 3. Auflage Darmstadt 1968, S. 180) faßt zusammen: »Die Frau ist bei Paulus als Geschlechtswesen von starker Missachtung getroffen.« Diese herbe Kritik muß noch als Beschönigung bezeichnet werden. Denn Paulus degradiert die Frau keineswegs nur als Geschlechtswesen. Er blickt überhaupt verächtlich auf die Frau herab. Tatsächlich rangiert für Paulus die Frau in der Hierarchie ganz am Schluß (1. Brief an die Korinther, Kapitel 11, Vers 3): »Ich lasse euch aber wissen, daß Christus das Haupt eines jeden Mannes ist; der Mann aber ist das Haupt der Frau; Gott aber ist das Haupt Christi.«

Ganz oben rangiert also Gott, noch über Christus. Gott ist »das Haupt Christi«. Jesus steht also tiefer als Gott, was eigentlich mit der Dreifaltigkeitslehre unvereinbar ist. Demnach sind ja Gott und Jesus identisch, folglich kann eigentlich Jesus nicht unter Gott stehen. Jesus wiederum ist »das Haupt des Mannes«. Was Gott für Jesus ist, das ist der Mann für die Frau. So wie Gott das »Haupt« Jesu ist, so ist wiederum der Mann »das Haupt der Frau«.

Die Geschichte der Theologie, beginnend im mutterrechtlichen Ägypten, ist von der Vertreibung der Heiligen Frauen geprägt. Einst herrschten die Heiligen Frauen im höchsten Götterhimmel allein. Ihr gesellten sich männliche Götter zu, die aber dann das Regiment übernahmen. Die Heiligen Frauen wurden verdrängt und vertrieben. Paulus geht noch einen Schritt weiter: In der Verehrung des männlichen Gottes im Gotteshaus (früher Tempel der Göttin) ist die Frau noch geduldet, sie hat aber still zu sein. So ordnet Paulus in seinem ersten Brief an die Korinther an (Kapitel 14, Vers 34): »... lasset die Frauen schweigen in der Gemeinde; denn es soll ihnen nicht zugelassen werden, daß sie reden, denn sie sollen sich unterordnen, wie auch das Gesetz sagt.« Luthers Übersetzung lautete anno 1545: »Eure Weiber lasset schweigen unter der Gemeinde; denn es soll ihnen nicht zugelassen werden, daß sie reden, sondern untertan sein, wie auch das Gesetz sagt.«

Zieht man den lateinischen Text zu Rate, so wird deutlicher, was Paulus meinte. Da heißt es nämlich klipp und klar: »Mulier taceat in ecclesia!«, zu deutsch: »Das Weib schweige in der Kirche!« Genauso eindeutig ist der griechische Originaltext, den ich hier wortgetreu übersetzt wiedergebe: »Die Frauen in den kirchlichen Versammlungen, laßt sie schweigend bleiben, denn nicht ist es ihnen gestattet zu sprechen, aber laßt sie sich unterwerfen, so wie es das Gesetz verlangt.«

Für Paulus ist die gottgewollte Unterordnung der Frau Folge der Schöpfung, wie er in seinem ersten Brief an die Korinther erklärt (Kapitel 11, Vers 7): »Der Mann ist Gottes Bild und Abglanz, die Frau ist aber des Mannes Abglanz.« Dieser kleine, aber wichtige Unterschied führt zur Regelung der Kopfbedeckung beim Gottesdienst. Die Übersetzer haben einen strikten Befehl des Paulus verfälscht und gemildert (1. Brief des Paulus an die Korinther Kapitel 11, Vers 5):

»Eine Frau aber, die da betet oder weissagt, mit unbedecktem Haupt, die schändet ihr Haupt.« Das griechische Original ist da deutlicher: »Aber jede Frau, betend oder weissagend, die da nicht verschleiert ist, die schändet ihr Haupt.«

Paulus fordert also keineswegs nur, daß die Frau in der Kirche ihr Haupt »bedeckt«, sie muß vielmehr verschleiert sein. Er fügt auch gleich an, wie denn Zuwiderhandlungen bestraft werden müssen (Vers 6, in wörtlicher Übersetzung aus dem Griechischen): »Wenn aber eine Frau sich nicht verschleiert, dann laßt sie kahl scheren.« Dieser entwürdigenden Prozedur kann – nach Paulus – eine Frau nur entgehen, wenn sie beim Gebet und in der Kirche Schleier trägt.

Angesichts der europaweit geführten Diskussion über das Tragen eines Schleiers von Frauen muslimischen Glaubens sollte sich das christliche Europa einmal daran erinnern, daß es auch im Neuen Testament ein Verschleierungsgebot gibt, welches aber weitestgehend unbeachtet bleibt.

In einem weiteren Bereich des christlichen Kirchenalltags hat die römisch-katholische Kirche den seit Jahrtausenden laufenden Prozess der Verdrängung des Weiblichen fortgesetzt: durch das Zölibat. Die Göttin hatte man gestürzt, die Heiligen Frauen waren geächtet worden, die Hexe hatte man verbrannt, die Frau war in der Kirche zum Schweigen verdonnert worden – das Zölibat nahm dem Priester nun auch noch die Ehefrau. Die Frau durfte keinerlei Einfluß auf das religiöse Leben mehr haben, auch nicht indirekt über ihren Mann, den katholischen Pfarrer..

Wer vermutet, der zutiefst frauenfeindliche Paulus habe das Zölibat für den geistlichen Stand befürwortet, irrt allerdings. Gewiß, Paulus lobt den ehelos-keuschen Lebenswandel (1. Brief des Paulus an die Korinther Kapitel 7, Vers 25). Dezidiert weist er aber darauf hin, daß dies seine persönliche Meinung sei. Auf Jesus geht diese Ansicht nicht zurück.

Im »Neuen Testament« wird keinem Würdenträger der noch jungen Kirche zölibatärer Lebenswandel auferlegt. Ganz im Gegenteil! Ausgerechnet Paulus ist es, der fordert

(Der erste Brief des Paulus an Timotheus Kapitel 3, Verse 1 und 2): »So jemand ein Bischofsamt begehrt, der begehrt ein köstlich Werk. Es soll aber ein Bischof unsträflich sein, eines Weibes Mann, nüchtern, mäßig, sittig ...« Weder von freiwilligem noch von befohlenem Zölibat ist hier die Rede. Paulus fordert vielmehr, daß ein Bischof verheiratet sein muß. Außerdem, so verlangt er weiter, soll ein Bischof ein ehrbarer Hausvorstand sein, wozu »gehorsame Kinder« gehören (Der erste Brief des Paulus an Timotheus Kapitel 3, Vers 4).

Paulus war ein eifriger Briefschreiber. Ihm war der Aufbau der neuen christlichen Kirche sehr wichtig, auch was die Umsetzung ins Alltagsleben angeht. Er behandelte konkrete Fragen – und gab klare Antworten! So formuliert Paulus in seinem Brief an Titus in Kreta (Kapitel 1, Verse 5 und 7): »Deswegen ließ ich dich in Kreta, daß du solltest vollends ausrichten, was ich gelassen habe, und besetzen die Städte ... mit Bischöfen (Ältesten) ..., wo einer ist untadelig, eines Weibes Mann, der gläubige Kinder habe ... Denn ein Bischof soll untadelig sein.«

Heute scheint es keinen Zweifel zu geben: Das Pflichtzölibat ist zentraler Bestandteil der römisch-katholischen Kirche. Im Neuen Testament aber ist davon nicht die Rede. Wann genau die Frau aus dem Leben eines römisch-katholischen Geistlichen vertrieben werden sollte, läßt sich nicht mehr genau feststellen.

In den ersten drei Jahrhunderten nach Christus war der verheiratete Geistliche die Norm. Allerdings wurde anno 306 auf der Synode von Elvira eine Einschränkung des Ehelebens angeordnet, per Dekret Nr. 43: »Ein Geistlicher, der die Nacht vor der Messe im Beischlaf mit seiner Frau verbringt, wird seines Amtes enthoben.« Doch wie wurde wohl die Einhaltung dieser Vorschrift überwacht?

Auf dem Konzil zu Nizäa wurde im Nikänischen Glaubensbekenntnis die Eheschließung von Geistlichen nach der Ordination verboten. Wer vor der Priesterweihe ledig war, durfte danach nicht mehr heiraten. Wer vor der Priesterweihe bereits verheiratet war, konnte es danach auch bleiben.

Das Zweite Konzil von Tours im Jahre 562 duldete nach wie vor die Priesterehe, forderte aber zugleich den zölibatären Lebenswandel. Geradezu schier Unmögliches wurde von den verheirateten Priestern gefordert: Ehefrau ja, Intimitäten nein. Wer bei Verstößen erwischt wurde, mußte mit Exkommunikation rechnen. Papst Pelagius II. gab sich anno 580 milde. Priester mit Frau und Kind wurden akzeptiert, so sie ihren Besitz der Kirche vermachten. Mit anderen Worten: Nach dem Tode eines verheirateten Geistlichen standen Witwe und Kinder vor dem sozialen Nichts, sie fielen in Armut.

Theorie und Praxis wichen deutlich voneinander ab. So vermeldete der heilige Bonifatius im 8. Jahrhundert nach Rom, daß es in Deutschland »kaum einen unverheirateten Priester oder Bischof gibt«. Erst 1074 ordnete Papst Gregor VII. an: Nur wer sich vor der Priesterweihe zum Zölibat bekennt, kann auch Priester werden. Die Geistlichkeit hielt sich aber nicht an die Weisung. Auf der Synode von Mainz anno 1075 trug der Bischof von Chur klare Anweisungen des Papstes vor. Der Erzbischof Siegfried von Mainz sollte doch endlich seine Bischöfe und Priester dazu zwingen, ihre Frauen aufzugeben. Die Versammlung reagierte mit lautstarker Empörung.

Es ist offensichtlich, daß sich das Zölibat nur schwer durchsetzen ließe. Weite Kreise des katholischen Klerus hielten sich nicht daran. Papst Calixtus II. sah sich 1123 auf dem Ersten Laterankonzil genötigt, die Ehen katholischer Geistlicher für ungültig zu erklären. 1139 gab es das Zweite Laterankonzil. Papst Innozenz befahl, »daß niemand bei denen die Messe hören darf, die bekanntermaßen Ehefrauen und Konkubinen haben.«

Das Zweite Vatikanische Konzil (1962–1965) ließ keinen Zweifel mehr aufkommen: »So bittet die heilige Synode nicht nur die Priester, sondern alle Gläubigen, sie möchten sich die kostbare Gabe des priesterlichen Zölibates ein wirkliches Anliegen sein lassen, und alle mögen Gott bitten, daß er dieses Geschenk seiner Kirche stets in Fülle zukommen lasse.« Das gültige Kirchenrecht (Can. 277 §1) hält fest: »Die Kleriker sind gehalten, vollkommene und immerwährende Enthaltsamkeit um des Himmelreiches willen zu wahren; deshalb sind sie zum Zölibat verpflichtet.«

Der weitverbreitete »Katechismus der katholischen Kirche« (München 1993, S. 430) erklärt: »Die Priester sind in der Priesterwürde mit den Bischöfen vereint und zugleich in der Ausübung ihrer seelsorgerlichen Aufgaben von ihnen abhängig ... In der lateinischen Kirche wird die Weihe zum Presbyterat normalerweise nur solchen Kandidaten gespendet, die bereit sind, freiwillig das Zölibat auf sich zu nehmen, und die öffentlich ihren Willen bekunden, an ihm festzuhalten aus Liebe zum Reich Gottes und um den Menschen zu dienen.«

Am Anfang war – vor Jahrtausenden – die Göttin, der von der Priesterin gehuldigt wurde. Über Jahrtausende hinweg erfolgte die Verdrängung der Heiligen Frau. Heute zelebriert nicht mehr die Priesterin den Gottesdienst, sondern der Priester. Und wegen des Pflichtzölibats in der katholischen Kirche hat dort der Geistliche nicht einmal mehr die Frau an seiner Seite. Dabei hätte alles anders kommen können. Maria Magdalena hätte eine ganz andere Kirche gründen können als Petrus. Und das Zölibat müßte es schon viele Jahrhunderte nicht mehr geben. Wilbert von Ravenna (geboren um 1025, gestorben 1100) wurde im März 1084 als Clemens III. zum Gegenpapst gewählt. Das geschah nach der Einnahme Roms durch König Heinrich IV. Er wurde durch die Mehrheit der römischen Kardinäle unterstützt. Clemens III. bemühte sich um eine Einigung mit der russischen und mit der byzantinischen Kirche. 1091/92 kam es zur »römischen Synode«. Der Papst forderte eine Reform der Kirche – und die Abschaffung des Zölibats.

Es ist müßig, nur darüber nachzudenken, wie die Geschichte hätte anders verlaufen können, wenn Maria Magdalena die erste Päpstin geworden wäre. Ebenso müßig wäre es, sich lediglich vorzustellen, was geschehen wäre, wenn man unter Clemens III. tatsächlich das Zölibat abgeschafft hätte. Aber es ist möglich, heute die Vertreibung der Heiligen Frau endlich zu beenden. Ein erster hilfreicher Schritt wäre die Abschaffung des Zölibats.

In einer Welt, die zusehends mehr von religiös motiviertem Terror bestimmt wird, bietet die Heilige Frau echte Chancen. Pfarrer Albrecht von Raab-Straube (*Fatima ruft*, Nr. 186/2004, S. 7): »Gerade in einer Zeit, in der zwischen der westlichen und muslimischen Welt eine hohe Mauer aufgebaut wird und die Konfrontation wächst, könnte Maria zur Tür in der Mauer werden.«

12.
NACHWORT: DIE RÜCKKEHR DER HEILIGEN FRAUEN

Dan Brown beklagt (Kapitel 28, S. 174), daß »die Ausblendung des Weiblichen aus dem modernen Leben die Ursache dessen war, was die Hopi-Indianer Nordamerikas koyanisquatsi nannten – ›aus dem Gleichgewicht geratenes Leben‹ – , eine instabile Situation, die gekennzeichnet ist durch Kriege, eine Überfülle frauenfeindlicher Gesellschaftssysteme und einer wachsenden Mißachtung von Mutter Erde«.

»Koyanisquatsi« bezieht sich bei den Hopi auf eine uralte Legende. In grauer Vorzeit, so heißt es, wurde Spiritualität ersetzt durch Selbstsucht und Materialismus. An die Stelle eines natürlichen Verständnisses des Heiligen und Einfachen war die egoistische Gier nach rein materiellem Wohlstand getreten. Die Menschen, so beklagten die Hopi, war »koyanisquatsi« geworden. Sie waren nicht mehr in der Balance.

Tagtäglich häufen sich die Meldungen über Umweltkatastrophen. Hier werden Millionen von Menschen von Überschwemmungen bedroht. Dort verschlingen die lebensbedrohenden Wüsten immer größere Gebiete einst fruchtbaren Landes. Wasser und Dürre gefährden Millionen von Menschen in ihrer Existenz. Millionen und Abermillionen von Menschen sind bereits unterernährt. Millionen und Abermillionen von Menschen haben weder ein Minimum an Nahrung noch an sauberem Trinkwasser.

Mahnend erheben immer mehr Wissenschaftler weltweit ihre Stimmen: Die nicht mehr aufzuhaltenden Katastrophen sind Folge der Zerstörung der Umwelt und der Ressourcen. Aber dieser unverantwortliche Umgang mit »Mutter Erde«

hat eine klar erkennbare Ursache: Der biblische Auftrag »Macht euch die Erde untertan!« wurde nur allzu wörtlich genommen.

Das Leben der Menschen ist aus der Balance geraten, weil die religiöse Spiritualität nicht mehr im Gleichgewicht ist. Und sie ist es nicht mehr, weil wir am Ende eines Prozesses angelangt sind: bei der fast vollständigen Vertreibung des weiblichen Prinzips aus der Religion. Über Jahrtausende hinweg hatten die Heiligen Frauen für ein Gleichgewicht gesorgt: zwischen materiellen Bedürfnissen und spiritueller Harmonie. Der spirituelle Gleichklang wurde dem materiellen Gewinnstreben geopfert. Die Folge ist, daß nach Jahrtausenden des Raubbaus auf zunehmende geistig-spirituelle Armut die kontinuierlich steigende materielle Not folgt.

Jahrtausende hatten Heilige Frauen das religiöse Leben und Denken bestimmt. Über Jahrtausende hinweg wurde geradezu systematisch die Erinnerung an die Heiligen Frauen bekämpft und so »gut« wie möglich gelöscht. Es begann schon Jahrtausende vor dem Bau der mächtigen Pyramiden Ägyptens im Land am Nil. Es wurde im Heiligen Land fortgesetzt, als die Göttinnen durch den mächtigen, männlichen Gott Jahwe ersetzt wurden. Nach Jesu Tod setzte sich das männliche Prinzip weiter durch. Lukas verfälschte wichtige Passagen des Neuen Testaments. Maria Magdalena, Jesu rechtmäßige Nachfolgerin, wurde vertrieben. Theologen verunglimpften die Heilige Frau zur Dirne.

Es dauerte viele Jahrhunderte, bis das von Jesus nicht gewollte Zölibat in der katholischen Kirche den Glauben endgültig vermännlichte. Die Päpstin Johanna mußte sich als Mann verkleiden, um den Stuhl Petri für sich beanspruchen zu können. In der Endphase des sogenannten »finsteren Mittelalters« wurden die wissenden Frauen, Nachkommen der Heiligen Frauen, bekämpft und auf grausame Weise ermordet. Die Scheiterhaufen loderten europaweit, jahrhundertelang. Das männliche Prinzip obsiegte. Jahrtausendealtes Wissen wurde vernichtet.

Dan Brown (Kapitel 28, S. 172/173): »Zu dem von der katholischen Kirche als ›Hexen‹ bezeichneten Personenkreis gehörten die gebildeten Frauen, die Priesterinnen, Zigeunerinnen, Mystikerinnen, Naturliebhaberinnen, Kräutersammlerinnen und überhaupt alle Frauen, die sich in ›verdächtiger Weise im Einklang mit der Natur befinden‹. Auch die Hebammen fielen den Schergen der Inquisition zum Opfer und wurden getötet, weil sie in gotteslästerlicher Weise durch den Einsatz von Kräutern die Pein der Gebärenden zu lindern wußten – war diese Pein doch, wie die Kirche behauptete, Gottes gerechte Strafe dafür, daß Eva vom Apfel der Erkenntnis gegessen und damit die Erbsünde über die Menschheit gebracht hatte.«

Und doch haben die Heiligen Frauen die Jahrtausende überlebt, wenn auch im verborgenen: Nach wie vor kennen wir ältestes ägyptisches Glaubensgut von Heiligen Frauen. Nach wie vor finden wir im Alten wie im Neuen Testament die Heiligen Frauen. Nach wie vor wissen wir von den Päpstinnen und von Papst Clemens III., der das Zölibat abschaffen wollte.

Nach wie vor wissen wir, daß die Erde in den ältesten matriarchalischen Kulturen der Frau gleichgestellt war, aus deren Leib das Leben hervorkam.

Der scharfzüngige Kirchenkritiker Karlheinz Deschner schreibt (*Das Kreuz mit der Kirche*, 2. Auflage, Düsseldorf 1974, S. 20): »Eine Gesellschaft aber, die an ihrer Moral krankt, kann nur gesunden, wenn sie ihre Moral preisgibt, das heißt meist: ihre Religion. Das heißt nicht: Eine Welt ohne Christentum müßte schon per se gesund sein. Aber mit dem Christentum … muß sie krank sein. Zweitausend Jahre sind dafür immerhin ein kleiner Beweis. Auch hier also gilt Lichtenbergs Satz: ›Ich kann freilich nicht sagen, ob es besser werden wird, wenn es anders wird; aber so viel kann ich sagen, es muß anders werden, wenn es gut werden soll.‹«

Die Welt leidet nicht am Christentum, sondern am

falschen Christentum. »Falsch« aber ist das Christentum, weil es seine weiblich-intuitive Seite aufgegeben hat. Gewiß kann man mit Lichtenberg sagen: »Es muß anders werden, wenn es gut werden soll.« Anderswerden, das heißt: Die Heiligen Frauen müssen zurückkehren.

Die Rückkehr des Weiblichen in das Christentum ist indes trotz vieler Jahrhunderte der Verunglimpfung möglich. Während christliche Kirchen kränkeln, während immer weniger Menschen in die Kirchen finden, erfreut sich an Orten wie Mexiko-City (Guadalupe), Fátima und Lourdes die Heilige Frau Maria einer Renaissance der Beliebtheit.

Kehren wir zu den Heiligen Frauen zurück! Das ist die Voraussetzung für einen anderen Umgang mit Mutter Erde. Nur dann gibt es eine Chance namens Zukunft.

Verpackt in eine spannende Rahmenhandlung, bietet Dan Browns Roman eine zentrale Aussage: Jesus war mit Maria Magdalena verheiratet. Sie war, da sie Jesu Kinder gebar, der »Heilige Gral«, indem sie Jesu königliches Blut weitervererbte. Tatsächlich kann man den Ausdruck »Gral« von »Sang Real« (königliches Blut) ableiten (Siehe Dan Brown, Kapitel 58).

Ohne Zweifel wird die Vorstellung, daß Jesus verheiratet war und Nachkommen zeugte, von vielen Zeitgenossen als Sakrileg empfunden. Doch für den Theologen war Jesus göttlich und menschlich zugleich. Zu behaupten, daß Jesus ein »ganzer Mann« war, ist deshalb gar keine Blasphemie.

LITERATURVERZEICHNIS

»Das Sakrileg und die Heiligen Frauen« basiert auf einer langjährigen, umfangreichen Beschäftigung mit den behandelten Themen. Literaturhinweise erfolgten im laufenden Text mit konkreten Seitenzahlen. Die folgenden Werke waren von ganz besonderer Bedeutung. Sie können herangezogen werden, um nachzuvollziehen, worauf sich der Autor stützt. Sie können aber auch einer weiterführenden Auseinandersetzung mit den Gedanken des Verfassers dienen. Sie enthalten zusätzliche Belege für die Thesen des Verfassers, auf die im Buch verzichtet werden mußte. Sie hätten sonst den Rahmen des Buches gesprengt. Die angeführten Werke enthalten in der Regel wiederum Literaturverzeichnisse mit weiteren weiterführenden Werken.

Andrews, Richard: Tempel der Verheißung, Bergisch Gladbach 1999

Badde, Paul: Maria von Guadalupe, 2. Auflage, München 2004

Barthel, Manfred: Was wirklich in der Bibel steht, aktualisierte und ergänzte Neubearbeitung, Düsseldorf 1987

Boureau, Alain: The Myth of Joan, Chicago 2001

Brock, Ann G.: Mary Magadlene, the first Apostle, Harvard 2003

Brown, Dan: The Da Vinci Code, New York 2003

Brown, Dan: Sakrileg, Bergisch Gladbach 2004

Burstein, Dan: Secrets of the Code, New York 2004

Campbell, Joseph: Die Masken Gottes, Band 3, Mythologie des Westens, Basel 1991

Daniel-Rops, Henri (Herausgeber): Die apokryphen Evangelien des Neuen Testaments, Zürich 1956
Derlon, Pierre: Die Gärten der Einweihung, Basel 1991
Deschner, Karlheinz: Das Kreuz mit der Kirche. Eine Sexualgeschichte des Christentums, 2. Auflage, Düsseldorf 1974
Dietzfelbinger, Konrad: Apokryphe Evangelien aus Nag Hammadi, Andechs 1988
Dietzfelbinger, Konrad: Schöpfungsberichte aus Nag Hammadi, Andechs 1989
Eller, Cynthia: Livin in the lap of the goddess, New York 1993
Fiebag, Johannes, und Fiebag, Peter: Die Ewigkeits-Maschine, München 1998
Frankenberg, Gisela von: Kulturvergleichendes Lexikon, Bonn 1985
Graves, Robert von Ranke, und Patai, Raphael: Hebräische Mythologie, Reinbek bei Hamburg 1990
Haskins, Susan: Mary Magdalen, London 1993
Katechismus der katholischen Kirche, München 1993
Kruse, Ingeborg: Johanna von Ingelheim, Berlin 2002
Langbein, Walter-Jörg: Lexikon der biblischen Irrtümer, 2. Auflage, München 2004
Langbein, Walter-Jörg: Lexikon der Irrtümer des Neuen Testaments, München 2004
Lüdemann, Gerd, und Janßen, Martina: Bibel der Häretiker – Die gnostischen Schriften aus Nag Hammadi, Stuttgart 1997
Lunn, Martin: Da Vinci Code Decoded, New York 2004
Markale, Jean: The Church of Mary Magdalene, Rochester 2004
Olson, Carl E., und Miesel, Sandra: The Da Vinci Hoax, San Francisco 2004
Pfabigan, Alfred: Gottes verbotene Worte. Was die Bibel verschweigt, erweiterte Auflage, Frankfurt am Main 1991
Picknett, Lynn und Prince, Clive: The Templar Revelations, New York 1998

Rhoides, Emmanuel: Pope Joan, London 1900 (Anmerkung: Die englische Ausgabe erschien anonym, nur der Übersetzer J.H. Fresse wird genannt.)
Rhoides, Emmanuel: Die Päpstin Johanna von Ingelheim, Berlin 2000
Ritter, Thomas: Abbé Saunière und der Schatz der Templer, Rottenburg 2002
San-Marte (Pseudonym für Schulz, Albert): Über das Religiöse in den Werken Wolframs von Eschenbach und die Bedeutung des Heiligen Grals in dessen »Parzival«, Halle 1861
Schmidt, Carl (Herausgeber): Pistis Sophia, Leipzig 1925
Schneemelcher, Wilhelm (Herausgeber): Neutestamentliche Apokryphen, Band I, Evangelien, 6. Auflage, Tübingen 1990
Schneemelcher, Wilhelm (Herausgeber): Neutestamentliche Apokryphen, Band II, Apostolisches, Apokalyptisches und Verwandtes, 5. Auflage, Tübingen 1989
Sjöö, Monica: Wiederkehr der Göttin. Die Religion der großen kosmischen Mutter und ihre Vertreibung durch den Vatergott, Braunschweig 1985
Smith, Morton: Auf der Suche nach dem historischen Jesus, Berlin 1974
Starbird, Margaret: The Goddess in the Gospels, Rochester 1998
Stone, Merlin: Als Gott eine Frau war. Die Geschichte der Urreligionen unserer Kulturen, München 1989
Thomas, Gordon: The Thirteenth Disciple, Tempe 2001
Walker, Barbara G.: Das geheime Wissen der Frauen, Frankfurt am Main 1993
Welborn, Amy: De-coding Da Vinci, Huntington 2004
Wind, Edgar: Heidnische Mysterien in der Renaissance, Frankfurt am Main 1988
Wolf, Doris: Was war vor den Pharaonen?, Zürich 1994
Zöllner, Frank: Leonardo da Vinci – Leben und Werk, Köln 2003

Friedrich Schorlemmer mischt sich ein

Absturz in die Freiheit
Was uns die Demokratie abverlangt
»Aber der aufrechte Gang, das aufrichtige und aufrichtende Wort gehört zu unseren menschlichen Möglichkeiten und zu unserer Menschwerdung.«
Schorlemmer streitet für die Überwindung der »Sprachlosigkeit«, die sich inmitten der deutschen Medien- und Konsumlandschaft ausgebreitet hat. Er appelliert an die Verantwortung jedes einzelnen für die Bewahrung von Demokratie und Freiheit.
265 Seiten. AtV 7029

In der Freiheit bestehen
Ansprachen
Freiheit, so Schorlemmer, haben wir so viel, wie wir uns nehmen, Demokratie und Zukunft nur, sofern wir sie mitgestalten. Seine Kritik an Sozialabbau und zügelloser Ausbeutung der Natur ist ein Plädoyer für die Solidarität mit den Schwachen und die Bewahrung der Schöpfung. Er fragt nach äußeren wie inneren Bedingungen des Friedens, verweist auf den Mehrwert von Gerechtigkeit und läßt die Provokationen der Bergpredigt für uns produktiv werden.
271 Seiten. AtV 7045

Die Bibel für Eilige
Die Geschichten von Adam und Eva, Kain und Abel, von den Urvätern des Alten Testaments Noah oder Abraham, die Bücher der Propheten und die Berichte von Jesus und seinen Jüngern erzählen von den Wundern des Lebens und den Schrecken des Todes, von Liebe, Rache und Barmherzigkeit, von Schuld und Gnade – Themen, die auch unser Dasein beherrschen.
»Eine unvergleichliche Einführung in die Bibel ..., eilige, neugierige, kirchenenttäuschte und suchende Leser bekommen alles, was sie brauchen.« PUBLIK-FORUM
264 Seiten. AtV 1920

Mehr Informationen über die Bücher von Friedrich Schorlemmer erhalten Sie unter www.aufbau-verlag.de oder bei Ihrem Buchhändler

AtV